江苏高校优势学科建设工程二期项目(项目批号：20140901)
江苏省社会科学基金项目成果(项目编号：15TQC004)
中国博士后科学基金资助项目(资助等级：一等；资助编号：2015M580444)

U0722045

符号与传媒
Semiotics & Media

人的世界，
是由外在模型和内在模型所组成的符号世界；
而人的一生，
就是反复无休止地建构动态可变的内外模型并对世界和自身进行多元阐释的一生。
这就是符号建模论所带给我们的绝妙启示。

The Forms of Meaning: Modeling Systems Theory and Semiotic Analysis

意义的形式：
建模系统理论与符号学分析

〔美〕托马斯·A. 西比奥克（Thomas A. Sebeok）
〔加〕马塞尔·德尼西（Marcel Danesi）　著

余红兵　译

四川大学出版社

责任编辑：王　冰
责任校对：李雨芹
封面设计：米迦设计工作室
责任印制：王　炜

图书在版编目（CIP）数据

意义的形式：建模系统理论与符号学分析 /（美）
西比奥克（Sebeok，T. A.），（加）德尼西（Danesi，M.）
著；余红兵译. —成都：四川大学出版社，2016.3
（符号学译丛 / 赵毅衡，唐小林主编）
ISBN 978−7−5614−9358−8

Ⅰ.①意… Ⅱ.①西… ②德… ③余… Ⅲ.①符号学
−研究 Ⅳ.①H0

中国版本图书馆 CIP 数据核字（2016）第 055431 号

Thomas Sebeok and Marcel Danesi：The Forms of Meaning：Modeling
Systems Theory and Semiotic Analysis
© Walter de Gruyter GmbH Berlin Boston. All rights reserved.

四川省版权局著作权合同登记图进字 21−2016−165 号

书名　**意义的形式：建模系统理论与符号学分析**
　　　YIYI DE XINGSHI：JIANMO XITONG LILUN YU FUHAOXUE FENXI

著　　者　［美］托马斯·A.西比奥克　［加］马塞尔·德尼西
译　　者　余红兵
出　　版　四川大学出版社
地　　址　成都市一环路南一段 24 号 (610065)
发　　行　四川大学出版社
书　　号　ISBN 978−7−5614−9358−8
印　　刷　郫县犀浦印刷厂
成品尺寸　170 mm×240 mm
印　　张　14.75
字　　数　267 千字
版　　次　2016 年 5 月第 1 版
印　　次　2016 年 5 月第 1 次印刷
定　　价　43.00 元

◆读者邮购本书，请与本社发行科联系。
　电话:(028)85408408/ (028)85401670/
　(028)85408023　邮政编码:610065
◆本社图书如有印装质量问题，请
　寄回出版社调换。
◆网址:http://www.scupress.net

版权所有◆侵权必究

中译本前言

马塞尔·德尼西

在 20 世纪 90 年代中后期，我非常有幸能够与当代最伟大的符号学家之一托马斯·阿尔伯特·西比奥克（Thomas Albert Sebeok）密切地合作。在那个时候，确定符号学的研究目的是比较受争议的问题之一。是要将它理解为一门科学，一种阐释方法，一个关注意识形态的解构手段，还是其他的什么呢？最终我们认为：应该对符号学同时进行扩增和限制。这看起来似乎有些矛盾，而我们所要做的，就是通过限制符号学深奥难懂的语言，从而使得它能够成为一种跨越相关学科的研究工具。

我们决定采用一个名为建模系统理论（Modeling Systems Theory）的研究框架。从学史的角度来看，它起源于塔尔图符号学派。我们着手创作这本书的时候，始终牢记着符号学对各门科学尤其是生物科学的广泛启示。模型作为一种符号活动现象，实际上是一个常识性的概念。模型制作是人类智力与社会生活所有方面的典型特征。在建造一座房子之前，建筑师会制作出一个小模型，用蓝图技术勾勒出房子的结构特点，而这正是一种图式性的模型。旅行者在去想要游历的地方之前，常会草拟一张地图，或者一个旅行路线。物理学家为了获得关于原子和亚原子微粒物理行为的"心理视图"，会画出它们的图示。这些全部都是模型。它们是如此的本能化，以至于我们很少会注意到它们对于人类生活的重要性；更少有人会停下来思考它们在人类之中的起源和存在的原因。模型制作是一种真正惊人的生物进化的成果。没有它，现代人类简直不可能进行日常生活。正如西比奥克和我在本书前言中所提到的，所有这些都表明存在着一种建模本能（*modeling instinct*），它对于人类精神和社会生活的意义等同于身体本能对于生物生命的意义。现在，更加值得注意的是，建模本能在其他物种中也能被观察到，已有大量生物学和动物行为学的相关文献记载。这些思考总是会引发一个有趣的问题：建模在生命体中的功能是什么？而这个问题又相应地引发了一连串相关的问题：人类建模与其他物种建模系统之间有何异同？建模与认知之间的关系是什么？

我们这本书的目的是要呈现和描述一个能够被用来探究这些问题的答案的方法论框架——一个建立在当时新兴的生物符号学的研究基础之上的框架。自 2000 年本书出版之后，建模系统理论已经成为一个热门的研究话题。本书的中译本出现的时间非常有利，因为中国对符号学理论兴趣的上升与全世界范围内生物科学重要性的上升正好契合。我们的首要目标是从建模系统理论中提炼出我们认为它对于这些科学领域的研究所具有的主要启示。因此，我们以一种便于使用的形式创作了该书，读者因而能够对建模系统理论的本质形成一个非专业化却又综合的视角。

本书是一次合作努力的结果，体现在两个方面。首先，它源自第一作者托马斯·阿尔伯特·西比奥克的研究和观点，以及这些研究和观点对于我在研究和教授符号学、语言学的整个过程中所产生的实用启示。其次，它的具体结构和内容得到了 20 世纪 90 年代末期出现的关于符号学认识论地位的众多建议和评论的引导。我们的观点是符号学再也不能仅仅作为一个任何人都可以随便使用的时髦观点的词汇。我们由衷地希望符号学能够被重新植回它的科学土壤，这是它在古代世界所起源的地方，在那里，它曾作为一种医学诊断工具而闻名于世。因此，我们以这样的方式创作该书，使得广泛的读者群能够理解并欣赏这个相对尚不知名的科研领域中所进行的迷人且重要的研究工作，而该领域对于大众接收来说，大多显得太过专业化。本书的每一章都包含了许多实际例解，以及关于建模系统理论进行跨物种建模研究的可能应用的深入洞察。然而，本书的写作手法还没有到对该问题进行过度简化处理的程度。读者还是需要花一些心力来理解每章的内容，较为专业化的部分可能需要多读几遍。

我想要感谢本书的译者余红兵，感谢他对建模系统理论的兴趣以及他在中国为符号学事业所做出的努力和贡献。他本人的研究是杰出的，他的翻译工作显示了他对符号学当今地位的充分认识。

马塞尔·德尼西
2015 年 4 月 4 日
于多伦多大学

译者前言[①]

余红兵

作为一门研究意义的科学和一种跨学科的方法论工具，符号学为我们深入探索复杂多元的人类文化符号现象提供了独特而有价值的出发点。然而，长期以来，我们的符号学理论和实践大多数倾向于在皮尔斯和索绪尔两大对立的传统中二者选一，通过较为松散的基本概念如符号、文本、代码、隐喻等，采用孤立的视角对符号现象进行离散性的分析，经常出现重复、矛盾和偏颇之处。这样不仅缺乏实质意义上的共性总结和差异对比，还剥离了意义成过程中符号活动主体的因素。符号学领域迫切需要一种统一而有效的整体理论框架，既能完整地解释人类符号现象所特有的多元的动态机制，同时又能充分体现符号活动的主体性。在这方面，西方一些符号学理论家已经做了充分的努力和有益的尝试，其中贡献与成就较为突出的，当属已故美国符号学家、20世纪北美符号学派的杰出代表托马斯·阿尔伯特·西比奥克。

西比奥克是当代符号学发展史上的关键人物，在西方符号学界声望极高，居功甚伟，著述等身。他博学多识，创造性地继承、融合、发扬了符号学史上关键理论家如索绪尔、皮尔斯、莫里斯、雅各布森等人的思想，从跨学科的多元对话视角建立了广义、全面的整体论符号学体系，开辟了全新的符号学研究空间。西比奥克的整个学术生涯都和语言与符号的研究紧密联系在一起，其理论涉及面异常广泛，涵盖了符号学、语言学、人类学、生物学、文化研究、非语言交际研究以及动物符号行为等多个领域，这些研究成果都最终汇聚在了他的建模系统理论（Modeling Systems Theory）中，并成为其符号学思想中最为核心的部分。此外，西比奥克还具有非凡的组织与领导能力。他是国际符号学协会（The International Association for

---

[①] 该前言主要基于译者于2014年完成的博士研究论文《西比奥克建模系统理论研究》中的部分内容。

Semiotic Studies）的创始人之一，并从该协会创立之初就担任符号学顶级刊物 *Semiotica* 的主编，直至去世；同时，他也是美国符号学协会（Semiotic Society of America）及其会刊 *American Journal of Semiotics* 的主要创立者，并担任过该协会的首任执行董事和主席之职。西比奥克曾多次将不同国家、不同领域的学者汇聚在一起共同参与符号学的研究，组织编撰了大型的语言学及符号学书系，强有力地推进了当代的符号学事业，使其得以突破和超越结构主义的研究范式。在当今欧美符号学界，他被广泛认为是20 世纪符号学事业的中流砥柱、最重要的领军人物和推动者之一，并被奉为"当代符号学真正的环球符号学家和大师""美国符号学的一家之主和环球（总体）符号学之父"。美国符号学协会前会长及现任会刊主编约翰·迪利（John Deely）甚至还这样写道："我在符号学领域有许多朋友，其中就有杰出的翁贝托·艾柯。艾柯是流行文化圈中符号学的真正象征人物，但即便如此，在符号学发展到 21 世纪头十年的这样一个历程中，在我们一贯看来，仅仅也只有托马斯·西比奥克才能被称为 20 世纪唯一最重要的知识分子。"2000 年，美国符号学协会在普渡大学举办了第 25 届年会，当时会议的主题就被定为"西比奥克的世纪"，以此纪念表彰他为 20 世纪符号学事业所创下的丰功伟绩。

西比奥克之所以在西方符号学研究界受到如此的尊崇和关注，其原因除了上述的功勋和作为之外，更在于他的符号学思想体系本身所具有的理论价值和实际意义。

西比奥克所构建的可以说是一种现代的跨学科整体论符号学体系，与皮尔斯和索绪尔的符号学传统的做法都有所不同。他从人文社科与自然科学的双重视角下重构了西方符号学研究的方法与内容，将人们的关注点引向了符号活动的生物学基础，深刻地揭示了文化现象和文化塑造力的符号本质及其深层机制，具有深刻的社会文化启示。作为其符号学说的核心，西比奥克的建模系统理论更是站在了符号学和文化研究领域的前沿。他创造性地通过"模型"和"建模"的概念体系将众多长期处于混乱、离散状态的符号学概念有效地统一了起来，形成了较为完整的理论框架；并提出了新的意义观，将生物的群体与个体发展、本体论以及认识论有机结合，突出强调了动态主体与符号性世界（Umwelt，即西比奥克着力研究的主体世界，或"模世界""模型世界"）的互动致变效应，既揭示了人与文化之间互相塑造、共同演变的动态关系，同时也提倡了不同文化的相对独立与多元对话。总而言之，西比奥克的符号学理论饱含着内在的跨学科性以及明显的对话性，既体现了充分的人文关照与生态意识，又具备了坚实的自然科学和社会科学基础，具有较高的实用性与可操作性。

在全球信息化和我国现代化建设的新局势下，研究西比奥克的符号学理论也有着巨大的现实意义。随着科技与经济的发展，人与自然的共生关系，以及人的主体身份建构与身份认同、人际交流、文化传承之间互相依存的关系等等，都已经成为人类所共同面对的现实问题，迫切需要从公平、开放、多元与对话的整体式研究视角来进行阐释。这些世界性的问题无疑也是中国的问题，而且表现得尤为突出。三十多年的改革开放给中国带来了巨大的物质财富，国民经济发展取得了前所未有、举世瞩目的成就，但同时也逐渐积累了大量令人深忧的文明冲突、文化传承、社会信仰与道德伦理等多方面的问题。如今，人们已经开始不断反思单纯追求经济增长、盲目接受外来文明而忽视本国文明建设所带来的负面后果，同时也越来越关注文化因素在社会生活中所扮演的至关重要的角色。建模系统理论从生物符号学的视角将文化视为巨大的模型系统，为我们提供了理解文化与人类关系的新视角：文化不仅是人类社群所塑造出来的产物，对人类本身的生物特性、神经认知与行为方式也都起到了深刻的塑造制导的反作用。

从另外一个方面来看，国外的西比奥克研究对其建模系统理论所体现的反人类中心主义（anti-anthropocentrism）和反语言中心主义（anti-glottocentrism）、对索绪尔传统的批判和对皮尔斯－莫里斯传统的继承以及该理论在符号本体研究的内容方面已经做了不少深入的局部性探讨，并得出教学法、伦理学等方面的众多启示，取得了相当可观的成果。在此基础上，如果我们能够从西比奥克所强调的整体论视角出发，来深入分析他的建模系统理论在不同发展阶段所侧重的要点，探索他对索绪尔传统和皮尔斯－莫里斯传统的结合和超越之处，展现他所提出的新的意义观和对话性、辩证性的内外统一的视角，从而突出该理论内在的系统性和全面性，也将是一次有意义的尝试。

国内外符号学界在研究西比奥克尤其是其建模系统理论的时候，习惯于将他与皮尔斯与莫里斯的符号学传统紧紧地联系在一起，同时将其与索绪尔传统严格区分。有趣的是，即使人们（包括西比奥克本人在内）公认罗曼·雅各布森（Roman Jakobson）是他的两位最重要的老师之一（另一位是查尔斯·莫里斯，Charles Morris），也知道他的理论具有极强的跨学科性（特别是他深厚的语言学基础），绝大多数研究者还是倾向于将西比奥克放在索绪尔的对立面，很少去注意甚至刻意去忽视他的理论（尤其是建模系统理论）所体现的将两大传统兼容并包而且进行了创新拓展的特点。

译者研究发现，事实上西比奥克符号学思想建构的本身就具备了难得的多元性与对话性，这两种特性集中反映在了建模系统理论中。西比奥克的建模论既是对前人重要理论的批判式继承与发展，又为后人提供了开放的研究平台与方向。然而要透彻了解这个理论，我们首先需要了解西比奥克思想的发展之路。从他的遗孀吉恩·乌米克－西比奥克（Jean Umiker-Sebeok）和生前好友约翰·迪利二人各自撰写的"西比奥克文献索引"来看，可以发现西比奥克的符号学思想明显呈现出了一个从语言符号研究扩展到广义符号研究的转变轨迹。如果把西比奥克的这个学术轨迹与其生平经历放在一起互相参照，将会更加清晰地凸显其理论的特色以及相应的缘由与关联。

西比奥克于 1920 年 9 月 9 日出生在匈牙利的布达佩斯，为家中独子。1936 年西比奥克进入剑桥大学的麦格达伦学院学习。次年，他跟随父亲离开了濒临战争边缘的欧洲，到达美国纽约，于 1944 年成为美国公民。西比奥克自幼就接受了充分的语言训练，在 1939 年进入芝加哥大学攻读语言学之前，他已经通过十几年的学习熟练掌握了拉丁语，加上其匈牙利语和芬兰语的语言背景，从事语言学的研究工作对于年轻的西比奥克来说简直就是一个自然的选择。然而语言学并非西比奥克唯一的理论基础。在著名符号学家查尔斯·莫里斯的引导与帮助下，西比奥克后来转到人类学专业继续学习，并于 1941 年获得了他的学士学位，差不多也就是在这段时间，他接触到了符号的研究，那时还没有"符号学"（Semiotics）一词。1942 年西比奥克转入普林斯顿大学，并在短短的 4 年之内就获得了人类语言学的硕士学位（1943，同年进入印第安纳大学任教，直至去世）和东方语言与文明研究的博士学位（1945）。期间他不仅在印第安纳大学的英语、语言学、人类学和民俗等科系从事教学工作，还担任过美国战略情报局空军语言培训计划的主任一职。从历史回顾的角度来看，这段教育与工作经历（1939—1945）对西比奥克后来的理论发展有着至关重要的作用和影响。在此期间他不仅受教于布隆菲尔德、莫里斯以及雅各布森等重要理论家，为日后的符号学研究奠定了坚实的语言学和人类学基础，同时他还渐渐开始发展出了一种"生物学思维"，这也预示了西比奥克后来向广义符号研究的转变。

从 1942 年开始西比奥克就一直从事着语言学的工作，其中就有包括匈牙利语、芬兰语和切勒米斯（马里）语在内的芬兰—乌戈尔语系研究。而进入 20 世纪 60 年代之后，西比奥克开始了一个极为关键的转变过程，即他的符号学转向。那时的结构主义正大行其道，而当时西比奥克本人也是一个著名的语言学家，并师从过结构主义的代表人物布隆菲尔德与雅各布森，在语言学、人类学、民俗和神话研究方面也取得了丰硕的成果。然而，从西比奥克的思想理论发展轨迹我们可以清楚地看到，语言学在西比奥克的学术研究中的主导地位随着时间的推移逐渐弱化，非语言符号与动物符号行为等超越传统结构主义语言学范畴的因素越来越多；此外，人类学、生物学、神经认知科学、控制论、信息论等与诸多跨学科因素也被奇特地融合了进来，这种"复调式"的整合非但没有使西比奥克的理论呈现出混乱的状态，反而创造出了一个更有生机的动态符号学解释体系。西比奥克符号学思想也因此具备了某种"和声性"，并在很大程度上超越了人类中心主义和语言中心主义，不仅呼应了后结构主义与解构主义视域中的反"逻各斯中心主义"的主张，而且还透露出一种生态文明观，超越了其所处的时代。1960 年，西比奥克进入了斯坦福大学行为科学高级研究中心，并在这里度过了接下来具有"决定性意义"的两年，他称之为"无价的自由时光"，正是在这期间西比奥克进一步夯实与提升了他一直坚持的"生物学思维"。而其后的两年在西比奥克的学术生涯中更有着特殊的意义。1962 年，他发表了《信号行为进化中的编码》一文，正式进军符号学界。1963 年，他最早论述了"动物符号学"的研究视角，发表了两篇文章《动物与人的交际》以及《动物符号学的概念》。在其后的近四十年时间里，西比奥克在世界范围内不遗余力地从事和推动着广义符号学理论的研究，不仅本人著述颇丰，还塑造了 20 世纪后半叶的符号学事业局面，支持和培养了一大批符号学者，这些人后来成为了现代符号学研究的主导力量。进入 90 年代，西比奥克又提出了"生物符号学"（Biosemiotics）的概念，并在其人生的最后十年孜孜不倦地推广符号研究的生物学视角，其中的一个重点内容就是他极为推崇的生物符号学雅各布·冯·乌克斯库尔（Jacob Von Uexküll）的生物学思想；此外他也是较早发现符号学与认知科学之间存在密切关联的理论家，符号的认知功能也成为其建模系统理论的一个主要关注点。上述的这些思想和主张在 90 年代后期和 21 世纪之交渐渐演变为一种"总体符号学"（Global Semiotics）体系，而西比奥克符号学理念的全面性、辩证性和动态性都在他所构造的"建模系统理论"中得到了集中的体现。可以说，从 20 世纪 70 年代开始到进入新千年之际，模型观一直就是西比奥克研究符号活动过程（process of semiosis 或 semiosic process）的一条明晰的主线。《总体符号学》一书于 2001 年出版，同年 12 月 21 日，西比奥克病逝。终其一生，他横越了人文学科和自然科学领域，不断地开拓着新的符号学研究空间，探索复杂的动物和人类符号现象。西比奥克既是一位具备远见卓识的人文理论家，又是一位严谨的自然科学家，他的跨学科符号学思想和学术活动为国际符号学事业留下了无比丰厚的理论财富和难能可贵的发展局面。

从一开始，与莫里斯一样，西比奥克发现皮尔斯的符号学说从来就不应该仅仅限于人类。作为皮尔斯－莫里斯传统的继承者，西比奥克也正是在他们的基础上将符号行为研究放在了更广阔的生物学空间展开，人类只是这个空间中的一部分，而且还不是唯一的符号动物。事实上，反复过度强调人与其他动物的区别并无多大意义，因为这些区别是有目共睹的一般常识。能找出人与其他动物的共性，在很多情况下反而更具有启发价值，而在环境持续恶化、物种相继灭绝的今天，这种共性意识更是走在了时代的前沿，西比奥克也因此在西方生物符号学界受到普遍的尊敬。

在西比奥克看来，不仅人类不是唯一的符号动物，而且语言（口语）也不是唯一或基本的人类符号系统，这就是他与索绪尔传统的一个主要的不同之处。西比奥克极为强调各类非语言符号系统的重要性，并区分出"语言"与"交际"这两种不同的符号功能，认为语言的基本功能不在于交际，而是在于构建世界图景，口语才是用于交际的系统（而且还不是完善的系统），是人类在进化史晚近时期对语言的"联适应"（exaptation）而产生的结果。

此外，他也对现代符号学中的核心概念"符号活动"（semiosis）做了全新的拓展，赋予了它更加具有现代性的意义，不再表示逻辑层面的由符号代表项（representament）、符号解释项（interpretant）、符号对象（object）的三元所组成的符号关系体，而是用来指生物体尤其是不断发展变化中的人类主体用以认知、理解和把握其"主体世界"（Umwelt）的活动本身。我们知道，符号活动的概念源自皮尔斯，主要是指符号代表项、符号对象和符号解释项之间的三元动态关系。西比奥克认为，符号活动的本质是"一个物种以其独有的方式产生与理解其处理、整编感知输入所需的特定模型的能力"。模型（model）指的是"想象的或（通过某物理性媒介）外在制作的形式，用来代表被称为'指涉体'的物体、时间、情感等，或用来代表被称为'指涉域'的一系列相似（或相关）的物体、事件、情感等等"，而建模

（modeling）则是符号活动的一种衍生。在西比奥克的符号建模理论中，符号活动是所有生命形式都具备的一种能力，符号活动与生命处于一种密不可分、共同起源的趋同交叠的关系中。这种新的阐释和应用使得"符号活动"这个术语具有更高的可操作性，它也逐渐成为西方学界的一个重要的跨学科热门词，不仅被用于符号学研究，也同样被广泛地用于语言学、文化分析、艺术批评和其他众多人文社科及社会科学领域，成为现代符号学中最具代表性的重要术语之一。

上述所有的理论特色全部一览无遗地展现在了建模系统理论中。总结而言，相比索绪尔、皮尔斯和莫里斯的符号学思想，集中反映于西比奥克建模系统理论的符号学思想在动态主体的理念方面实现了重要超越，它凸显了一种"生命"观，即活着的动态的主体性。

索绪尔的二元符号思想用于语言符号的分析有其独到之处，然而后来的结构主义将语言符号的模式套在了所有符号系统之上，这样就产生了几个问题：其一，带来了结构主义的相对僵化、缺乏动态性的弊病；其二，它所体现的人类中心主义（anthropocentrism）和语言（言语）中心主义（glottocentrism）也遭到了相当激烈的批评；其三，忽略了发展变化中的动态主体。

皮尔斯的符号三元关系，倾向于在逻辑层面建构和阐释一种广义的认知与理解的过程。皮尔斯确实提到了解释者，然而这个解释者是个静态的主体。这在某种程度上剥离了根本的能动变化因素，即发展变化中的主体和主体性，换句话说就是剥离了活着的解释者。西比奥克则在此基础上提出了他自己的动态主体的符号活动观。

莫里斯从生物行为主义的角度出发来阐释发展了皮尔斯的符号理论，实际上是对其做了十分重要的补充，在单体实验与生物观察的基础上拓展了皮尔斯的符号解释理论，为超越人类符号活动的研究提供了起跳板。然而莫里斯对整体主义的反对，使得他的符号理论显得有些片面，甚至有不少人批评他的理论是将在实验室老鼠身上获得的发现用于人类；此外他对来自生物学、物理学、化学等领域的直接大量借用，使得符号学的地位遭到来自其他学科的批判。符号学在西方至今仍是一个边缘学科，术语问题是它所面对的最关键、最迫切的问题之一，因为任何一个理论分析都是基于一套相对完整的术语体系。建模系统理论正是致力于改变这种术语混乱局面的一次有效尝试。此外，在莫里斯的符号学理论中，发展变化中的主体也同样没有得到充分的关注。

然而，随着人类进入新世纪，生命科学得到了人们前所未有的关注，而且愈发成为一种核心科学。人文学科与社会科学的终极目标所在也是为生命、生存、生活提供解释的视角与理论的关照。从现代符号学角度来看，普通符号学、生物符号学、认知符号学、文化符号学等等分支都必然会将多元、动态、鲜活的自然生命尤其是人的主体作为理论分析的终极归宿与落脚点。西比奥克之所以超越了索绪尔、皮尔斯和莫里斯，很大程度上是因为其建模系统理论中的动态主体观特别强调物种独特性、个体独特性和个体发展阶段独特性。这就开辟了全新的符号学研究空间，他所拓展出来的符号学理念与方向也已然构成了当今符号学界的重要研究范式。

对于本书的译者来说，翻译这部跨世纪的现代符号学著作是一个温故而知新的过程。2011年，译者开始在南京师范大学外国语学院攻读语言学与符号学博士学位。在导师康澄教授与外国语学院院长张杰教授的指导下，当时就将自己的符号学研究焦点定为托马斯·西比奥克的建模系统理论，并于2014年年初顺利完成了博士论文《西比奥克建模系统理论研究》。在论文的创作期间，所参阅的最为重要文献之一就是这部《意义的形式：建模系统理论与符号学分析》。记得当时为了彻底把握该书的思想，译者前后对其进行了四遍完整的批判式阅读；而在博士论文完成之后，为了翻译的需要，又从头至尾阅读了一遍。

经过数年的研究，译者也取得了一些成果。最为深刻的感受是：研究了西比奥克，在很大程度上就等于是研究了当代西方符号学的整个发展史。不仅如此，西比奥克还是现代语言学与符号学史上最早做到真正意义上的跨学科研究的学者之一。他有着美国结构主义语言学的学术出身，但却批判性地扬弃了结构主义语言学与符号学研究方式，创造性地融合了生物学、人类学、认知科学、文化与民俗研究等方面的跨学科视角，对语言学、传播学、跨文化交流、生物学、认知科学等都有重大裨益。虽然《意义的形式：建模系统理论与符号学分析》的两位作者将此著作视为实用性的参考手册，但其所涵盖的内容却极为深广，启发性强，值得反复琢磨和深入研究。而翻译这本书的最初动机，也正是因为它所具备的突出的学术价值。此处要特别感谢四川大学赵毅衡教授对该书的兴趣和对此译本的关注。

在研究和翻译该书的过程中，有太多的人给予了译者无私的指导和帮助，在此一一列出：译者的博士指导老师——南京师范大学康澄教授，南京师范大学张杰教授，香港岭南大学丁尔苏教授，四川大学赵毅衡教授，湖北大学李先焜教授，本书第二作者、加拿大多伦多大学马塞尔·德尼西教授（Marcel Danesi），意大利博洛尼亚大学翁贝托·艾柯教授（Umberto Eco），美国圣·托马斯大学约翰·迪利教授（John Deely），英国米德尔塞克斯大学保罗·考布利教授（Paul Cobley），意大利费拉拉大学马勒切罗·巴勒比耶利教授（Marcello Barbieri），意大利巴里大学苏珊·皮特里利教授（Susan Petrilli）和奥古斯都·庞齐欧教授（Augusto Ponzio），爱沙尼亚塔尔塔大学凯勒维·库尔教授（Kalevi Kull），国际符号学协会主席、芬兰赫尔辛基大学耶罗·塔拉斯提教授（Eero Tarasti），美国普渡大学弗劳伊德·麦罗教授（Floyd Merrell）和莫迪恩·安德森教授（Myrdene Anderson），美国加州大学伯克利分校泰伦斯·迪肯教授（Terrence Deacon），美国南伊利诺伊卡本代尔大学理查德·兰尼根教授（Richard Lanigan），美国路易斯维尔大学弗兰克·努塞尔教授（Frank Nuessel），多伦多大学保罗·布伊萨克教授（Paul Bouissac），加拿大华裔作家薛忆沩先生，天津外国语大学王铭玉教授，南京师范大学司联合教授、王永祥教授，以及德古意特出版社玛西娅·舒瓦茨女士（Marcia Schwartz）等等。他们有些给予了译者学术上的支持和指点，有些则为译者提供了大量宝贵的资料和十分中肯的建议。这些都让译者充满着无限的感激。在此表示深深的感谢！

余红兵

2015 年 4 月 17 日

识于南京随园

前　言

　　拥有一种制作复杂、精妙、丰富的模型（models）的本能，是区分人类与其他物种的众多特征之一。模型制作（model-making）是人类智力与社会生活所有方面的典型特征。在建造房子之前，建筑师会制作一个小模型，并且/或者通过蓝图绘制技术，描绘出房子的结构特征。勘探者在即将穿过某个地域之前，会草拟出一份地图。科学家为了获得关于原子和亚原子微粒物理行为的"心理视图"，会勾画出它们的图示。小模型、蓝图、地图和图示等是如此的常见，以至于人们很少会注意到它们对于人类生活的重要性；更少会有人思考它们存在于人类物种中的原因。模型制作是一种真正惊人的生物进化的成果。没有了它，现代人类简直不可能进行日常生活。所有这些都表明存在着一种建模本能（modeling instinct），它对于人类精神和社会生活的意义等同于身体本能对于人类生物生命的意义。现在，更加值得注意的是，建模本能在其他物种中也能被观察到，已有大量生物学和动物行为学的相关文献记载。这些思考总是会引发一个有趣的问题：建模（modeling）在生命体中的功能是什么？这个问题相应地又引发了一连串相关的问题：人类建模与其他物种建模系统之间有何异同？建模与认知（knowing）之间的关系是什么？

　　本书的目的就是呈现和描述一个方法论框架，它能够被用来寻找这些问题的答案——该框架的发展是建立在名为生物符号学（Biosemiotics）的研究领域的成果基础之上。这是符号学（Semiotics）领域内部的一次运动，目的是为了研究所有生命体内部和跨生命体的建模行为的表现形式。这个方法论框架被称为建模系统理论（Modeling Systems Theory，简称 MST），由本书作者之一——托马斯 A. 西比奥克——通过其关于生物科学和符号科学交汇的毕生研究而发展出来（参阅 Sebeok，1994）。本书既是一部关于建模系统理论的整合性通览，又是体现它如何能够启发并可能扩大符号学与生物学研究方法的一本解说性纲要。我们的首要目标是从建模系统理论中提炼出我们认为该理论对于这些学科领域的研究活动所具有的主要启示。因此，我们以一种便于使用的"教科书"的形式创作了该书，使读者能够获得一个非技术性但又综合的视角，从而了解建模系统理论在本质上究竟是什么。

本书是一次合作努力的结果，体现在两个方面。首先，它源自于第一作者托马斯 A. 西比奥克的研究和观点，以及它们对第二作者马塞尔·德尼西在多伦多大学教授符号学理论课程时所产生的实用启示。其次，它的具体结构和内容得到了两位作者在印第安纳大学和多伦多大学的同事与学生多年来所传递的诸多建议与评论的引导。我们衷心希望，这本书能够体现他们所告诉我们的一切对他们来说会非常有用。该书可作为一本参考手册，使用对象包括对建模系统理论感兴趣的符号学家以及研修符号学、传播理论、媒体研究、生物学、语言学或文化研究等领域高等课程的学生。我们以这样的方式创作该书，使得广泛的读者群能够理解并欣赏这个相对尚不知名的科研领域所进行的迷人且重要的研究工作，而该领域对于大众接收来说，多显得太过专业化。书中每一章都包含了许多实际例解，以及关于建模系统理论进行跨物种建模研究的可能应用的深入洞察。然而，本书的写作手法还并没有到对该问题进行过度简化处理的程度，读者还是需要花一些心力来理解每章的内容。较为专业化的部分可能需要多读几遍。

本书的焦点在于实用，因此对专业性文献的批判参考就保留了最小的篇幅。为了综合性起见，我们在附录中加上了一个颇具广度的参考文献部分，建模系统理论框架正是在它们的基础上形成的。同样附加的还有一份便于使用的专业术语表。

目　录

第 1 章　模型与符号学理论

没有模型我没法工作。我不会说我决心无视自然，用安排颜色，扩大和简化的方法来将某个习作变为一幅画；但是，关于形式的问题，我太害怕背离可能与真实。

——文森特·凡·高（Vincent Van Gogh，1853—1890）

1. 本章绪论

人类认知与社会活动的一个惊人特征是：它们其实是通过无数的意义的形式（forms of meaning）的媒介作用而达成，而意义是由词语、图画、艺术品和其他的人为制作并日常使用的关于世界的模型所创造和传达的。人类世界实际上是一个意义携带形式（meaning-bearing forms）的世界。有关这些形式的系统性研究从属于符号学（Semiotics），我们一般称之为"符号的科学"。

建模是产制形式（forms）的内在能力，这些形式代表物体、事件、情感、行动、场景，以及被认为具有某种意义、目的或有用功能的观点。形式可以是想象的，称为心理影像（mental image），也可以是外在化的某物，称为表征（representation）。符号学研究确定出了四类基本的形式：（1）符号（signs），如词语（words），手势（gestures），等等；（2）文本（texts），如故事（stories），理论（theories）等等；（3）代码（codes），如语言（language），音乐（music）等等；（4）喻体集合（figural assemblages），如隐喻（metaphors），换喻（metonyms）等等。作为本书的开篇一章，我们将在这里描述并解说上述的每种形式，通过名为建模系统理论（建模系统理论）的符号学研究方法来重塑它们的传统概念。这些"重塑"构成了一种名为诸系统分析（Systems Analysis，简称 SA）可被用来研究跨物种建模现象的方法论框架的基本要素。实际上，SA 的目标是要将关于跨物种建模的系统性研究变成实际性的目标。

1.1　模型

什么是模型？尽管一个模型很容易就被辨认出来，但它却又是一种简直无法给予正式定义的东西。正如马克斯·布莱克（Max Black）在他关于科学建模的经典研究（1962）中所指出的，模型这个术语有多少种用法，就有多少种定义。出于本书目的的考虑，模型能够被定义为想象的或（通过某物理性媒介）外在制作的形式，用来代表被称为指涉体（referent）的物体、事件、情感等，或用来代表被称为指涉域（referential domain）的一系列相似（或相关）的物体、事件、情感等等。想象的形式可以被简单地称为心理形式；外在制作的代表指涉对象的形式可以被称为外化形式。

用塑料积木搭建出的房屋玩具模型是体现模型由什么组成的完美例子。很明显，它是一个外化形式，因为它被建造来表征（此处亦可译为"再现"，represent）真实房屋的物理形式——即，通过积木"再一次展现"。房屋是这个模型的指涉体。当然，这个玩具模型与其试图复制的实际房屋之间的结构保真度会根据模型制造者的特定能力、可用积木的数量和种类以及房屋的可复制性的程度而有所不同——比如，如果被建模的房屋有许多建筑性的细节，那么用玩具模型来忠实地再造出它的形式就要困难得多。

模型在人类生活中具备着许多功能。它们能够使人们认识到事物中的类型，可以作为采取行动的预测性指南或计划，还能作为特定种类现象的范例，不胜枚举。如前文所述，研究模型及它们的功能的科学是符号学。为历史精确性起见，这里应该指出，符号学在古代是作为医学的一个分支而被建立的。实际上，在最古老的用法中，符号学的术语 semeiotics 是由西方医学之父希波克拉底（Hippocrates，约公元前 460—约公元前 377）所提出的，用来指代关于特定种类形式——身体病征的研究。病征实际上是大自然本身的建模系统所产制的形式，来警示生物体其身体里面出现了被改变了的状态。在特定的物种中，症候所体现的具体形式为此类状态的可能源头和和病原提供了重要线索。

症候是外化自然形式（externalized natural form），即它由大自然所产制。而在另一方面，词语和象征，则是外化人造形式（externalized artificial forms），即人类特意制作、用来表征某物的形式。人类能够产制的人造形式有四种主要的类型：单性的（singularized）、复合的（composite）、凝聚的

（cohesive）和连接的（connective）。

　　在传统的符号学理论中，单性形式被称为符号（signs）。在建模系统理论的框架下，符号可以被更准确地定义为特别制作以表征单个（单独）指涉体或指涉域的形式。单性形式可以是言语的或非言语的。比如，英语单词 cat（猫），或者西班牙语单词 gato（猫），都是言语单性形式，代表指涉体 ［有尾、触须、可伸缩爪的食肉哺乳类动物］（本书中方括号用来包含各类形式、指涉对象和特点），如图 1-1 所示。接下来看关于同一个指涉体的描述：一种受人欢迎的能够捕鼠的有用的家庭宠物，则明显构成了一种不同的形式。这在传统上被称为描述性的文本（text）。在建模系统理论中，文本可以被更确切地定义为复合形式，即以复合（组合）的方式来表征不同指涉对象——［家庭宠物］［鼠］等等——的形式。将猫与虎、狮、美洲虎、豹、猎豹等分到同一类，则体现了另一种建模策略，即以凝聚的（cohesive）方式来对形式种类进行整编（codify）。在建模系统理论中，代码可以被定义为这样一个系统：它涉及了那些被认为拥有共同特征的指涉体的表征，比如 ［猫］［虎］［狮］［美洲虎］等（＝猫科动物代码）。代码包含了互动的元素，构成了一个凝聚的整体，可被用来以特定的方式表征现象类型。最后，将 cat 用在如 "Alexander is a cool *cat*"（亚历山大是个潮人）的表达中，就是第四种建模策略的结果，这种结果在传统上被称为隐喻（metaphorical）。然而，本书倾向于使用连接形式（connective form），因为隐喻实际上是一种源自不同种类指涉体（或指涉域）相连接的结果：比如，人的指涉体 ［Alexander］与猫科指涉体［cat］相连。

图 1-1　代表［有尾、触须、可伸缩爪的食肉哺乳类动物］的非言语（视觉）形式

　　再看看玩具屋的类比。用积木搭建一个［房子］的模型实际上是一个单性形式。但如果所搭建的也包括了代表周围草坪、藩篱和路径等部分的时

候，这样的模型就呈现为一种复合形式。这时候，如果同样的积木不仅可以用来建成某特定种类的房子形式，而且也能用来建成其他种类的居住物形式（比如小棚屋、小木屋等等），那么这些积木就形成了一种凝聚性的系统，因为它使得不同种类房舍的建模成为可能。最后，如果这些为制作房模而设计的组件被放大为一组不同种类的构建模块，例如用来制作交通工具的模块，那么我们就可以想象出各种新的模型：比如活动住房，拖车屋等等。这些是连接形式，来自于不同种类构建模块之间的关联。

这四种建模策略并不相互排斥。事实上，它们是高度相互依赖的——符号进入文本的构造，文本又相应地取决于代码所提供的元素。为了类比需要，请看另外一种玩具——拼图游戏。在这个玩具中，可以做出以下对等：

- 单性形式（singularized form）＝单独一个拼图游戏小块
- 复合形式（composite form）＝按要求拼接拼图游戏所得到图形
- 凝聚形式（cohesive form）＝作为不同于其他如象棋游戏等形式的拼图游戏本身
- 连接形式（connective form）＝任何存在于拼图游戏小块与象棋子之间的关联

最后的类比纯粹是说明性的。和源自隐喻连接的新形式不同，以某种方式与象棋子关联的拼图游戏小块并不生成新的小块。

体现人类表征特点的不同的人工形式可见图1-2：

人类表征

符号 文本 代码 隐喻

单性形式 复合形式 凝聚形式 连接形式

图1-2　人类表征的形式种类

1.1.1　建模、符号活动与表征

制作模型的能力实际上是符号活动（semiosis）的一个衍生物，可以被定义为一个物种以其独有的方式产制与理解其用以处理和整编感知输入所需的特定模型的能力。符号活动是所有生命形式都具备的一种能力；而表征则是人类才有的一种独特的能力，这种能力是在胚胎和童年时期发展起来的。

当婴儿接触到一个新的物体时，她/他的本能反应是要用感官（senses）来探究此物，即用手抓，用嘴品，用鼻子闻，用耳朵听它发出的任何声音，并用眼睛观察它的特征。认识此事物的这个探究的过程组成了一个感官建模（sensory modeling）的阶段。所得到的内在模型（心理影像）使得婴儿在后来能够认识（recognize）相同的物体，而不需要每次都"从零"开始用其感官系统再探究一遍（尽管婴儿常常也会因为其他各种原因而探究该物体的物质特性）。其后，随着婴儿长大，她/他开始越来越多地参与替代感官阶段的符号活动行为；也就是说，她/他开始指向物体，和/或模仿它发出的声音，而不仅仅是用手抓，用嘴品等等。这些模仿和指示是儿童用纯粹的人类方式来表征（representing）世界的初次尝试（Morris 1938，1946）。在那之后，随着越来越多地学习到如何通过他们在文化语境中所接触到的单性建模、复合建模、凝聚建模与连接建模的资源来指涉世界，儿童的表征活动（representational activities）的技能总量得到急剧的增长。

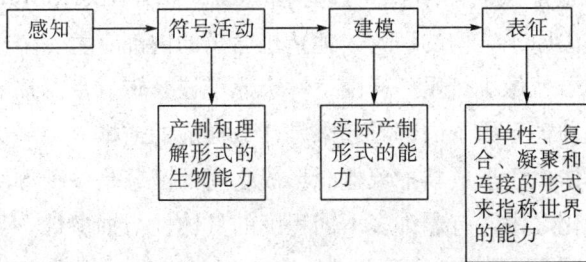

```
感知 → 符号活动 → 建模 → 表征
         ↓          ↓       ↓
    产制和理    实际产制   用单性、复
    解形式的    形式的能   合、凝聚和
    生物能力    力         连接的形式
                          来指称世界
                          的能力
```

图 1-3　符号活动、建模与表征之间的关系

1.1.2　概念

表征展示了人类大脑如何执行将知觉认知（sensory knowing）转化为概念认知（sensory knowing）的任务。概念是心理形式。有两个基本种类的概念——具体的和抽象的。具体概念（concrete concept）是这样一种心理形式，它的外在所指能够以一种直接的方式被展示和观察，而抽象概念（abstract concept）则是外在所指物不能被直接展示或观察的心理形式。因此，比如汽车（car）这个词就代表一个具体的概念，因为它的指涉体［由内燃机驱动的自力推进的陆地交通工具］，能很容易地在物理世界被展示或观察到。然而，爱（love）这个词代表了一个抽象的概念，因为尽管［爱］是作为一种情感的现象存在的，它并不能直接地被展示或观察到，即情感本

身的概念化不能够脱离其所产生的行为、思维状态等等。

概念的形成有三种一般的方式。第一种方式是归纳（induction）。归纳是从具体的例子事实来获得概念的过程。比如，一个还没有形成有关［猫］的概念的儿童，可能会注意到她/他所碰到的某些种类的动物有着胡须。这个特征会引着这个儿童去归纳任何这样的动物都可以被想象为（并因此表征为）［带有胡须］的生物。人类形成概念的第二种方式是演绎（deduction），这是归纳的反面。例如，一个已经形成了有关［猫］的概念的儿童，将能够通过观察她/他第一次碰到的某个特定的哺乳动物是否符合其思维中［猫］的一般形式，而来演绎推断它是否是一只［猫］。最后，概念是通过逆推（abduction，或译：逆因推理、溯因推理或不明推论）而形成的。在本书中，这可以被简单地定义为新的概念在既成概念的基础上形成的过程，这两个概念之间可以通过直觉的方式感受到某种相似之处。逆推组成了"最佳猜测推理"（best guess inferencing）。逆推的一个经典例子是由科学史所提供的。英国的物理学家欧内斯特·卢瑟福（Ernest Rutherford，1871－1937）提出了一个有关原子结构的理论，他猜想原子的内部有着一个极微小的太阳系结构，电子就像小行星一样围绕一个原子核公转。卢瑟福的原子结构模型实际上是一种关于原子内部看起来是什么样的的逆推。

当然，具体概念形成与抽象概念形成之间的区分是一种方便的做法。实际上，在概念化之中，有着许多不同程度的具体性与抽象性，受到各种不同的心理和社会因素的影响（Leech 1981：9－23）。在这里我们只需要说，大多数来自视觉、听觉以及其他感官的未经整理的原始信息，是由表征形式整理为有用的概念的，而这些表征形式则是通过归纳、演绎或逆推而获得的。此外，目前已经很清楚的是，所得到的概念化过程的种类取决于人类思维从特定情景中所寻获的形式的种类。所有这三种过程——归纳、演绎、逆推——经常以一种互补性的方式参与其中。

既然概念是心理形式，那么知识所采取的形式就取决于所使用的建模种类。想要了解为何必然如此，就请思考以下关于维尔纳·海森堡（Werner Heisenberg，1901－1976）所构思的物理学中不确定性（indeterminacy）概念的轶事再现。假设一位在纽约长大并接受训练的科学家在观察一个她/他从未见过的物理事件。好奇之余，她/他拿出了一个笔记本，并用美式英语写下了她/他的观察所得。在这位美国科学家观察这个事件的同一时刻，另外一位在菲律宾长大并接受训练的科学家也看到了相同的事件，而她/他仅

说当地的塔加拉语。这位科学家同样地也拿出了一个笔记本，用塔加拉语记
下了她/他自己的观察所得。现在的问题是：这些写在两个笔记本中的观察
内容在多大程度上是重合的？答案当然是这两组观察所得不会完全重合。很
明显，原因不在于事件的本质，而是因为所使用的表征系统（英语和塔加拉
语）为每个科学家提供了不同的言语形式来描述这个事件。因此，正如海森
堡所明确提出的，事件的真正本质是不可确定的，尽管人们确实可以进一步
地在这两位科学家所做的记录基础上对该事件加以深入的研究。这些记录是
科学家就该事件所做出的实际存在的模型，二者都能够被用来对该事件进行
概念化，尽管是从不同的表征视角出发的。

1.1.3　意义的形式

心理学家 C. K. 奥格登（C. K. Ogden）与文学批评家 I. A. 理查兹（I.
A. Richards）将他们 1923 年的经典著作恰当地命名为《意义的意义》（*The
Meaning of Meaning*），在这本书中他们提出，要给意义（meaning）做个定义
是不可能的。据我们所知，从那时直到现在，在准确地给这个术语下定义的
方面，还没有任何显著的进步。在本书中，将意义和特定表征形式
（representational form）所引发的特定概念（concept）相等同便已足够。在传
统的理论中，前者被称为所指（signified），后者被称为能指（signifier）。

奥格登与理查兹进一步提出，人类表征是一个高度可塑的过程。就像理
解自然现象时所涉及的不确定性一样，所指的确切本质在任何客观的意义上
都是不可确定的，因为对它的阐释受到情景、语境、历史过程以及其他各种
外在于符号活动的因素的影响。

符号学理论确定了表征形式所涵盖的三种主要的所指：直指
（denotatum）、涵指（connotatum）和特指（annotatum）。直指是形式所获
得的初步的指涉体（或指涉域）。这种情况下的表征过程被称为直指过程
（denotation）。比如，房子（house）一词的直指就引发了一个单性的指涉
体，即［人类居住的结构体］。现在，在人类表征行为中，直指能够被自由
地延展以包含其他与之有某种共同点的指涉体或者指涉域，被称为涵指。这
个延展的过程被称为涵指过程（connotation）。比如，房子作为［人类居住
的结构体］的意义可以被延展以包含［房子里的人］这样的涵指，例如 The
house roared with laughter（屋子充满哄堂大笑）；也可以用来表示［立法会
议］，例如 The house is in session now（议会会议现在进行）。此类涵指的

明显特征是它们将初步指涉体的形式即［人类居住的结构体］通过引申进行了扩展：观众和立法会议确实暗示了［人］可以说以某种特定的方式而［居住（占据）］的［结构体］。文本与代码同样能够被自由地延展以包含无限的涵指。比如，服饰代码就常常被设计来引发多样的社会和/或群组特定的涵指。最后，任何一种形式的意义都受到主体和/或群体特定的解释特指的影响：比如，house（房子）这个词引发的主体意义就可以随着某个体或特定集体对［人类居住的结构体］的观点而变化。特指可以被简单定义为主体和/或社会意义在某个形式中的加入或转入（如符号、文本等等）。

1.2　建模系统

上文讨论的形式种类是表征活动的最终结果，这些表征活动的根基是出现在人类大脑中三种不同而又相互关联的建模系统，大致对应查尔斯·皮尔斯（Charles Peirce，1839－1914）所说的第一性（firstness）、第二性（secondness）与第三性（thirdness）。儿童用感官认知事物的最初的策略实际上就是第一性的策略（参考1.1.1建模、符号活动与表征）。表征的第一性形式所用的建模系统是初级建模系统（Primary Modeling System，PMS）。初级建模系统可以被定义为对指涉体的知觉或感知的性质进行建模本能。儿童后来通过声音模仿和/或手动指示来指称物体的尝试组成了第二性的认知策略。引导这些尝试的建模系统是二级建模系统（Secondary Modeling System，SMS）。二级建模系统可以被定义为使用延伸的初级形式和指示（指明）形式来指涉对象的能力。最后，在学习使用特定文化中的名字来指称物体的时候，儿童参与到了一种第三性的认知之中。她/他这样做的能力取决于三级建模系统（Tertiary Modeling System，TMS），该系统被定义为习得和利用文化特有的抽象表征系统的象征资源的能力。

这三个系统的特点能够从发展的角度简单总结如下：

- 初级建模系统＝使得人类婴儿能够参与到基于知觉的建模的系统。
- 二级建模系统＝后续的促使儿童参与延伸性和指示性建模的系统。
- 三级建模系统＝允许成熟儿童参与高级抽象（基于象征符号）的建模的系统。

1.2.1　建模系统理论

尽管建模系统理论（建模系统理论）在 20 世纪各种结构主义符号学的理论中有着根源，但它从来没有真正地发展成为一个综合的理论性和方法论性框架而在理论符号学中得到一般性的应用（例见：Sebeok，1994）。本书围绕着一个基本的公理而创造了我们自己的建模系统理论框架，这个公理就是所有的表征现象都能够被划归到四个大类——单性、复合、凝聚和连接。从这个公理延伸出六个原则：

- 表征是建模的最终结果，也就是说，建模是作为表征的基础的一种活动（建模原则）。
- 知识与其被表征的方式无法分开（表征原则）。
- 建模在三个层级或维度展开，其中相似性和指示性（参考下文符号的种类）在发展和认知的方面先于象征性（参考下文符号的种类）（维度原则）。
- 复杂（抽象）的模型是简单（更具体）的模型的衍生物（延伸原则）。
- 模型及它们的意义互相关联（互联原则）。
- 所有模型都表现出同样类型的结构特性（结构原则）。

当然，我们在这里并不讨论诸多有趣的关于知识是什么的哲学问题。表征原则（representational principle）指的就是为了理解和记住某物，就必须赋予它某种表征的形式。建模原则（modeling principle）主张建模是作为表征的根基的活动。维度原则（dimensionality principle）提出在建模中存在三种维度或系统——初级（象似性），二级（指示性与延伸性）与三级（象征性）。延伸原则（extensionality principle）指出抽象形式是更加具体的基于知觉的形式的衍生物。互联原则（interconnectedness principle）提出一个特定的形式是与其他形式相互关联的（词语和手势，图标和隐喻等等）。结构原则（structuralist principle）宣称所有建模系统和形式体现了某些共同的基本结构特性（structural properties）。这些特性是：聚合性（paradigmaticity），组合性（syntagmaticity），类比（analogy），共时性（synchronicity），历时性（diachroniticity）和意指（signification）。

1.2.2 结构特性

聚合性是最小的区别特性。对使用英语的人士来说，pin（大头针）和 bin（箱子）这两个单词由它们的首字母发音中可感知的听觉差异而被区别开来。声音系统的这种区别特征在语言中被称为音位对立（phonemic opposition）。同样，在西方古典音乐中，因为和弦中音的半音差别，同一个调中的大和弦与小和弦感觉是有区别的。这些例子表明，聚合性可以被确定为形式的特性，某些最小的特征足以通过这个特性与其他所有同类的形式相区分。

组合性是一种组合的特性。比如，像 tpin, tpill, tpit 和 tpeak 在英语中就不是合法的词，因为首字母序列/tp/＋［原音］并不是英语构词法的特点，而用/sp/开始＋［原音］的单词就合乎英语的构词法，如 spin, spill, spit, speak。词语的这种组合特征叫作音节结构（syllable structure）。同样，大和弦只有在三个音是以特定方式组合的时候才是大和弦：［根音］＋［中音］＋［冠音］。组合性可以被定义为这样一种特性，某形式的组成部分能够通过它以某种特定的方式组合。

类比是一种对等特性，通过这个特性，一种形式能够被另外一种与其有感知可比性的形式所代替。英语单词 cat 与西班牙语单词 gato 是类比的，欧洲扑克牌与美国扑克牌如果花色之间形成类比便能互相代替，罗马数字能够通过简单的转换来代替阿拉伯数字，等等。

共时性指的是形式为某个特定目的或功能而构成于某个特定的时间点；而历时性则是指它们随着时间的变化而变化。某个形式所经历的变化不是随机的，而是受制于体现它所属代码特点的结构倾向与语境（社会、情景等等）影响。比如，意大利语中的 occhio（眼睛）一词。该词的原初形式是拉丁语中的 oculus。随着时间的推移，它变成了 oclu（各种哲学资料证明如此），之后又变成了 occhio。然而，这些外形变化并不是偶然发生的。去除 oculus（oclus）的中元音，以及后来将 cl 改为 cchi（语音为［kky］）都是后期（俗）拉丁语音位系统中的结构倾向。

最后，意指（*signification*）形式及其意义之间所建立的关系。更严格地说，它是连接形式本身的物质组成——能指，以及它引起人们注意的指涉体或指涉域即所指之间的关系。正如我们在上面所看到的，有三种意指过程（参考 1.1.3 意义的形式）——直指、涵指与特指。

形式的结构特性总结于表 1—1：

表 1-1　建模结构原则所体现的结构特性

特性	特点/功能/表现
聚合性	区分，可识别性
组合性	组合，排列
类比	等同，替代
共时性	某个形式在某特定时间点上的结构和意义
历时性	某个形式随着时间推移所产生的结构和/或意义上的变化
意指	直指，涵指，特指

1.2.3　生物符号学

现代符号学的实践溯源于 20 世纪初两位学者的研究——瑞士语言学家费尔迪南·德·索绪尔（Ferdinand de Saussure，1857-1913）与美国哲学家查尔斯 S. 皮尔斯（Charles S. Peirce，1839-1914）。作为一个独立的研究领域，它在整个 20 世纪被查尔斯·莫里斯（Charles Morris），罗兰·巴特（Roland Barthes），路易斯·叶尔姆斯列夫（Louis Hjelmslev），罗曼·雅各布森（Roman Jakobson），A. J. 格雷马斯（A. J. Greimas），克劳德·列维-斯特劳斯（Claude Lévi-Strauss），尤里·洛特曼（Juri Lotman），托马斯 A. 西比奥克（Thomas A. Sebeok）和翁贝托·艾柯（Umberto Eco）等人加以了扩大与发展。

正如上文所述（参考 1.1 模型），在最早的用法上，semeiotics 这个术语是由希波克拉底所造的，用来提醒从医人士知晓如何解读身体症候以准确诊断并预防疾病的价值。对 sema（符号）的研究成为亚里士多德（Aristotle，公元前 384-公元前 322）时代哲学家以及斯多葛（Stoic）学派哲学家的特权，他们实际上是最早地从非医学的角度担负起研究词语符号的任务的研究者，并用三个维度解释了这类符号的特点：（1）物质性词语本身（比如组成词语 blue 的声音）；（2）它引起人们注意的指涉体（某种颜色的范畴）；（3）它所引发的意义（这种颜色在心理性和社会性方面所牵涉之物）。

形式研究接下来的主要进步是由圣·奥古斯丁（St. Augustine，354-430）推动的。这位哲学家兼宗教思想家是最早清楚区分自然（natural）形式与传统（conventional）形式（人工形式）的研究者之一，并拥护了这样的观点：整个表征过程中存在着一种内在的阐释（*interpretive*）成分——该观点与希腊神学家兼早期教父亚历山大的克雷芒（Clement of Alexandria，约150－约215）所确立的解释学传统相一致。

确立经验主义原则的英国哲学家约翰·洛克（John Locke，1632－1704）在他的《人类理解论》（*Essay Concerning Human Understanding*，1690）中将有关符号的正式研究引入了哲学，期望它能使哲学家理解表征与知识之间的内在关系。但他所布置的任务在索绪尔和皮尔斯的研究出现之前实际上处于被忽视的状态。正是后二者的研究包含了圈定独立的符号学研究领域的基本概念，目标是将符号作为相互系统关联的元素而研究，而不是将它们视为孤立的物体本身。实际上，符号学中的关键概念是没有任何单独的形式能够承载意义，除非它进入与其他形式的系统关联之中。在传统上，这些关联被认为具有二分性的本质。请回忆上文（结构特性部分）中的单词 pin 与 bin，它们是通过首字母发音中可感知的听觉差异而被区分的。事实上，这个聚合特征是/p/与/b/之间的音位对立的结果：前者是清辅音（发音的时候声带不振动）；后者是对应的浊辅音（发音的时候声带振动）。［声带振动］的物理特征在更常见的情况下被称为［发声］，它在单词的组成中要么出现［＋］，要么缺失［－］。在结构上，［±发声］是区分各种声音的二分性语音特征。pin 与 bin 的首字母发音是这样的两个声音：/p/为［－发声］，/b/为［＋发声］。

建模系统理论是符号学中被称为生物符号学（biosemiotics）的发展分支的研究成果之一（例见：Sebeok & Umiker-Sebeok，1992；Hoffmeyer，1996）。生物符号学的目标是要将一般符号学的观念进行延伸，涵盖所有物种的符号活动和建模行为的研究。实际上，指引生物符号学的一个前提就是某特定物种所产制的形式受到从其生物构造中演化出来的建模系统（modeling system [s]）的约束。生物符号学不仅要研究五大生命王国中的物种，即原核生物界、原生生物界、植物界、真菌界、动物界，还要研究它们的等级发展构成部分，从细胞开始，它是最小的符号活动单位，大约包含50个基因，或者大约一万亿（10^{12}）个复杂组织的原子。病毒被排除在生物符号学的研究范围之外，因为它们既不是细胞，也不是细胞的集聚。

人类身体大约由一百万亿（10^{14}）颗细胞组成，通过连续的重要神经信号流而相互关联。有核细胞起源于单个细胞之间的"符号活动合作"（semiosic collaboration），后者在地球形成之后进化了不到十亿年。简单细胞可能在某个时间点融合形成了组成生命体的细胞复杂聚合。它们聚合组成了机体的器官，这些器官相应地组成了生物体，生物体又相应地组成了更加复杂的社会系统（互动生物体）。当然，基因代码控制着细胞水平的信号交换；荷尔蒙与神经传感器在器官之间和相互之间起着调解的作用（免疫防御系统和中枢神经系统由密集的双向信号流动而互相连接）；各类信号将生物体结合进了一个连接彼此的关系网络，也将生物体与维持其存在的环境结合进了关系网络。

一言以蔽之，生物符号学的研究目标是所有生物的符号活动行为。生物符号学的主要分支是植物符号学（*phytosemiotics*），研究植物中的符号活动（Krampen 1981）；动物符号学（*zoosemiotics*），研究动物中的符号活动（例见：Sebeok 1963，1972a），以及人类符号学（*anthroposemiotics*），研究人类中的符号活动：

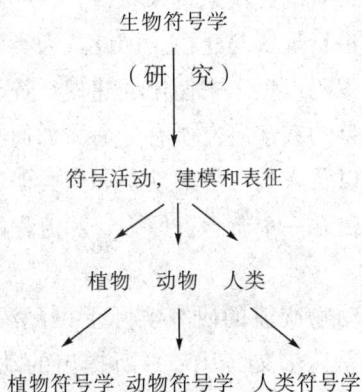

生物符号学

（研　究）

符号活动，建模和表征

植物　动物　人类

植物符号学　动物符号学　人类符号学

图 1—4　生物符号学的分支

一般而言，动物符号学的研究方法根据动物是否为食肉动物或掠食动物而区分，因为动物物种的营养模式塑造了该物种建模系统的特征。对人类符号活动的研究要求进行特别的处理，因为人类符号活动的最显著特点是它既允许非言语建模——明确来源于灵长类祖先——以及独特的言语建模。对言语建模行为的研究组成了符号学最先进的高级形式化分支的主题，这个分支就是一般语言学（*general linguistics*）。

符号活动首先发生在分子化学层面，因此受到基因代码、体液与细胞调节的免疫反应以及中枢神经系统中大量存在的作为神经传输器的肽等因素的规约。嗅觉与味觉同样也是"符号化学性的"（semiochemical）。甚至在视觉中，光子打在视网膜上也会对视杆细胞中吸收不同波段光线视紫红质的性能有区别性的影响。声音振动和通过热感的触觉脉冲也被转化为电化学信号。这些信号系统常规性地由几个通道同时或平行相连——该连接引入了一种过剩，接收失误就很可能通过这种过剩而被最小化。

生物符号学运动的创始人是生于爱沙尼亚的德国生物学家雅各布·冯·乌克斯库尔（Jacob Von Uexküll，1864—1944），他最早记录了不同物种所展现的不同种类符号活动行为。冯·乌克斯库尔的研究方法的核心就在于主张每个生物体都有不同的内向和外向的建模策略，并凭借这些策略来检测信息，这些对应着我们在上文所说的心理影像的与外在的建模（参考本章绪论）。理解这种二分性的关键，在于物种本身的身体结构。拥有广泛多样的身体结构的动物不会经历同样种类的感受过程，因此它们拥有大为不同的建模系统来监督此类过程。冯·乌克斯库尔认为，一个生物体并不感知物体的本身，而是根据其自身特有的建模系统来感知，这些系统使得它能够用独有的生物性方式来对世界进行理解与建模。因此，人类与动物并不共有类比性的对记忆中的经验进行编码以供未来使用的建模系统。

生物符号学运动的目的在于研究所有生命体如何在基因层面被赋予了使用模型以存活的能力，以及人类符号活动是如何类似于和不同于植物及动物符号活动，方法是通过建立一个概念、原则、和流程的分类系统，来理解人类建模现象的特殊性。

对动物符号活动与动物交流的研究实际上可溯源于达尔文进化生物学（Darwin，1859），尤其是达尔文（1872）所提出的动物行为构成了一种与人类行为的可行类比的主张。在 19 世纪末，受到达尔文启发的研究导致了比较心理学的确立。这次运动中一些早期动物实验引致了人类经典性条件反射的理论。这最初是由伊万·巴甫洛夫（Ivan Pavlov，1902）在其著名的狗实验之后所提出的，这些实验表明狗可以被训练为听到铃声便流口水。一开始，摇铃并不能引发狗的流口水反应。所以巴甫洛夫在他摇铃的时候给狗提供了肉食的刺激。在提供该刺激的同时不断地重复摇铃之后，巴甫洛夫发现单独的铃声就可以引发狗流口水的反应。很明显，狗已经形成了条件反射（被重新编码），将铃声与肉的出现联系在了一起。早期心理学家对这些发现很感兴趣，并在 20 世纪前 25 年间设计出了研究动物行为的精巧实验。比如，罗伯特·耶基斯（Robert Yerkes，1916）就成功展示了猴子拥有将它们的条件反射转化为创新学习任务的能力。在 1925 年，沃尔夫冈·科勒

（Wolfgang Köhler）也发现猿猴不需要前期训练就能够发明出聪明的解决问题的方法。

　　然而，早期心理学家的目标不是研究动物行为的本身，而是从动物实验中总结出有关人类行为的发现。其假设为：相同的"行为法则"适用于所有的物种，因此学习和解决问题的普遍原则能够从特定的动物行为中推理出来。到了 20 世纪中叶，在实验室中用动物作为人类的便利替代品受到了批判，而一种名为动物行为学（ethology）的新运动出现了，它强调动物与人生活在各自的行为世界中，动物应该在它们的自然栖息地被研究，而不是在实验室。动物行为学运动进而确立了基本的研究方法与范畴，以研究动物行为的本身特点。

　　在 20 世纪 50 年代与 60 年代，语言学家与符号学家们开始认为动物交流研究与他们自己的研究领域特别相关。一大堆广为流行的（有些仍在进行）灵长类语言计划被启动，吸引了科学家与大众的注意力。这些计划在最初是受到这样一个命题的激发，即跨物种交流是可实现的目标。然而，尽管有关于某种复杂的言语活动和某种对幽默的理解的报道，猴子实验还并没有确证灵长类（除人类以外）动物拥有完整的人类语言的能力。

　　因为大猩猩与黑猩猩缺乏必要的发音器官而不能说话，最早的实验者就选择了北美手势语（American Sign Language）作为教学代码。最早的著名被试之一是一只名为瓦肖（Washoe）的雌性黑猩猩。1966 年，在瓦肖差不多 1 岁的时候，加德纳夫妇研究小组（Gardner and Gardner，1969－1975）开始了对它的语言训练。令人吃惊的是，瓦肖仅在四年多的时间里就学会了使用 132 个北美手势语符号。更为惊人的是瓦肖获得了将符号组合在一起以表达一小组复合信息的能力。

　　受到加德纳夫妇所获成果的激励，其他一些人也开始了集中性的研究项目，目的是要在他们的教学过程的基础上进行扩展。比如，普里马克小组（例见：Premack & Premack，1983）实际上早在 1954 年就开始了研究，他们教一只名为萨拉（Sarah）的黑猩猩学习一种书面语言，指导它组合并回应贴在磁板上代表单个词语的塑料标志的纵向序列：例如，粉红色小方块＝［香蕉］；蓝色小三角＝［苹果］等等。萨拉明显地发展出了对此类符号组合进行回应的能力，这些符号也包含了对抽象概念的指称。20 世纪 70 年代，佩妮·帕特森（Penny Patterson）在其还是斯坦福大学一名博士研究生的时候，教了一只名为寇寇（Koko）的大猩猩学习手语。惊人的是，寇寇最终为了能够和训练者一样说话，竟然向她索要声音。

尽管人们对这些结果一直热情不减，媒体也时常对它们加以报道，然而实在没有出现过任何可靠的证据来表明黑猩猩与大猩猩能够用和人类一样的方式（in the same way）来说话，或者能够将它们从人类导师身上所学到的东西传给后代。就像之前的比较心理学家们一样，这些实验者并没能接受这样一个可能的事实：人类大多数的表征活动是其物种所特有的。

不过，有关动物交流的研究仍然是生物符号学中的一个迷人的研究领域。生物符号学家所面对的问题不是灵长类是否能够像人类一样说话，而是它们拥有什么样的与人类相似的符号活动能力，以及猴子与人类之间的交流互动在什么样的程度上是可能的。符号活动的某些结构属性或者特征有可能是跨物种的，而其他的则是物种所特有的。相比于将语言交流能力赋予非人类动物而言，判断特定符号活动属性的普遍性和独特性是更可能实现的目标。

在生物符号学中，交流（communication）可以被定义为双向的符号活动（bilateral semiosis），即与其他生物体参与到特定种类信号的接收与处理过程的能力；单向的符号活动（unilateral semiosis）指的是某生物体单独接收和处理特定种类信号的能力。生物体通过双向符号活动所参与的信号交换的系统性类型决定了该生物体所属物种的交流系统。在人类交流的情况下，双向符号活动不仅包含了信号行为，也包含了所有种类的表征形式交换。与其他物种的成员参与到双向符号活动意味着分有该物种建模系统的某些特性。这些特性共同性或平行性的程度越高，成功交流的可能性就越大。

1.3　单性建模

如上文所述（参考1.1模型），人类表征形式的最基本种类是符号。符号是单性的形式，因为它组成了一种简单的模型，用来包含单个的指涉体或指涉域。在人类符号活动中，非言语符号包括手势、体态、表情、声调、视觉形式（例如：画出来的形状）；言语符号包括词语、语调类型、文字符号（字母、象形，等等）。

在生物符号学的范式中，单性建模的功能是作为一般性的策略，为感知单个物体、单一事件、独立情感等提供一个可知的形式（form）（亦可参考Thorn，1975；Sebeok，1994）。正如冯·乌克斯库尔所提出的，如果不是因为有内在的建模系统来完成认知的任务的话，那么有用的知觉信息就是物种几乎无法辨识的东西。事实上，符号是"认知－强化的形式"（recognition-enhancing forms），使得物种能够通过类型化的方式来检测相关的知觉信息输入。

1.3.1　符号

符号已经有许多种不同的定义方法。然而所有的定义都暗含了三个维度：（1）物质维度（声音、手部动作等等），名为能指（*signifier*）（＝［A］）；（2）概念维度，名为所指（*signified*）（＝［B］），它引出了一个单性的指涉体或指涉域；（3）解释维度（interpretive dimension），名为意指（signification）（＝［A ⊃ B］），就是从符号中所提取出来的意义（或意义群）。［A ⊃ B］的公式在这里是用来强调能指与所指是密切关联的，也就是说从符号被创制的那一刻开始能指就与所指相联系。当然，能指可以在没有所指的情况下存在，在所谓的无意义词语中就明显如此，即合乎构式规则但没有意义的词语（dop，flink，prip，等等）。当然，也存在无数可能的所指（指涉体或指涉域），尚未被世界各种语言、知识代码中现有的符号所编码。

1.3.2　符号的种类

在符号学的整个历史中，有几次对符号进行确定和分类的尝试。其中皮尔斯的包含中间分类和混合分类的 66 种分类法是这些尝试中最为综合、影响最为深远和最为复杂的一个（Weiss and Burks，1945；Sanders，1970）。在语言的领域，人们也可以提到罗曼·雅各布森（1970）的分类系统，它相当好地解释了语言意指的细枝末节。为了简洁起见，如果忽略这些细枝末节，我们便能够从相关文献中得出符号制作的六大类范畴。这些范畴是：症候（*symptom*）、信号（*signal*）、象似（*icon*）、指示（*index*）、象征（*symbol*）和名称（*name*）。

症候是一种自然符号，它的能指和所指结合在了身体的形态结构中，症候可以通过这个事实而被识别。它体现了某种改变了的身体（组织、细胞等）过程，从痛感（比如头痛或背痛），到可见症状（比如肿胀或红疹），或者体温的变化。集中在一起体现某种疾病或紊乱的一组症候叫作症候群（*syndrome*）。因此症候群是一种带有固定直指的复合形式。两个术语都有很强但并非绝对的医学涵指。症候对于病人的直指（主观症候）和对于医生的直指（客观症候）往往不同，这就是症候的独特之处（Sebeok，1973b）。

所有动物的身体都产生症候作为警告符号，但是它们的所指要视物种而定。正如冯·乌克斯库尔（1909）所指出的，一种症候的形式是特定形态结构的反射作用。拥有广泛多样的身体结构的动物几乎不会展现出共同的症状。顺带说及，有趣的是，我们发现在人类意指世界中，症候这个术语经常被隐喻性地延伸，用来指代思想、情感和社会的现象，这些现象源自于类似身体过程的导因：例如"Their behavior is a *symptom* of our times"（他们的行为是我们这个时代的一种症候）；"Their dislike of each other is a *symptom* of circu 建模系统理论 ances"（他们对彼此的讨厌是环境使然）等等。

符号学家罗兰·巴特（1972：39）认为有必要将症候归属于纯粹能指（ [A]），只有在医学话语中才变成一个符号（ [A ⊃ B]）。然而，如果这个观点说得通的话，那么也仅仅是在症候形式的解释者是一个医生或者推广而言是一个兽医的时候才如此。实际上，解释者并不需要是医生或者兽医；比如它可以是一只不会说话的动物（Darwin，1872：101）。在很多语言无法扮演中介角色的情况下，人类的身体症候很容易就能够被家养的动物如狗和马等等所感知，并引起它们的行动（Hediger，1967）。那么在生物符号学的视角来看，对症候的巴特式理解是没有根据的。

信号是以自然或约定俗成（人造）的方式引发接收者的某种反应的符号（Sebeok，1972b：514）。著名的动物行为研究者卡彭特（1969：44）将信号行为定义为"一种密集的刺激事件，是更长总体的一部分，可以引发延伸的行为"。像症候一样，信号也常被某些符号学家排除在考虑之外。我们认为这个立场也是站不住脚的。

为生存需要，所有动物都具备使用和回应其物种所特有的信号的能力。比如，鸟类天生就拥有产出特定种类的咕咕鸣叫的本能，而且，无论它们与其他物种的鸣叫有多少接触，或是无法接触本物种的鸣叫，对自身的咕咕行为都没有任何影响。实际上，单独养大的鸟会鸣叫出野生情况下自然发展出来的咕咕声的非常简单的声音轮廓。然而这并不意味着使用信号的动物不会受到环境因素或适应因素的影响。许多鸟类也通过明显的彼此模仿而发展出了区域性的咕咕"方言"。黑长尾猴也有用来表达情感状态与社会需要的常见信号，但它们也发展出了一种掠食者信号系统——某种特定的喊叫是向猴群发出关于鹰的警报，另一种是关于四脚的掠食者如豹子的警报，也有关于蛇的警报，以及关于其他灵长类的警报。这些喊叫以及它们所代表的一般范畴似乎是内在的，但事实上，该物种的幼崽仅仅是通过对老猴的观察和试误法来学习这些警告的。黑长尾猴幼崽可能在一开始会就秃鹫、鹳甚至一片落叶发出空袭警报信号，但最终会忽略除了鹰之外的任何空中事物。

　　大多数的信号是本能发出的，对应着特定种类的刺激和情感状态。反应的类型明确显示了每种动物都有一个特定的信号系统（Griffin，1981），尽管其中有许多也被其他物种所察觉。这就是为什么人类经常过度解读动物的行为。一个表现人类是如何容易被动物信号行为所欺骗的著名例子是聪明的汉斯（Clever Hans）。聪明的汉斯在 1904 年被举世成为德国的"会说话的马"，它似乎能够理解人类的语言，并能用前蹄踏字母以类似于人的方式来回答问题——踏一下表示 A，踏两下表示 B，踏三下表示 C，等等。一组科学家排除了驯马师的欺骗和无意识传递信息的可能。人们就宣称，这匹马能说话！聪明的汉斯被授予了各种奖，并被宣布为一个重要的科学发现。然而在最终，之前检查该马的科学委员会中的一位精明的成员，荷兰心理学家奥斯卡·普冯斯特（Oskar Pfungst）发现聪明的汉斯如果看不到（observing）它提问的人就不会踏前蹄。这匹马明显地知道了——就像大多数的马一样——其主人不经意间所传递的信号让它所做的事情。该马仅仅对其人类训练师无心传递出的暗示做踏蹄回应，这个人会在马踏对了次数时明显地放松。为了展示这一点，普冯斯特仅仅蒙上了将聪明的汉斯的眼睛，结果表明这匹马并不是那么的聪明。正如心理学年报中所记录的，"聪明的汉斯"现象也反复地在其他动物的身上被演示过（比如，狗在回应人们不经意间发出的某些信号时会吠叫，就像马会踏蹄子一样）。

　　人类的大量交流行为也多以无意的身体信号的形式而展开。比如，有研究表明大瞳孔的女性对男性有着性吸引力，大瞳孔以无意识的方式传递了女性的一种强烈的富有性色彩的兴趣，并让女性看起来更年轻（Sebeok，1994）。这可以解释 20 世纪 20 年代与 30 年代期间中欧地区女性中流行的风尚：用一种提取自名为"belladonna"（意大利语"漂亮女人"）的植物的滴眼液来放大瞳孔。当时的女性之所以使用这种药剂，是因为她们似乎相信——而且后来事实表明她们的相信是对的——该药剂能够通过扩张瞳孔来改善面容，并增强性吸引力。

　　人类也能够为某种心理社会目的而使用有意识的信号——比如点头、眨眼、瞥目、观看、轻推、蹬踢、歪头。正如语言学家卡尔·比勒（Karl Bühler，1934：28）的贴切评论所述，这些信号就像社会调节器，引发或禁止某种行为或反应。人工的、机械的或者电子的信号系统也被创造了出来，用于约定俗成的社会用途。这些系统的不胜枚举，包括烟火信号、旗语、电报信号、警示灯、照明弹、警报、警笛、呼叫器、蜂鸣器、敲击声、铃声等等。

当创造符号的建模过程包含了某种形式的模拟（simulation）的时候，我们便说这个符号是具有象似性的（iconic）。象似建模所产生的单性形式显示了在能指与所指之间的一种可被感知的相似之处。换句话说，象似符号在创制之时是要以某种方式或某个方面像它的指涉体。比如罗马数字Ⅰ、Ⅱ和Ⅲ就是象似符号，因为它们以一种视觉性的方式模仿了它们的指涉体（一画＝一个单位，两画＝两个单位，三画＝三个单位）；拟音词（boom，zap，whack，等等）也是象似符号，因为它们尝试用语音的方式描述它们的指涉体；类似某些自然香味的商业香水同样也是象似符号，因为它们尝试用人造的方式模拟这些香味；此类例子难以尽数。

动物符号活动行为中也有许多象似性的体现，几乎包含了所有种类的知觉渠道——化学的、听觉的、视觉的等等（Sebeok，1968：614）。我们以佛州农蚁（*Pogonomyrmex badius*）所发出的化学信号为例。如果蚁群所面临的危险是暂时性的，有些蚂蚁就会释放出一种很快淡化而不干扰整个蚁群主体的化学（警告）信息素；然而，如果危险持续，气味信号就会散播，驱动越来越多的工蚁。这种信号是象似性的，因为它按照模拟蚁群所面临的危险等级而变化（Sebeok，1982：95）。

胡蜂的某种声音模仿行为也可以被归类为象似性的符号活动。这种昆虫在飞近与其颜色相似的黄蜂的时候会展示 147 次/秒的振翅频率。而黄蜂的振翅频率是 150 次/秒，二者的飞行声音对于掠食者来说就是无法区分的，因此捕蝇鸟就被胡蜂的这种行为所欺骗（Sebeok，1972a：86）。

最后，复杂信号行为似乎进化成了一种视觉性的象似形式，克罗福特（Kloft，1959）为之提供了一个优美（有时有争议）的例子。克罗福特表明蚜虫腹部的尾部以及后腿的蹭踢对于工蚁来说就形成了一个象似性的能指，代表另外一个工蚁的头部及其触须的活动。据说蚂蚁能够将这种相似（蚜虫的尾部）等同为它的直指（蚂蚁的头部），并据此信息而做出行动，即用模拟像（*effigy*）的方式对待这只蚜虫，也就是一种视觉性的象似符号。

当符号的表征关注点是指涉体的时空定位，或相对于其他指涉体的定位的时候，这个符号就是指示性的。皮尔斯所提出的最值得注意的例子之一就

是《鲁滨孙漂流记》——丹尼尔·迪福（Daniel Defoe，1660 – 1731）1719
年的小说中鲁滨孙在沙地里发现的脚印，他将脚印视为某种生物的指示符
号。实际上，这些大量的指示性标志是一夜之间由各种动物所留下的
（Ennion & Tinbergen，1967：5）指示符号并不像象似符号那样类似于它们
的指涉体，而是从关系的角度指出或表明它们的位置。指示性最典型的表现
是伸出的食指，全世界的人类都本能性地使用这个手势来指出或定位世界上
的物体、人和事件。许多词语也体现了指示性：比如，这里（here），那里
（there），上（up），下（down）等等。

　　更准确地说，指示性是指示（deixis）的一种表现，即通过指出或以某
种方式特指而指涉某物的过程（源自希腊语 deiktos，表示"能够直接展
现"）。有三种指示：

　　• 空间指示：这是一种指涉物体、人、事件等等的空间位置的过
程。空间指示形式的例子是伸出的食指，这个（this）和那个（that）
等指示代词，这里（here）和那里（there）等副词，等等。

　　• 时间指示：这是指涉存在于事物与事件中的时间关系的过程。
时间指示形式的例子包括之前（before），之后（after），现在（now）
或那时（then）等副词，代表时间点的时间表图式，序数词（如第一，
第二），等等。

　　• 人称指示：这是指涉存在于某情景的参与者关系的过程。人称
指示形式包括人称代词如我（I），你（you），他（him），她（she），不
定代词这一个（the one），另一个（the other），等等。

当创造单性模型的建模过程受到文化历史因素的制约的时候，这个模型
就是象征性的。大多数符号学家都认为象征性区别了人类与动物的建模活
动，使得人能够独立于刺激—回应的情境而对事物进行表征。许多词语都被
象征性地使用。但是任何形式的能指——物体，声音，形态等——都能被象
征性地使用：例如，十字的形状可以被用来指代［基督教］的概念；用食指
和中指做出 V 的形状可以用来指代［和平］的概念；白色可以被用来指代
［干净］［纯洁］［天真］，黑色则用来指代［不洁］［邪恶］［腐败］等；同类
例子不胜枚举。对世界进行象征性建模的能力证明了人类意识不仅仅关注可
感知的特性（导致象似性建模活动），也关注时空类型和关系类型（导致指
示性建模活动），同样也关注所有种类的指涉体（真实存在的和可能存在的）

的本身。

名称是确定人类或者通过涵指延伸的方式确定动物、物体（比如商品）或事件（比如飓风）的身份的形式。名称既有指示特性也有象征特性：它部分地作为一种指示性的形式，因为它确定了一个人的身份，并且经常指出了她/他的民族起源；它也部分地作为一种象征性的形式，因为与任何词语一样，它是约定俗成的表征实践的产物。在较少的情况下，名称也以象似性的方式构成，比如家养动物常取的名字，Ruff（犬名），Pooh-Pooh（犬名或猫名）等等，例子虽小，但很有说明性。

1.3.3 符号制作的原则

上文所阐明的原则（参考1.2.1建模系统理论）是为了以整合性的方式解释各种符号制作的现象——否则这些现象就会被视为互不相关。比如，以维度原则为例。这个原则表示象似形式与指示形式的表征先于象征形式的表征。支持该原则的发展性依据是大量存在的。当儿童意识到物体时，比如玩具，她/他在玩这个玩具的时候，会本能地用手去指（指示性）和/或模仿它们发出的声音（象似性）；只有在后来的阶段，她/他才开始用名称来指涉物体（象征性）。因此，维度原则将象似性和指示性作为了表征的默认模式。人们与持不同语言的人交流时，会本能地使用手势、模仿声音和用手指物体，每当这个时候，维度原则的可靠性就变得很明显。

同样的原则也表明许多单性形式混合了象似建模、指示建模与象征建模。维度的一个很小但很有说明性的例子是十字路口常见的交通符号的构成方式：

图1-5 十字路口交通符号

这个符号的能指包含了两个呈直角相交的直线。这样构成的十字形状既是象似性的，也是象征性的：它是象似性的，因为它的形状在视觉上类似一个［十字路口］；但鉴于十字形状在其他的情况下（不带箭头）能够很容易地被用来指代［教堂］或［医院］，所以它也是象征性的，因为它在路牌上指代［十字路口］是一个约定俗成的用法。最后，这个符号是指示性的，因为当它被放在真正的十字路口的附近时，它便向人们表明了即将到达该路口。

1.4　复合建模

复合建模是以某种可说明的方式结合各种不同能指来表征复杂的（非单性）指涉体的活动。绘画、叙述、理论、对话等都是复合表征形式的例子。这些形式是由不同的能指构成的，它们结构性地组合在一起，但作为一个整体，又不同于组成该复合模型的单独能指。与原子理论类比，单性形式能够被比作一个原子，而复合形式则是由单独原子组成的一个分子，它形成了属于自己的一种物理形式。

1.4.1　文本

文本包含了组成文本的能指的结构特性，但在概念上不等于它们的所指的总和。比如，一部小说是由前后相连的词语所组成的，然而在概念上，它并非是这些词语符号的意义的加总；相反，小说形成了一个自生能指的复合形式。这就是为什么人们在理解一部小说时不会单靠其组成文字，而是以整体的方式来对其进行理解，就好像它是单一的符号一样，［A ⊃ B］，其中的［A］是小说，［B］是人们从小说中所获得的意义［群］，比如，"小说《罪与罚》（［A］）就勾画了人类心理（［B］）的一副晦暗图像"。

绘画、理论和其他的复合形式也是以这种方式来理解的。比如，在被问到相对论是什么的时候，人们会典型地做如下回答："相对论（［A］）解释了时间与空间是如何相互关联的（［B］）"。当然，人们在对文本的解释讨论中能够将能指的部分关联起来。实际上，这是人们通过指出小说的部分、情节和角色等而讨论小说的意义时所做的事情。但在所有这些讨论中，部分是关联所指（［B］）的，所指源自文本，而不被视为与文本分离。

文本的意义受到语境（context）的制约。语境是文本创制、使用、出现或其所指涉的情境。比如某个废弃的烟头。如果人们只是在大街的人行道上看见这个烟头，毫无疑问他们会视之为垃圾。但如果同样的烟头被放在艺术馆中，因某位艺术家的签名而被赋予了符号性，而且还取了个名字叫"垃圾"，人们也许就会将它视为一个艺术文本，而且会赋予它极为不同的意义。很明显，烟头出现的物理情境与指称的社会框架——它在人行道上的位置与它在艺术馆中的展放——会决定人们将如何对它进行理解。人类能够依靠无限的语境来获得无穷的全新文本。

1.4.2 文本的种类

有多少种单性形式就有多少种复合形式。比如，症候群实际上就是复合症候，它们结合在一起，共同表明了某种疾病、精神紊乱或其他某种非正常状态，或者说是这些状态所表现出来的集合性特点。复合信号的例子可见于求偶行为过程，其中视觉、听觉、嗅觉、触觉和味觉方面的各类感官信号常被共同使用，以激起交配的冲动。象似复合形式的例子是对某个场景的绘画临摹。指示复合形式，比如人们常用的地图，以整合关联的方式指出时间或空间的现象。象征复合形式，比如某个数学理论，是用某文化的象征资源而制成的文本。最后，复合名称包含了几个标识符（比如［名字］＋［姓氏］），提供了各种文化特有的信息——比如，此人来自哪里，其出身如何，等等。复合建模发生在人类生活的所有方面，使得人们能够将不同的信息与真实世界中的现象想象为一个个的整体。正如数学家索亚（Sawyer，1959：34）所指出的，这些模型可能详细地体现了思维如何从世界中获取知识。

但是复合建模并不是人类符号活动的特有能力，实际上，它也存在于其他的物种中。一个著名的例子就是蜜蜂的舞蹈。工蜂在觅食返回之后，能够通过移动序列以惊人的准确性来告知蜂巢中的其他蜜蜂有关食物的地理方位、距离远近和食物质量等方面的信息，生物学家将这种移动序列称为一种"舞蹈"，明显类比于人的跳舞活动。这种舞蹈的一个值得注意的地方在于，它与人类表征活动有着相同的移位（displacement）特征，也就是说，能够在相关指涉域不在场的情况下传递信息。

有几种舞蹈被昆虫学家记录了下来。在"圆形"舞蹈中，蜜蜂左右互换地绕圈飞行。这种舞蹈明显用于食物贮藏地比较近的时候。当食物源比较远的时候，蜜蜂舞蹈就是"摇摆型"，在直线飞行的时候左右摇摆腹部，然后回到起始点。这个舞蹈中的直线指出了食物源的方向，活力等级表明了食物源的丰富程度，速度则提供有关距离的信息。在一项实验研究中，距离蜂巢

330 米的一个食盘所引发的蜜蜂舞蹈包含了 15 个完整的圈，30 秒之内完成，而距离蜂巢 700 米的一个食盘所引发的舞蹈在同样时间段里则包含了 11 个圈（Frisch，1962）。

1.4.3　文本制作的原则

复合形式的制作遵守着构造单性形式的同样的原则（参考 1.2.1 建模系统理论）。比如，在构造地图的时候就能够发现维度性的原则。因为地图的表征功能源自于约定俗成的实践，而且必须在文化的语境中被学习，所以地图的能指最终是以象征性的方式被理解的；尽管如此，这些能指被组合在一起的方式体现了象似性、指示性以及类比性的特征。例如，所绘制地图的大小代表了地球上两点之间距离与地图上对应两点之间距离的比例（指示性与类比性）；地形图上山坡与山峦的各种高度，以及山沟与峡谷的深度都用微型模拟的方式展现了它们彼此在真实空间中是如何关联的（象似性）；轮廓线条的形状提供了坡形与下凹的精确表征（象似性）；等等。

又如，互联原则体现于符号学理论中所说的互文性（*intertextuality*）（例如 Bernardelli，1997），也就是说，特定文本承载着某文化中的意义是因为它常常暗示（部分或全部）已经存在的文本，例如暗示存在于小说中的宗教主题，这就使得小说的解读取决于有关该文化的宗教主题和影像的知识。比如，从约翰·班扬（John Bunyan，1628－1688）的小说《天路历程》（*Pilgrim's Progress*，两部分：1678 与 1684）中获得意义就取决于对《圣经》故事的了解，因为这构成了有关基督徒从毁灭城到天国城的旅途的寓言故事。

互联原则也典型体现了这样的事实：特定种类的复合模型的构建，常常使用（部分或全部）原本为其他用途而设计的代码的建模资源。比如，西方文化中的地图的构成就典型地运用了笛卡尔坐标几何的代码原则，而这个代码原本是为特定的数学目的（为统一代数与几何）而非地形绘制的目的而发明的。地图定位中对经纬线的使用就包含了这种凝聚建模系统的知识，在这个系统中，平面上的某个点通过坐标而被确定，这个坐标根据相交于原点的两条垂直线而关联该点的位置。

1.5　凝聚建模

凝聚建模系统在传统符号学理论中被称为代码（参考 1.1 模型），该系统提供了特定种类的能够以各种方式被用于多种表征用途的能指。凝聚建模系统可以与计算机的程序或者烹饪食谱做类比。计算机的程序包含了计算机能够识别的指令组，能通过它们将信息从一种形式转换为另外一种形式；烹饪食谱也是包含了一组指示说明，人们根据这些说明来用各种原材料准备餐饮。比如，语言代码就提供了一套语音、语法和词汇上的"指令"，词语和言语文本的产制者与理解者能够识别这些代码并据之转换信息。

一般而言，出于特定的表征需要，能够使用一种最佳代码或代码组合。比如歌剧艺术作品的创作，作曲家常常需要使用至少三种代码制作的资源，以建构其歌剧文本：音乐代码、言语代码以及戏剧代码（三者共同出现在创作的过程中）。

1.5.1 代码

笛卡尔坐标几何系统（参考1.4.3文本制作的原则）完美地体现了代码的构成。这是一个凝聚建模系统，从两个维度将一个平面分成了四块，所使用的是两根垂直相交的轴，x轴与y轴。两轴相交的点叫作原点。

比如，点（2，−3）的位置是由这样的两根轴所确定的，即从原点出发，向y轴右边移动两个相等刻度，并向x轴下方移动三个相等刻度（图1−6）；同样，点（−3，−1）就是从原点出发，向y轴左边移动三个相等刻度，并向x轴下方移动一个刻度，而点（3，1）则是向y轴右边移动三个相等刻度，并向x轴上方移动一个刻度（见图1−6）。

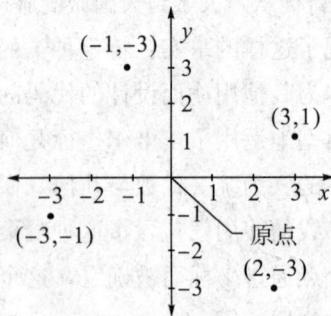

笛卡尔坐标

图1−6　笛卡尔平面中的点

在这个双轴系统中，点是根据彼此在坐标中的位置关系来确定的。此外，点能够被合在一起，组成特定种类的几何形状。比如，通过连接点

（2，−3）与点（3，1），我们就能够得到一条直线（见图1−7）；而通过连接点（2，−3），点（3，1）与点（−3，−1），我们就能够得到一个三角形（见图1−8）。

这个系统使得用特定方式对几何概念进行建模成为可能。因此，这个代码是二维空间凝聚建模系统的一个例子。它可以被扩展来指代三维空间里的点，方法是使用三根轴（x，y，z），指代由三根不在同一平面的相交直线所确定的三个平面中的距离；也就是说，用 x 坐标指代来自 yz 平面沿着 x 轴平行线所测量的线段，用 y 坐标指代来自 xz 平面沿着 y 轴平行线所测量的线段，用 z 坐标指代来自 xy 平面沿着 y 轴平行线所测量的线段（各轴经常被视为相互垂直交叉）。类似的系统可以被构建出来，用于描述四维或更多维抽象空间中的点。

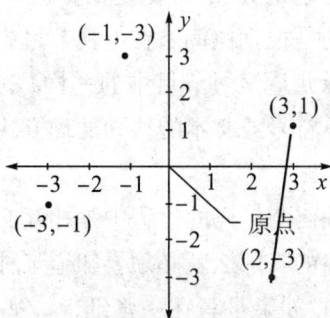

笛卡尔坐标

图 1−7　在笛卡尔平面中做直线

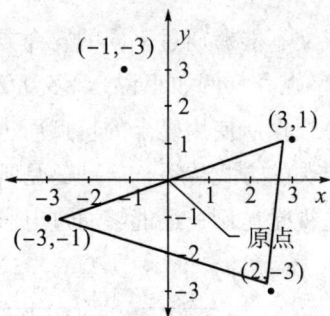

笛卡尔坐标

图 1−8　在笛卡尔平面中做三角形

使用代码来制作符号或者文本可以被称为编码（encoding）；对符号或

文本的接收与理解被称为解码（decoding）。加拿大传媒学家马歇尔·麦克卢汉（Marshall McLuhan，1964）指出，编码与解码的过程受到他所说的知觉比例（*sense ratios*）的塑造，这种比例在个体出生时平等分配。在特定的社会场景中，不大可能会发生所有知觉系统同比参与编码/解码过程的情况。它们会根据所使用的代码和媒介的种类而出现比例的上下改变。在口头文化中，听觉比例就主导着编码/解码的过程，而在文字型的文化中，视觉比例就处于主导地位。当然，某知觉比例的上升与下降并非是绝对排他性的，在现代文化中常常会出现同时使用几种知觉比例的现象，这些比例的消长、升降、同现与对立是人们在信息处理过程中的认知风格（*cognitive style*）的决定因素。

以"球"（ball）这个词具体为例。听到别人说"球"的人在对该词解码的过程中更多使用到的是她/他的听觉比例。但如果将"球"写下来展示给某人看，那么所使用的是视觉比例。在电视节目中展示球的外形，并同时发出"球"的声音（就像儿童学习节目中的一样），这就会同时启动听觉比例和视觉比例。实际上，符号或文本的认知处理方式取决于所使用的代码以及用于传播它们的媒介。

传播媒介语代码在编码与解码的过程中是相互交织的。如果符号或文本是通过听觉媒介而被传播的，那么就必须要知道某种语言的音位代码，否则编码/解码便是不可能的；如果是写在一张纸上，那么就必须要知道该语言的文字代码；等等。实际上，媒介决定了在制作形式的时候哪种代码将会被使用，反之亦然。这大概就是麦克卢汉在说"媒介就是信息"时所要表达的意思（见图1-9）。

当然，同样的符号或文本能够通过不同的媒介方式进行编码——口头媒介（例如口头故事），文字媒介（例如小说），多知觉媒介（比如电影），等等。因此，它的解码也是根据所使用媒介的特点而进行的。所以，罗密欧与朱丽叶的故事就能够以口头的方式传播，启动的是听觉比例；也能够通过小说的形式传递，启动的是视觉比例；还能够通过电影的方式描述，同时启动多种知觉比例。

图1-9　符号与文本创造中所使用的编码/解码系统与媒介的对应

1.5.2 代码的种类

有多少种符号或文本，就有多少种代码。例如，身体的免疫系统就是一种自然代码，它包括了互动的器官、组织、细胞和抗体等细胞产物，它不仅使得机体能够在一定程度上中和潜在的致病生物或物质的影响，也能够让个体能够意识到自我与"非自我"（外在世界）之间的区别。它是症状学的基本代码。简单的机械（人工）信号的例子就是日常生活中的交通灯系统：红灯、绿灯或黄灯分别告知驾驶员或者行人停下、通行或者减速。罗马数字系统是一种部分地以象似性的方式构成的人造代码。这个系统包含七种象征符号：I，V，X，L，C，D，M，用来指代从 1 到 1 000 000 之间的所有数字。I 指 1，V 指 5，X 指 10，L 指 50，C 指 100，D 指 500，M 指 1000。该代码主要的象似特征是每一画代表一个单位，两画代表两个单位，三画代表三个单位：I＝［一个单位］，II＝［两个单位］，III＝［三个单位］。指示性代码的例子是现代工业社会中常用的道路指示系统。这些符号通过为人们提供了某些地点相对特定位置的距离、行进方向等方面的信息。简单的象征性代码的例子是莫尔斯电码（*Morse code*）（现已不再使用）。这种代码在不久前能够使人们用通过闪光灯、电键或其他设备发送的点和长画（一个长画在时长上等于三个点）来创造言语文本。字母或者数字由长画和点的组合来指代（约定俗成地指代）。

1.5.3 代码制作的原则

凝聚建模系统与单性建模策略、复合建模策略一样受到共同的一般原则的约束。比如，延伸原则就体现在名为阿拉伯数字系统的数字制作的代码中。这种代码（数字系统）的能指与用它（实际数字）制作的数字文本仅仅能够用象征性的方式来理解，因为它们的表征特性源自于约定俗成的实践，而且必须在文化的语境中被学习；尽管如此，其中有些代码的起源体现了象似的特性。例如，数字 1 就类似罗马数字 I，因为它组成了指代一个单位的一画；数字 3 实际上也是指代三个单位的三画的风格化旋绕版本。

代码在文化中也是相互关联的。互联性原则的这种体现因而可以被称为互码性（*intercodality*）。比如，理解语言文本涉及有关其他几种代码的知识，如音位代码（如果是文字文本，便是文字代码）；话语代码（文本在社会条件下如何传送），等等。语言代码也与手势代码高度互联。人们在说话的时候，会常常使用手势来增强、举例说明甚至是深入阐述他们所说的内容。

1.6 连接建模

连接形式是隐喻推理过程的结果（有关隐喻研究的近期总结可以参考Gibbs，1994 与 Goatley，1997）。在我们看来，不断增加的有关所谓概念隐喻理论的文献（例如 Lakoff & Johnson，1980、1999；Lakoff，1987；Johnson，1987）确实令人非常感兴趣，但仍然缺乏一个整合式的符号学框架来解释人类象征和交流行为中隐喻的多元多形式展现。同样在我们看来，这个框架是由建模系统理论所提供的，而且，更具体地说，是由元形式（meta-form）的衍生概念所提供的。

1.6.1 元形式

元形式是一种连接形式，当抽象的概念通过具体的概念而被表征时，就产生了元形式。例如，［想＝看］（［thinking＝seeing］）的构式就是一个元形式，因为它通过与［看］的具体概念相连的所指而传递了［想］的抽象概念。这种元形式（在母语人士中很大程度上是无意识的心理形式）是以下例句的形成基础：

1. I do not *see* what possible use your *ideas* might have. （我看不出你的点子可能有什么用。）

2. I can't quite *visualize* what that new *idea* is all about. （我不怎么能看出这个新点子都是关于什么的。）

3. Just *look at* her new *theory*, it is really something! （看看她的新理论吧，真的了不起！）

4. I *view* that *idea* differently from you. （我和你对那个观点的看法不一样。）

元形式中的两个部分被称为"域"（domain）：［想］（［thinking］）被称为"目标域"（target domain），因为它是抽象主题的本身（表征行为的"目标"）；而［看］（［seeing］）则被称为"源域"（source domain），因为它包含了一系列传递元形式（隐喻概念的"源头"）意义的工具（带有具体所指的形式）（Lakoff & Johnson，1980）。在话语情境中所说出的某个特定的隐喻表述现在可以被理解为某个元形式的特定外在化。所以，当我们听到人们使用类似于上述的表述的时候，很明显的是它们并非是单独孤立、自足封闭的隐喻性创造的表现，而是元形式的特定具象呈现，它的目标域是 [想]（[thinking]），源域可确定为 [看]（[seeing]）（见图 1-10）：

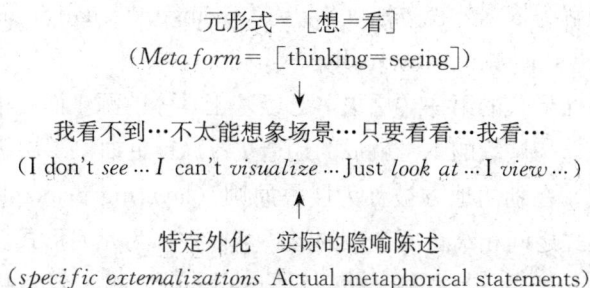

$$元形式 = [想 = 看]$$
$$(Metaform = [thinking = seeing])$$

↓

我看不到…不太能想象场景…只要看看…我看…
(I don't *see* … I can't *visualize* … Just *look at* … I *view* …)

↑

特定外化　实际的隐喻陈述
(*specific extemalizations* Actual metaphorical statements)

图 1-10　元形式与隐喻之间的差异

从心理层面来看，元形式将有关抽象概念的经历或者理解与人们所熟悉的，而且易于通过心理影像或者表征的方式感知的事物相关联。从更严格意义上的符号学角度来看，元形式体现的是人类思维通过象似的方式来理解抽象概念的倾向。当然，人类思维的这个方面最早是受到亚里士多德（公元前 384—公元前 322）的关注——众所周知，他创造了隐喻（*metaphor*）一词——因为他注意到人们一直就用比喻修辞以具体的方式来让抽象的概念变得"可被理解"。亚里士多德提出，智慧动物是一种隐喻思想者。然而他也肯定，隐喻尽管能够产出知识，但其最常见的功能是对字面思考与表述进行美化。引人注目的是，亚里士多德后面的立场成为了西方社会广为接受的隐喻观，一直到最近都是如此。

1.6.2　连接形式的种类

元形式在过去的五十年里成为了语言学和心理学的研究热门（例见：Gibbs，1994；Fisher，1998；Lakoff and Johnson，1999）。研究的主要内容指出隐喻和换喻是包含在连接建模中的初级过程，它们表明大多数的抽象概念实际上是基于具体经验的"依据可靠信息的最佳猜测"（informed best guesses）。有三种主要的连接模型：元形式（metaforms），元元形式（meta-metaforms），和元象征（meta-symbols）。

元形式与隐喻之间的差异实际上是词语从属上的差异。如上文所述（参考1.6.1元形式），特定的隐喻是元形式的言语例示。元形式是初级连接形式，通过具体的源域表现了抽象概念。比如，元形式［想＝看］（［thinking = seeing］）就关系到我们对［观念］（［ideas］）、［理论］（［theories］）、［意识］（［awareness］）、［区别］（［discernment］）、［说明］（［clarification］）、［视角］（［perspective］）等进行概念化的方式（Danesi，1990）。这些抽象的概念都被理解为依据外视方法（ways of seeing externally）而被模型化的内视方法（ways of seeing internally）。

现在，当元形式的第一"层级"已经基于具体的源于而在语言的概念库中形成之后，这一层级的本身就成为创造更高（＝更抽象）层级概念的新的生产性的源域。在别的地方被称为层叠原则（layering principle）（Danesi，1999a）。元形式之间相结合所产生的形式可以被称为元元形式。因此，比如说，在以下的句子中，目标域［想］（［thinking］）被本身就是元形式的源域所表现，即［想＝向上的动作］（［thinking＝upward motion］），以及［想＝扫描式动作］（［thinking＝scanning motion］）。

5. When did you *think up* that idea? （你什么时候想到那个点子的?）

6. I *thought over* carefully your ideas. （我把你的观点仔细想了一遍。）

7. You should *think over* the whole problem before attempting to solve it. （你应该在尝试解决问题之前把它整个想一遍。）

词组think up 和 think over 实际上就是［想］（［thinking］）与［向上的动作］（［upward motion］）以及［scanning motion］（［扫描式的动作］）分别相结合的一种产物。两者相结合就可以产生元元形式：［想＝向上＋扫描式的动作］（［thinking＝upward＋scanning motion］），如下所示：

8. That idea *came out* of *nowhere*. （那点子不知从哪儿冒出来的。）

9. That theory *emerged from* the landscape of my thoughts. （那个理论从我心田浮现了出来。）

词组 come out of no where 和 emerge from the landscape 是元元形式［想＝向上＋扫描式的动作］（［thinking ＝ upward ＋ scanning motions］）的产物。

第三种连接形式实际上是一种象征符号。比如，玫瑰（rose）在西方文化中就常被用来作为爱情（love）的象征符号，是因为它所具备的一些物质特性——玫瑰＝［甜蜜的味道］　　（［sweet smell]）＋［红色］（［red color]）＋［植物］（［plant]）——也同样组成了目标域［love］的源域，即［love=sweet smell]，［love=red color]，［love=plant]。这就是象征符号［玫瑰＝爱情］的由来。因此，它是三级连接建模的一个例子，更准确地说，它可以被称为一个元象征（meta-symbol）。

总结而言，三种主要的连接模型是：（1）元形式，目的是要在具体源域的基础上传递抽象概念的意义；（2）元元形式，是在现存的元形式的基础上组成的元形式；（3）元象征，是源自于特定元形式之间特定关联的象征形式（见图 1-11）。

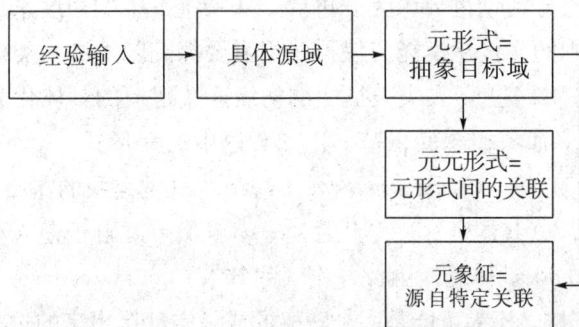

图 1-11　连接模型的种类

在语言学开始有关隐喻的领先研究之前，对于比喻修辞的研究属于修辞学（rhetoric）的领域，并被视为一种修辞格（trope），即言语修辞之一。但从 20 世纪 80 年代早期开始，人们开始用隐喻这个术语来包含几乎所有形式的连接建模。比如，拟人（例如："我的猫说匈牙利语"）就能够被视为一个特定种类的元形式，其中目标域是一个动物，源域是某种人类特征：［动物有人类的特征］（［animals have human characteristics]）。

元形式也可以是换喻推理的产物。换喻（Metonymy）使用一个实体来指代另外一个与其相关的实体。换喻式的元形式出现于某个域的部分开始被用来指代整个域的时候（Lakoff and Johnson 1980：35-40）。

10. She likes to read *Dostoyevsky*.（她喜欢读陀思妥耶夫斯基。）（＝陀思妥耶夫斯基的作品）

11. He's in *dance*. （他搞舞蹈的。）（＝舞蹈职业）

12. My mom frowns on *blue jeans*. （我妈妈不赞成蓝色牛仔裤。）（＝穿蓝色牛仔裤）

13. Only new*wheels* will satisfy him. （只有新的轮子才能让他满意。）（＝车）

这些都形成了换喻元形式的外化：例10为［作者＝其作品］的例示；例11为［某种职业的活动＝职业］的例示；例12为［一种服饰＝一种生活方式］的例示；例13为［物体的一部分＝整个物体］的例示。

1.6.3 连接建模的物种独特性

连接建模是人类符号活动所特有的能力。元形式、元元形式和元象征的对等物在动物符号活动世界中无处可寻。从系统发生的角度来说，这种普遍存在于人类之中的连接建模能力使得我们需要探究隐喻和人类概念化思维之间的关系问题。事实上，人类表征中的初级连接建模的具体化表明了感官感知原本就是许多抽象概念的根基。比如英语中的元形式［love＝sweet taste］（［爱情＝甜味］）—— "She's my sweet heart." （她是我的甜心）； "I enjoyed my honeymoon." （我的蜜月过得开心）——就似乎源自于爱人浪漫之吻所产生的甜蜜愉快的味觉体验。因此，将［甜味］（［a sweet taste］）与［爱情］（［love］）相连接，不大可能是一个随机的或凭空杜撰出来的过程。相反，它是基于对后者的真实体验。在本书中，我们将这种基于经验的概念化过程称为知觉推理假设（Sense-Inference Hypothesis）（参考2.1.2象似性）。

一旦［想＝看］（［thinking ＝ seeing］）或［爱情＝甜味］（［love ＝ a sweet taste］）这样的元形式进入语言和意指顺序，正如上文所述的，它们就成了进一步连接的新的源域。我们将在后面的章节探讨这个现象。在这里我们只需要指出，这种连接体现了复杂的人类心理活动的特点。大量有关隐喻的实证研究文献现已表明绝大多数的抽象表征在根本上都是基于各种复杂的连接组合。

在基本的符号学意义上，文化（culture）可以被定义为一种'连接式宏观代码'（connective macrocode），由不同种类的代码（语言、手势、音乐等等）以及各种符号、文本和连接形式所组成，人们在各种社会情境中塑造和使用这些代码、符号、文本和连接形式。这些宏观代码形成了一种意指顺序（*signifying order*），可被定义为代码、符号、文本和连接形式的相互关联的系统（见图 1-12）：

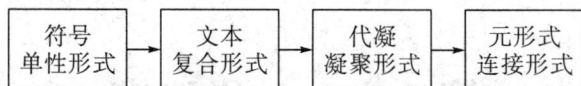

图 1-12　意指顺序

　　这种研究所提出的更加重要的问题之一是：是否所有的抽象概念与象征都是基于隐喻式推理？莱文（Levin，1988：10）恰当地指出，似乎存在许多种类的概念和认知的模式："内在的知识，个人的知识，隐含的知识，精神的知识，陈述和程序性的知识，知其然并知其所以然，确定（还有确定性），以及其他多种知识。"因此，未来在建模系统理论框架中研究连接表征的更加适当的目标，应该是确定连接形式在什么程度上可被用来对抽象概念进行编码，以及哪些其他的种类可被用于同样的目的。

第 2 章 初级建模

自然是普通的。模仿才更有趣。

——格特鲁德·斯泰因（Gertrude Stein，1874－1946）

2. 本章绪论

诸系统分析（*Systems Analysis*，简称 SA）的出发点是对各物种初级建模现象的各种表现加以细致的研究。正如第一章所给出的定义（参考 1.2 建模系统），初级建模系统是内在的模拟建模的能力，也就是说，这个系统是由模拟指涉体或指涉域某种感官特性而产生的形式的基础。在人类符号活动领域，初级建模系统在单性、复合、凝聚和连接的建模现象中都有所体现：比如，用一只手的拇指和食指来指代圈形物体，就形成了一个单性形式；用油画来重现景物就产生了一个复合形式；模拟某些身体特征（比如色情舞蹈）就形成了凝聚建模；话语情境中使用［爱＝甜蜜的味道］这样的元形式（参考 1.6.3 连接建模的物种独特性）则形成了连接建模。

诸系统分析的两个主要目标：第一，记载并编录各物种初级建模形式的各种表现；第二，观察人类初级建模系统如何使得他们能够通过创造无限数量的单性表征形式（象似符号）、复合表征形式（象似文本）、凝聚表征形式（象似代码）和连接表征形式（元形式）而对他们关于世界的感官印象进行编码。所有此类表现都能够通过前文所探讨的生物符号学原则（参考 1.2.1 建模系统理论）来研究。

2.1 初级建模系统

初级建模的概念首先是由莫斯科—塔尔图符号学派在 20 世纪 60 年代提出的（Lucid，1977：47－58；Rudy，1986）。根据后来的关于此概念的生物符号学研究，存在着两个不同种类的初级建模过程。尽管它们在各种文献中被冠以了各种名称，本书当中它们将被称为渗透（*osmosis*）与模仿（*mimesis*）。渗透指的是对应某种刺激或需要的自发性模拟形式的产生；而模仿指的是有意地用模拟的方式制造形式。一言以蔽之，渗透是自然的（无意识的）模拟，模仿是有意的（有意识的）模拟。在交谈过程中，听话人在说话人进行言语表达的同时所使用的传递同意、同情等信息的点头式身势语就是渗透（自发）形式的例子，而舞台剧演员向观众所做出的传递某种情感状态的面部表情则是模仿（有意）形式的例子。

　　一般来说，初级建模系统可以被描述为使得生物体能够以物种所特有的方式模拟某物的建模系统。在拥有三系统（初级建模系统、二级建模系统、三级建模系统）的人类符号活动领域，初级建模系统是"默认的"系统。其证据就是，对某指涉体进行编码的初步尝试经常要求助于或依赖于初级建模（Lotman and Uspenskij，1978）。当然，尤其是在人类符号现象中，某个形式一旦通过模拟的方式被创造出来，而且在社会语境中得到传播，那么它便能够被进一步扩展以包含抽象的指涉体。比如，英语中的 boom 一词。很明显，boom 最初是作为一个初级单性模型而被创造的，它模拟的是［突然深沉洪亮的声音］（［sudden deep resonant sound］），例如："That explosion went *boom*."（爆炸轰的一下。）"I heard a *booming* sound just behind the bushes."（我听见树丛后面有轰的声音。）"Did you hear the *boom* in my car engine?"（你有未听见我的汽车引擎里的轰声?），等等。现在，同样的能指可以被用来指代抽象的指涉体或者指涉域（涵指），它们可以通过延伸而被人们感受到拥有一种［突然］（［suddenness］）的特点。一个这样的涵指是：［突然激增］（［sudden spurt of growth］）——例如，"Their business is *booming*."（他们的生意火爆。）"They are part of the baby-*boom*."（他们是婴儿潮的一部分。）"It's *boom* or bust for the economy this year."（今年的经济形势要么暴涨，要么萧条。）"The *boom* in housing starts this year is due to increased affluence."（本年住宅兴建量的突增是因为财富的增加。），等等。像这样的涵指是延伸建模（*extensional modeling*）的产物（参考1.1.3 意义的形式），它是一个二级建模的过程，下一章我们将对其详细探讨。上述的意指过程，或可称为"建模史"，如图 2-1 所示。

能指： *boom*

某种声音特性的初级建模

直指： [突然深沉洪亮的声音]

延伸建模
（二级建模）

涵指： [突然激增]

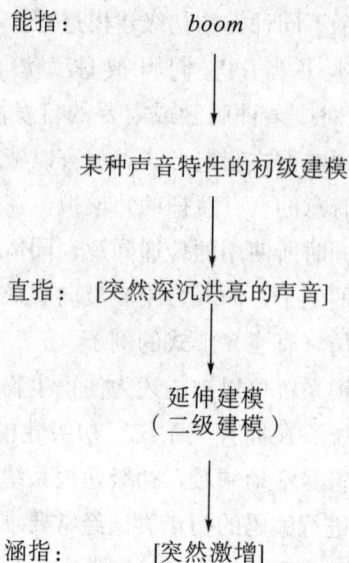

图 2-1　英语单词 boom 的建模史

2.1.1　自然模拟与有意模拟

渗透产生的形式见于各个物种。冯·乌克斯库尔（1909）强调，差异可以追溯到多样物种所拥有的不同种类的身体结构和感知器官中（Gipper，1963；Sebeok，1990，1991a），雅各布（1982：55）恰当地指出，每个物种"生而能够获得有关外部世界的某种感知，从而生存于它特有的感官世界中，而其他物种对这个世界可能是部分或者完全感觉不到"。实际上，渗透模拟是所有物种的一种内在能力，它因该物种所拥有的具体身体特征而有所不同。

以伪装为例。这可以被定义为一种渗透过程，通过这个过程，某物种身体外形的某方面经历了一些变化，让它看似成了周遭环境的一部分。比如，雌性介壳虫会通过嘴将自己与草木的表面，释放出一种蜡状的物质，使它们显得像这些表面的一部分。一般的叶虫能够放大自己的腿部和腹部，使其看起来像叶子。同样，任何一种名为树螽的长角蚱蜢都有像叶子一样的宽翼，使它们能够与周遭环境相混融。

在人类符号活动领域，渗透常常表现在传递情感状态的面部表情的自然形成中。眉毛的位置、眼的形状、嘴型和鼻孔大小都组成了体现这些状态的渗透能指。比如，当一个人在说谎的时候，瞳孔会收缩，一条眉毛可能上扬，嘴角可能会抽动。

模仿建模不仅仅是复制，而是这样一种模拟过程：它很大程度上受到人们对尝试编码的指涉体可感知特征所做的有意识推理的指导。我们称其为"知觉推理假设"（*Sense-Inference Hypothesis*，SIH）。比如上文讨论的英语单词 boom（参考 2.1 初级建模系统）就是模仿建模的产物。极有可能的是，创造这个词的人是为了通过主观地运用英语的音位资源而模仿某种指涉体所具备的［突然深沉洪亮的声音］（［sudden deep resonant sound]）的特征。这个形式的创造实际上受到此人对英语发音系统中才有的某种声音的"知觉推理"以及此人对该系统的特定使用的指导。其实，这个词源自古德语词 bummen，这个英语词是该原形的一个语音变体。

知觉推理假设在约翰·洛克（John Locke，1632－1704）、詹巴蒂斯塔·维科（Giambattista Vico，1688－1744）、恩斯特·卡西尔（Ernst Cassirer，1874－1945）以及苏珊·朗格（Suzanne Langer，1895－1985）等哲学家的思想中找到其前身。英国哲学家洛克认为所有表征形式最初都基于感觉的范畴，反思仅仅是有意识地再认（*recognizing*）感官在此前已认（*cognized*）的东西的内在状态。意大利哲学家维科将象征性思考视为感官感知的最终结果。他强调，思维"不理解任何它之前没有先从感官获得相关印象的事物"（转引自 Bergin & Fisch，1984：123），因为"感官自然地使它在身体中用外在的方式看待自身；而且它是带着巨大的困难而通过反思的手段来理解自身"（转引自 Bergin & Fisch，1984：95）。德国哲学家卡西尔认为概念形成在本质上是知觉延伸。美国哲学家朗格基本上将人类所有的理解内在和外在经验的努力视为源于感官。朗格指出，这些经验中内在的"感受结构"（feeling structure）后来被转化为语言领域中的"分析结构"（analytical structure）。

2.1.2 象似性

在人类符号活动理论，模拟形式——更具体的名称为象似符号——大量存在，贯穿了知觉推理的整个范围。

- 像英语中的 drip（滴沥），plop（噗啦），bang（砰），screech（喀吱）等拟音词是言语型单性象似符号，用以复制某些行为或运动中所发出的被人感知到的声音。
- 人的画像是视觉型复合象似符号，从绘画者的视角来复制人的真实面貌。

- 香水的香味是一种嗅觉型单性象似符号，用以模拟某种自然的香味。
- 化学性食品添加剂是味觉型的单性象似符号，用以模拟自然食物的味道。
- 刻在浮雕上的字母块是触觉型单性相似符号，通过真实的字母形状来复制字母。

知觉推理假设批判用索绪尔式的视角来看待人类的符号活动，即将其视为本质上受制于约定俗成、基本上任意的建模过程。实际上，仔细看来，即使是人类所产制的最抽象的形式也会展现出象似性的起源。比如 flow（水流）这个单词。这个单词的直指对连续平滑移动或跑动的行为动作进行了编码，这种不间断的连续性可被视为液体的典型特征。为方便起见，它可以被表征为［流动］（［fluidity］）特征。对 flow 这个单词的严格意义上的索绪尔式描述可能会宣称，选择这个特定的能指来指代［流动］并没有明显的原因，另外一个能指同样也可以有效地进行指代。因此 glop, plip, druck 等形式都可能会被任意性地选择为［流动］概念的能指。

然而，这个描述所忽略的是，即使母语并非英语的人士也能够感受出 flow 这个形式在模拟水声方面的一种努力（*attempt*）——受制于英语发音系统的努力。这个单词的使用者不再有意识地将其作为［流动］的声音模拟而体验，因为时间和持续的使用让他们忘却了这个词的象似起源。理论上，正如索绪尔所正确指出的，创造 flow 这个单词来完成这个表征任务不大可能是任意性的。更有可能的是，该能指的创造者是要用英语的音位资源努力地模拟她/他所听到的流水声。这是否是真实发生的事情现在已不重要——其实，flow 这个词是源自古高地德语中的 flouwen，表示 to wash（水洗），其更早的印欧语词根是 * pleu－，表示 flood（洪水）。这里需要注意的一个相关的事情是，一旦给人们呈现了这种假设性的"模拟场景"（simulative scenario）的时候，他们便常常开始有意识地将这个能指作为拟音词而体验，并将其他的在理论上可被选来指代［流动］特定的可能项（例如：glop, plip, druck, jurp, flim, 等等）作为"不自然的"能指而弃之不用。这种轶闻性的证据是很广泛的，确切地表明了词语创造不大可能是任意的、无条件的过程，而是一开始就受到初级建模系统的引导。

语言学家罗纳德·兰盖克（例见 1987）主张过，象似性并不仅仅是词语创造的特点。他提出，即使是词类也具有内在的象似性指称功能。为理解这一点，我们以一般被称为"名词"的词类为例。兰盖克指出，名词的重要之处在于，因为它们自身的本质，名词必须要指涉它们所编码的指涉体的内在相似特性，也就是说，无论它们有没有边界都是如此。正是这种［边界化］（［bounded］）被内建于名词的表征功能中，对［＋边界化］（［＋bounded］）指涉体进行编码的名词成为可数名词（count），对［－边界化］（［－bounded］）指涉体进行编码的名词成为不可数名词（noncount）。比如说，名词 leaf（叶子）就被归为可数名词，因为它引发了带有边界的指涉体影像；而名词 water（水）就被归为物质名词（mass noun），因为它引发了不带有可预见边界的指涉体影像。所有这些都有特定的语法结果，名词叶子可复数化的例子就是证明——叶子有边界，因此可数——而水却不同，除非指涉域是隐喻性的（如巴比伦之水，the waters of Babylon）；叶子前面可以有不定冠词（*a leaf*），水就不能；等等。［边界化］也内在于通过非言语建模系统而创造的指代名词指涉体的形式中——比如在绘画中，水被描述为没有边界，或者被其他形式边界化（大地、地平线，等等）；而叶子则被描述为独立的形状，不依赖这样的边界（参见 Langacker，1987、1990）。

2.2 初级单性建模

尽管皮尔斯给象似符号（*iconic sign*）的概念做出了正式的解释，它却展现了一种人们自古便知的表征现象（Lausberg，1960：554；Wells，1967）。事实上，古希腊时代自然主义者与传统主义者之间的争论围绕着词语是否自然地（象似地）指代事物而展开。今天，这个辩论在生物符号学看来是毫无意义的，因为根据延伸原则（参考 1.2.1 建模系统理论），抽象的（约定俗成的）形式是更加具体的基于感官的形式的衍生物。

人类与非人类的初级建模之间的差别不仅在于人类象似形式能够对无限范围的所指进行编码，也存在于人类以各种方式将象似形式所再生出来的"知觉推理"特性加以延伸的独特能力。比如动词 drop（掉，丢）。毫无疑问，这个词在最初创造的时候是用来模拟物体坠落在地上所发出的声音，该指涉体可以简化为［坠地声］（［falling sound］）——实际上，这个词来源于古德语中的 dreopan（to drop，掉），其更早的源头是印欧语词源 *dhreub-（to break，碎）。现在，这个声音象似符号可以通过延伸建模而被用于抽象的指涉体或指涉域（涵指），它们通过延伸而包含了［坠落］感，或某种以特定方式相关的所指：

- ［随意说出（建议或暗示等）］例如：*Drop* me a hint, if you can.（给我抛个暗示）

- ［寄送（信件）］例如：*Drop* me a line or two, when you can.（有空的时候给我写点信）

- ［停止做某事］例如：*Drop* that case!（丢下那箱子）

- ［降低或减少］例如：She *dropped* some of her conditions.（她降低了一些条件）

- ［省略词语中的字母或声音］例如：You always *drop* your vowels.（你老是丢省元音）

- ［在指定地点放下（某人某物）］例如：I'll *drop* you off at home.（我把你送到家门口）

- ［最少量］例如：That is barely a *drop* in the bucket.（那仅仅是杯水车薪/沧海一粟）

- ［最小的刺激］例如：At the *drop* of a hat, she always reacts.（她动不动就会有所反应）

- ［撤回］例如：He *dropped* back.（他退回来了）

- ［落后］例如：She has *dropped* behind.（她已经落后了）

- ［随意或意外造访］例如：John always *drops* in unexpectedly.（约翰总是不期而至）

- ［减少］例如：There's been a *drop* in the Dow-Jones.（道琼斯指数下降了）

- ［离开］例如：They *dropped* out of the course, because they couldn't keep up.（他们退课了，因为跟不上）

- ［停止］例如：Just *drop* it; I'm not interested in what you are saying.（算了吧；我对你说的不感兴趣）

drop 的建模史可见下方的图 2-2。

能指：　　　*drop*

↓

某种声音特性的初级建模

↓

直指：　　[掉落的声音]

↓

延伸建模
（二级建模）

↙　↓　↘

涵指：[说话]　[寄送]　[离开]等等

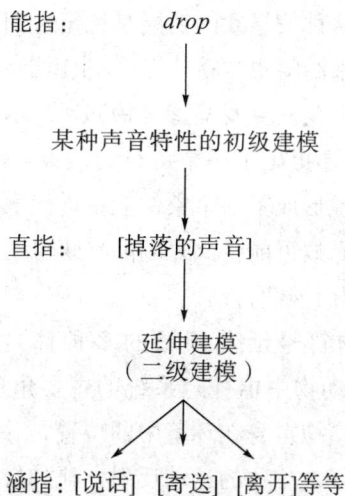

图 2-2　英语单词 drop 的建模史

该图表明，在某个指涉体或指涉域的知觉特性被某个能指编码之后，所得到的直指能够被用于那些可通过延伸而涵指同样知觉特性的指涉体。

2.2.1　初级非言语性单性建模

初级非言语性单性建模行为可见于整个动物符号活动领域（Wickler，1968）。此处仅提出几个例子。比如，动物行为学家就记录了大量的昆虫化学信号行为：

·成功的觅食蚁所留下的气味线索（＝单性形式）在强度上的波动与食物源的数量和品质成比例（Butler，1970：45）。

·竹节虫与其赖以生存的植物的小枝非常相似，它能够根据需要改变自身外形的极微细节（＝单性形式）。

·亚洲热带地区与东印度地区的黑八哥鸟翅膀上有一个白点（＝单性形式），头后面有鲜亮的黄色肉垂（＝单性形式），使它能够混融到栖居地的可见特征中。

有时候一个生物甚至还能改变其周遭环境来适应自己的外形，制造出一些替身将掠食者引开，从而保全真身。比如，这种能力就体现在一种极为有趣的蜘蛛的身上，名叫黄金蜘蛛（Wickler，1968；Hinton，1973）。

一个真正了不起的反掠食象似性的例子是一种软体蚜虫，它极易受到掠食者的攻击（Kloft，1959）。这种蚜虫受到蚂蚁的保护，它通过一种报警信息素交流与蚂蚁交流，这种信息素的功能是稳定它们之间的关联。蚂蚁通过用触角振动蚜虫的背部来给蚜虫"挤奶"，蚜虫就会分泌出蜜滴供蚂蚁食用，它们的关系也因此更加强化。克罗福特（1959）表示，这个彼此相合的关系取决于一种"误解"，他还提出了一个可行的假设，即蚜虫腹部的末端与其后腿的蹬踢对于工蚁来说形成了一个象似能指，代表着另外一只蚂蚁及其触角的运动。换句话说，蚂蚁可能将此复制品（蚜虫的尾端）当成了模型（蚂蚁的前端），并据此误解而继续行动。

鉴于象似性在动物符号活动领域的多种体现，勒内·托姆（René Thom，1975：72）提出动物中枢神经系统的主要角色是构造出局部地区的图式，生物体因而能够模拟自身在环境中的位置，并察觉猎物和掠食者。自然象似能指是被设计来释放相关的运动反射，比如接近（例如朝向猎物）或后退（例如远离掠食者），动物一直从这些象似能指的得到信息并受到这些能指的驱使。动物行为学家施内尔拉（Schneirla，1965：2）令人信服地指出"恰当地增加或减少生物体与刺激源之间距离的操作对于所有物种的生存来说都肯定是至关重要的"。

人类领域也可见到自然单性象似性的体现：比如，某人在地上的人影，在水中的倒影，等等。但这种体现一般没有符号学价值。即使它们是潜在的象似能指，它们也只有在特殊的情境下才能获得表征价值。人影只有在模型被光源照射的时候才会出现，即打在模型上并确定出其影子的光线。光影镜像也是以相似的方式在反射平面中形成的。两种情况下所获得的影像在模型或者光源不见了的时候都会消失。

大多数人类非言语象似建模都是有意（模仿）的。比如，人工香味是人类创造来模拟自然香气的。化学食品添加剂是通过对自然食物味道的模拟而制作的。人们画出来的各种形状常常是为了复制真实世界中的物体、事件等。后一种才能大约出现于儿童刚刚开始说话的时候。尽管儿童可以在父母的提示下学会将他们粗糙画出的东西称为"太阳"或"脸蛋"，但是他们并非特意地要描绘什么东西，而似乎是自发性地画出了视觉的形式，它们通过不断的实践而变成了更加准确的可复制的形状。儿童时期的绘画行为似乎本身就是快乐的；如果可能的话，也常常只有在儿童画完东西之后才会为所绘的形式提供身份。当然，随着儿童使用语言能力的增长，所绘的形状最终对她/他来说意味着某些"东西"（所指），然而在一开始，儿童似乎仅仅是因为绘画给了自己快乐感和满足感才参与到绘画的行为之中。

2.2.2 初级言语性单性建模

如上文所述（参考 2.1.2 象似性），索绪尔认为词语创造基本上是一个任意性的过程。对索绪尔来说，拟音词（plop, smash, bang, zap，等等）是言语符号活动中的例外，而不是规则。此外，各种语言中拟音词的高度易变性让他认为，即使是这种象似性的现象，在实践中也从属于文化传统。比如，英语中形容公鸡打鸣的声音用的是拟音所指 cock-adoodle-do，而意大利语中则是用 chicchirichì（发音为/kikkiriki/）；同样，英语中形容犬吠用的是 bow-wow，而法语中则是用 ouaoua（发音为/wawa/）。索绪尔认为这种跨文化的比较非常明显地表明了拟音词的构建从属于约定俗成的声音感知。

然而，我们在上文中提出，索绪尔貌似忽略了即使那些不说英语、法语或意大利语的人也能够看出以上能指大概是人们为了尝试模仿他们所听到的公鸡与狗的声音而创造出来的——这些尝试受到相应语言的音位系统的约束，它们是产生这些不同的模拟结果的部分导因。正如索绪尔所正确指出的，许多象似符号主要是在文化的语境中被理解，因此为承认这个事实，皮尔斯就创造了次象似符号（*hypoicon*）一词。次象似符号是一个象似性的单性形式，其构成受到存在于特定语言的次系统的约束（音位、语素等等）。然而，即使是不懂该语言的人，在被告知某个次象似符号的意义时，他们也能很容易地识别出它的初级建模特性。人们很容易就能认出 cock-a-doodle-do 与 chicchirichì 这两个次象似符号是模拟公鸡打鸣的声音，即使是不说英语或法语的人也是如此，因为他们熟悉公鸡；也就是说，他们可以看出这两个能指对公鸡打鸣声所进行建模的尝试，尽管建模的结果显得有些不同。

声音象似性体现在常见的模拟现象中：

·头韵或声音重复，已达到各种模拟效果：ding-dong, no-no, zig-zag, bang-bang, pow-pow，等等。

·为强调而延长声音："Yesssss!"，"Noooooo!"，等等。

·用不同的语调来表达情感状态："Are you absolutely sure?"（你完全确定?）；"No way!"（不可能!）；"I really wouldn't say that, if I were you!"（我要是你，我才不那么说!），等等。

·体现漫画书语言特点的拟音构成："Zap!" "Boom!" "Pow!"，等等。

· 关于人和物的拟音描述：例如，英语中在描述蛇的时候，使用 slithery, slippery 等词来模仿蛇所发出的声音。

· 口头传递信息时音量的上升以表达愤怒、激动的情感等等；音量的降低表达相反的情感（冷静、沉着等）。

· 语速的加快以传递紧迫感、激动等等；语速的减缓以传递相反的状态（平静、懒散等）。

语言学家莫里斯·斯瓦迪士（Morris Swadesh, 1971）是研究语音象似性的先驱人物，他将人们的注意力引向了语音渗透的现象，而这种现象很少被这样看待。比如，他发现在世界上的许多语言中，带有［i］类元音的形式对［+近距］（［+nearness］）特征所标出的指涉体进行了编码，而带有［a］类、［o］类与［u］类元音的形式则对［-近距］（［-nearness］）特征所标出的指涉体进行了编码。这个跨语言的类型向他表明［+近距］的概念是由在发［i］音和前元音的时候嘴唇间相对距离所模拟的，而［-近距］的概念则是由在发［a］［o］［u］音和其他中元音与后元音的时候嘴唇间相对距离所模拟的（见表2-1）：

表2-1　英语中的近距和距离概念

近距概念	距离概念
here near this 等等	there far that 等等

2.2.3　二分象似特征

［近距］（参考2.2.2初级言语性单性建模）与［边界化］（参考2.1.2象似性）等特征可以被称为二分象似特征（*binary iconic features*）。这些代表着指涉体中所得出的知觉特性（＝知觉推理假设）。正如我们在上文所看到的（参考2.1.2象似性），这些特征甚至内建于词类的指涉功能中（Langacker, 1987、1990；Heine, 1998）。当特定的名词、动词、形容词等被创造或使用的时候，可以看到它们通过某种特定的二分象似特性对指涉体进行了编码。因此可以说，像 apple（苹果）这样的可数名词就对［+边界化］（［+bounded］）特征所标出的指涉体进行了编码；而像 rice（米）这样

的不可数名词就对［−边界化］（［−bounded］）特征所标出的指涉体进行了编码。我们看到，名词指涉的这种内在象似特性包含着不同语法层面上的结构效果，如表 2-2 所示。

表 2-2　可数名词与不可数名词的指涉性能与衍生的语法特征

可数名词： 例如，apple	不可数名词： 例如，rice	指涉性能与衍生的语法特征： ［+边界化］（［+bounded］）与 ［−边界化］（［−bounded］）
能够复数化： apples	不能复数化	可数名词指涉体的特点是形状上的边界，使得它们可数（因而使它们的所指能够复数化）
能前置不定冠词： an apple	不能前置不定冠词	可数名词能够被视为独特的事物（因而用 a 或 an 特指出来）
不能前置不定代词	能前置不定代词： some rice	不可数名词没有边界，因此只能用不定的方式来特指。

再以形容词的范畴为例。有些形容词指涉名词所编码的指涉体的特性：例如，"苹果是红的"（The apple is *red*）。这种形容词是由［+性质］（［+quality］）所标出的。其他种类的形容词则不被这种特征标出，因此它们是由相反的特征即［−性质］（［−quality］）所标出：例如，形容词 my（我的）就不指称名词所编码的指涉体的任何特性。［性质］特征因此就在指称上讲形容词划分为描述性的（*descriptive*）（如 red）以及非描述性的（*non-descriptive*）（如我的）。这种内在的象似特征也包含着不同语法层面上的特定结构效果。比如在英语中，由［+性质］（［+quality］）所标出的形容词能够进行词尾变化（red ——redder, reddest，等等），而由［−性质］（［−quality］）所标出的就不能进行词尾变化。这是因为词尾变化使得人们能够对在指涉体中发现的特定性质的"程度"进行编码："我的苹果是红的，而你的更红。"（My apple is *red*, but yours is *redder*）

2.3　初级复合建模

通过初级复合建模的表征策略，各种象似能指被组合了起来，对复杂的（非单一的）指涉体进行编码。在人类符号活动领域，诗歌文本、地图和大多数的图标都是人工初级复合建模的产物。比如下面的"声音诗"，诗中的前面九个单词都是用/sl/的声音组合以对蛇的头韵模仿的方式开始的：

Slimily, sluggishly, slithery,
Slowly, slyly, slippery,
Slothfully, sluggishly, slumberously,
A snake passes by.

该文本显著的声音特征——/sl−/＝［蛇的声音］——使得我们能够用模拟复合性的方式来对［蛇］（［snake］）的指涉体进行建模。现在，通过改变诗歌的最后一行，相同的声音特征能够被延伸来包含人类的性格特点，比如［邪恶］（［vileness］），［不可靠］（［untrustworthiness］），等等。

Slimily, sluggishly, slithery,
Slowly, slyly, slippery,
Slothfully, sluggishly, slumberously,
A supposed friend passes by.

第二个文本的建模史可见下方的图 2−3：

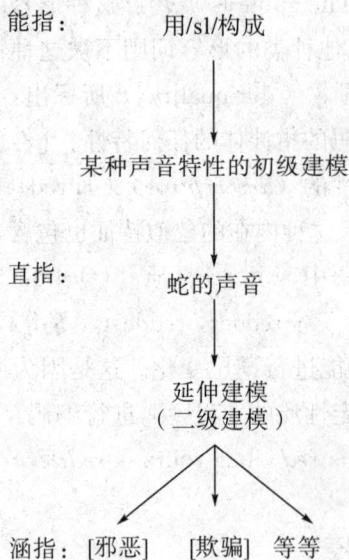

能指：　　　用/sl/构成

某种声音特性的初级建模

直指：　　　蛇的声音

延伸建模
（二级建模）

涵指：　［邪恶］　　［欺骗］　等等

图 2−3　一个诗歌文本的建模史

2.3.1　初级非言语性复合建模

自然非言语性初级复合建模出现在各个物种。正如上文所述（参考

1.4.2 文本的种类），这种建模的显著例子就是蜜蜂的舞蹈。一只蜜蜂在找到新的食物源之后，它将蜜囊装满花蜜飞回蜂巢，并表演了一种充满活力的高度类型化的舞蹈。如果食物源距离蜂巢大约在 90 米以内，这只蜜蜂就会表演一种圈形的舞蹈，先移动大约 2 厘米或更多，然后反方向绕圈。

这种舞蹈表演的最为明显的象似特征就在于，蜂巢里许多蜜蜂会紧密地跟随着这只蜜蜂，模仿着它的动作。有些蜜蜂之后就离开了蜂巢并以扩大的圈形飞行，这些圈形也与原来的舞蹈相似，这些蜜蜂一直飞行，直到它们最终找到食物源为止。这种模拟行为模仿了舞蹈的动作组，在这个意义上，这种模拟行为是复合性的。

有些蛇为避免被掠食者发现，会在活动与其他蛇的活动区域重叠的地方相互模仿。比如，无毒的锡纳罗亚乳蛇会高度模仿有毒眼镜蛇身上红黄相间的有色环纹。

人类领域被广泛研究的自然初级非言语性复合模型是面部表情。比如，心理学家保罗·埃克曼（Paul Ekman, 1985）能够将特定的面部活动（能指）与面部表情的不同方面相连接。组成复合面部表情的能指包括眉毛的位置、眼睛形状、嘴型和鼻孔大小。埃克曼发现渗透性面部形式很少有跨文化的不同。事实上，埃克曼已经展示有可能构写出一种面部"语法"，其所展现的跨文化差异要比语言语法所展现的少。［快乐］（［amusement］）［愤怒］（［anger］）［惊讶］（［surprise］）与［悲伤］（［sadness］）等感觉就体现在能够被分成特定象似组成的面部形式中，这些面部形式其实可以被定义为内在状态的症候（非病理性）。

制作人工初级非言语性复合模型的能力为人类符号活动所特有。比如一般地图的制作。从其整个表征功能来看，地图是一种复合指示形式，因为它是被设计来指明真实世界中的地点在地图世界（map world）上的位置。然而，地点在地图上的分布体现了象似建模。我们可以思考一幅简单的地图是如何构成的。比如一个陌生人想要去某个地方。这个人在位置 A，处在两条街的交叉口，一条南北向，一条东西向。这个人的目标是要去位置 B，我们知道这个位置向西距离 A 两个街区，向北距离 A 三个街区。向她/他展示如何去位置 B 的一个简单方法就是画一张地图。在地图上，位置 A 可以被展示为两条直角相交的直线的交点——这两条线象似性地代表两条相交的街道。在东西向的线条上添加两个刻度相等的单位，就能够用来指代向西（向左）距离 A 两个街区，并从这个点向上（即向北）再加三个刻度相等的单位，来展示这个人想要去的位置 B，如图 2-4 所示。

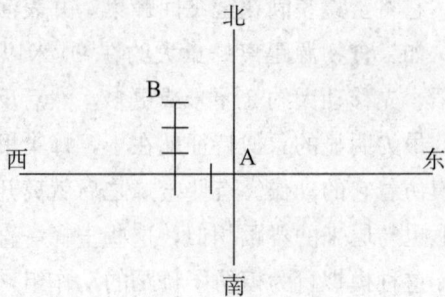

图 2-4　A B 点相对地图

地图用这种方法来表示真实世界中的空间空隙，让使用者能够通过一种象似性的重建过程来找到真实空间的实际存在点，即通过地图空间上所展示的象似性视觉关系向真实世界地理关系的转换。

对地图、航海图以及图表的使用极大地增强了人类了解世界的能力。这些复合模型实际上是制作出了有关场景、事件和观念等的象形符号——图画式表征，使得人类几乎可以通过象似性形式来想象真实的世界。象形建模的起源是古老的。像在法国拉斯科和西班牙奥尔塔米拉的岩洞中所发现的那些刻在洞顶和洞壁上的生动的动物图画可追溯到 3 万年前。这些早期绘画可能是象形文字的前身（Schmandt-Besserat，1978、1989）。随着绘画的手部动作变得更加简化，这些画必然变得更加精简并更加抽象。为了效率起见，进一步的简化必然渐渐导致他们使用象形符号的一部分，来代表同样指涉象形符号所指的口头词语中的特定声音。这种了不起的发展有时也被称为画迷原则（*rebus principle*），它渐渐地导致了字母的发明（参考 3.1.3 字母：一个例证）——画谜使用词语、图画或者象征符号来视觉性地指代与谜底词语相似的声音。心理学家罗杰·布朗（Roger Brown，1986：447-448）恰当地指出：

> 人们通常将早期文字的本身视为一种独立于语言的发明，因为我们所知道的现代文字系统几乎都是次于言语的，因此它们必然要晚于口语。没有哪种字母文字系统或者音节文字系统可以被视为一种语言的发明。然而，最早的文字系统都是独立于言语的，而且在特征上都不是字母性的或者音节性的，它们全部都是象形的或者表征性的。

2.3.2　初级言语性复合建模

当然，初级非言语性复合建模是人类所特有的。我们在上文所构建的诗（参考 2.3 初级复合建模）是象似言语文本的例子，即一种部分带有象似能指的初级言语性复合建模。诗起初融合了歌，其整体的表征特点是拟音的。在西方文化中，诗在古代就从歌唱中独立了出来。在许多其他的文化中，二者仍然被视为等同。意大利哲学家维科将第一批说话的人称为"诗人"，在词源上意味着"制作者"，因为他说这些人最早的概念总是以诗（拟音和隐喻）的方式进行编码的。这种最初的功能至今仍然遗留在我们以诗的方式创造的许多基本的言语文本——包括我们为儿童写的音韵，写在贺卡上的信息，以及广告中的顺口溜等。

但是初级言语性复合建模不仅仅是诗歌的特征。它甚至也出现在某些语言中的词语在句子中的组织方式上。在某些被称为粘着语（*agglutinative*）的语言中，句子构成基本上取决于词语的顺序。比如在古典拉丁语里面，句中词语之间的各种关系是通过词尾变化体现的，即词语所经历的表明它们与其他词语关系的变形或改变。但是，因为拉丁语在几个世纪中所经历的语音变化，词语顺序已经接管了拉丁语现代语支（罗曼语）中词尾变化的许多关系功能。在拉丁语中，Puer（男孩）amat（爱着）puellam（女孩）的句子可以用六种方式表示出来，因为每个词的结尾都可能告诉句子解释者这些词彼此之间的关系：puer 是主格，因此是句子的主语；puellam 是宾格（主格＝ puella），因此是句子的宾语，不论它出现在句子中的哪个位置都是如此：

> Puer amat puellam
>
> Puer puellam amat
>
> Amat puer puellam
>
> Amat puellam puer
>
> Puellam amat puer
>
> Puellam puer amat

然而，在意大利语、法语、西班牙语或者葡萄牙语中，不同的词序表达着不同的意义。比如，在意大利语中，Il ragazzo（男孩）ama（爱着）la ragazza（女孩）与 La ragazza（女孩）ama（爱着）il ragazzo（男孩）意味着不同的东西。意大利语中的词语模拟了行动本质所体现真实顺序，也就是说，它们影射了在行动者（actor），动作（action）与受动者（acted upon）之间所展开的实际顺序。一言以蔽之，意大利语句子中语法范畴的顺序影射了它们呈现给意识的经验结构（见图2-5）：

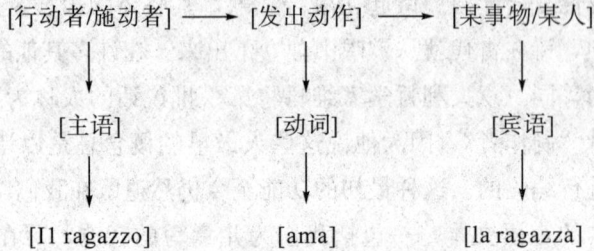

```
[行动者/施动者]  ───→  [发出动作]  ───→  [某事物/某人]
      │                    │                   │
      ↓                    ↓                   ↓
   [主语]               [动词]              [宾语]
      │                    │                   │
      ↓                    ↓                   ↓
 [Il ragazzo]           [ama]           [la ragazza]
```

图2-5　真实序列的象似复合建模

因此，这个句子通过其结构描述了男孩是向女孩行动的施动者或发出者。将二者的顺序进行调换就为相反的情境做了编码（见图2-6）：

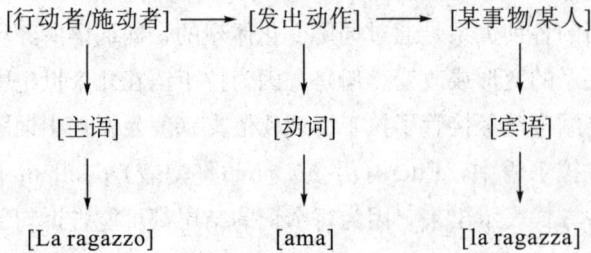

```
[行动者/施动者]  ───→  [发出动作]  ───→  [某事物/某人]
      │                    │                   │
      ↓                    ↓                   ↓
   [主语]               [动词]              [宾语]
      │                    │                   │
      ↓                    ↓                   ↓
 [La ragazzo]           [ama]           [la ragazza]
```

图2-6　相反真实序列的象似复合建模

2.4　初级凝聚建模

初级凝聚建模系统是一种代码，包含了可用于各种表征目的的特定种类的象似能指。初级代码的例子是工程师常用来制作技术图标的各种形状，比如下方图2-7所示：

```
      开回路                    闭回路

  ─────╱─────        ──────  ▬▬▬  ──────
```

图2-7　电路图

尽管这种图表是以象征性的方式解码的，但因为它们的表征功能是必须要在文化语境中学习的约定俗成的实践的产物，它们指代［＋开］与［－闭］两种回路的组合方式明显是象似性的。

初级人工代码的另外一个例子是艺术家常用来指代人的线条画（*stick figures*）。线条画用于视觉艺术描述的一个当代著名的例子就是漫画《凯西》（*Cathy*），由美国漫画家凯西·李·盖斯怀特（Cathy Lee Guisewite，1950－）在 20 世纪 70 年代开始创造。她一开始是用线条画在一本日记中记录自己的情感，在 1976 年她从中发展创作出了《凯西》。线条画使得盖斯怀特能够用"简单的轮廓"来描述社会关系——当然，这种简单轮廓是线条画本身独具的象似特征。

2.4.1 初级非言语性代码

自然（渗透）初级非言语性代码存在于各个物种中。一个值得注意的例子就是普通白蚁所构建的土堆。这些社会性昆虫能够通过用唾液混合小土块并放在阳光下暴晒来建造极为坚硬的土墙。这些天才工程师在土墙的内部建成了无数的小室和长廊，这些小室与长廊由复杂的通道网络相互连接。这种结构具有通风与排水的功能，而孵化白蚁卵的热量也通过有机物的发酵来提供，这些有机物就贮藏在作为育婴室的小室之内。美国境内 55 种白蚁中的大多数都将蚁巢建在地下。这种地下白蚁有极大的破坏力，因为它们会挖掘到木质结构中获取食物。经过仔细的观察，这种土堆结构模拟了白蚁社会进化的构成，即使蚁群本身不再存在之后也是如此——也就是说，土堆形象地影射了这些昆虫建筑师的社会组成。这个引人注目的例子表现了自然界中作为一个物种社会行为特征的无意的凝聚象似性（Sebeok，1979）。

各个物种内的求偶与理毛代码在根本上也是象似性的。比如大多数蟑螂都是通过发出嘶嘶声、小口咬动与轻敲腹部的方式来开始求偶，这明显是对性欲的模拟。在人类领域中，求偶表现中的某些语调和身体信号也是对性吸引和/或性兴奋的模拟。

人工非言语性初级代码在人类社会中大量存在。比如图示的使用。图示制作系统组成了多样的代码，通过图形来指代信息与数据，从而能够检测出信息中的某种类型或趋势。图 2-8 中的简单双轴图示就是一个例子。这个图示体现了某百货商店一周中每天所销售的玻璃杯的数量。要找到第三天所销售的杯数，人们只需要在横轴上找到数字 3，然后找到其正上方的点。这个点在纵轴上对应的是 10，意味着第三天销售了 10 个玻璃杯。第四天点的位置表示卖掉了 5 个玻璃杯。第四天点的位置较低，表明了销售量的下降。实际上，图示中点位置的上下相对影射了玻璃杯销量的上升与下降。这是所有图示的一个明显的象似特性。现在，根据图示中上下变化的类型，我们能够检测出销量上的一个整体趋势：玻璃杯的销量似乎在一开始的时候处于比较高的水平，到了一周中间时段时有所下降，然后在周末又急剧上升。

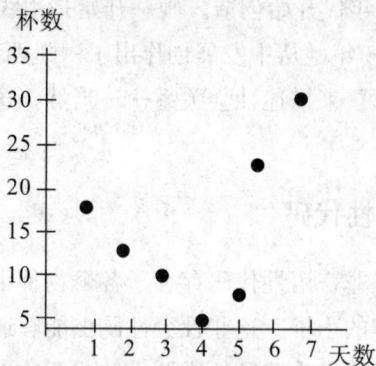

图 2—8 双轴图示

2.4.2 手势

引起符号学家和动物行为学家共同关注的非言语代码是手势（*gesture*）。手势可以被简单地定义为用手、臂和头（程度较低）来制作各种身体形式（单性的、复合的，等等）。自然手势代码在本质上是象似性的。比如，黑猩猩将它们的手臂伸到空中来表明它们想要被理毛，它们也会伸出手臂来乞讨或者发出邀请，等等。

人类符号活动中的自然手势象似性与有声语言相互关联。语言学家戴维·麦克尼尔（David McNeill）拍摄了大量的人类对话，并在 1992 年得出了一个其实不可避免的结论：伴随说话的手势（被称为身体语言）相对于言语交流行为来说并非毫不重要。身体语言展现了言语中无法明确表示的影像，也展现了说话者所想的影像。这就表明言语和手势组成了一个综合性的指涉/交流系统。

麦克尼尔将他所观察到的身体语言进一步分成了五个主要范畴：

· 象似性身体语言（Iconic gesticulants）：如名称所示，这些手势与话语的指涉体或指涉域有着高度的象似性。例如，在描述故事中一个角色把树扳弯到地上的场景时，麦克尼尔所观察的说话人看起来就像在抓住某个东西并把它往后拉。他的手势实际上是他所说的行动的视觉象似符号，既体现了他对场景的记忆，又体现了他的观点（他也可以将树的这个部分扳倒）。

- 隐喻性身体语言（Metaphoric gesticulants）：这些实际上是元形式的手势性外化。比如，麦克尼尔所观察到的一个男性说话人，说他刚刚所看到的是一个漫画，同时举出他的双手，似乎是给他的听话人一种物体。很明显，他并不是指漫画的本身，而是漫画的体裁。他的手势代表了这个体裁，就好像它是一个物体一样，把它放在了呈给听话人的动作之中。这种身体语言常常伴随着所谓的"传送"（conduit）元形式的外化，即［观点＝传送中的物体］（［ideas ＝ objects that are passed on along a conduit]）：呈现一个观点，提出一个观点，提建议，等等。

- 节拍性身体语言（Beat gesticulants）：这些手势类似音乐节拍。说话人的手随着说话韵律而移动，体现为手部的简单拂动，或者手指的上下或前后移动。节拍是指示符号，标志着说话的时候引入新的特征、总结行动、引入新的主题，等等。

- 凝聚性身体语言（Cohesive gesticulants）：这些手势的功能是展示话语的部分是如何组织在一起的。节拍强调序列性，而凝聚则强调全面性。凝聚可以呈现为象似的、隐喻的和节拍的形式。它们通过在手势空间中重复相同的手势而展开。正是重复行为的本身传达出了凝聚性。

- 指示性身体语言（Deictic gesticulants）：这些手势所关注的不是既定的物理空间，而是对话中早先出现的抽象概念。它们将概念视为拥有空间上的物理位置。

麦克尼尔的身体语言更普遍地被称为说明符号（*illustrators*），因为它们可以被视为用手势的方式说明了言语中所表达的内容。除了说明符号之外，还有另外四种身体语言：象征手势（*Emblems*），情感展现手势（*Affect Display*），调节手势（*Regulators*）与调整手势（*Adaptors*）：

- 象征手势：它们直接转化了词语或短语。例如，"好的"（Okay）符号，"到这来"（*Come here*）符号；搭车符号；挥手；猥亵手势等等。

- 情感展现：这些手势传递了情感意义。例如，伴随快乐、惊讶、恐惧、愤怒、悲伤、嘲讽、嫌恶等情感的手部动作与面部表情。

· 调节手势：它们调节着说话人的言语。例如，表示"接着说"（Keep going）"慢点"（Slow down）等内容的手部动作。

· 调整手势：这些手势表明或满足了某种情感状态或需要。例如，困惑的时候挠头，担忧的时候抹前额，等等。

人类也为各种用途而发明了约定俗成的手势代码。听觉受损的人、强制肃静期内或各种仪式操作中的宗教团体、音乐指挥家等人群所使用的各种手势能指都是约定俗成的形式，它们也都体现了不同程度的象似性。比如在北美手势语中，"我盯了它很久"（I stared at it for a long time）这个表述可以用带有以下象似特性的单独符号表达：（1）手语者用右手在眼睛下面形成一个 V 字来表达［看］（［look at］）；（2）手向所看的物体移动，反复地循着一个椭圆，以表示［长时间］（［over a long time］）。

尽管有跨文化的象似性，但在使用手势的程度和某个特定的约定俗成的手势的理解中也存在着巨大的差异。1979 年，德斯蒙德·莫里斯（Desmond Morris）与他在牛津大学的几位同事一起，研究了欧洲 40 个不同地区的 20 种社会手势。研究组就发现许多手势动作因不同时文化而具有好几种意义，例如巴尔干地区和欧洲其他地区用来表示［是］（［yes］）和［否］（［no］）的头部姿势看起来是相反的；根据使用手势的社会的不同，在头的一侧轻拍可以表达完全相反的意义——［愚蠢］（［stupidity］）和［聪明］（［intelligence］），等等。

2.4.3 句子结构

不用说，语言是人类符号活动所特有的。在这个部分，我们将最后一次关注这个代码系统的一种特定的象似特征——句子结构——我们已经对语言的这个特征进行了数次讨论。一般可以说，句子中的词序能够模拟真实世界中的顺序或因果现象，例如，句子结构基本上影射了其所呈现给意识的经验结构（Langacker，1987、1990）。

以主动句和被动句之间的关系为例，比如："Alexander is eating the grapes."（亚历山大在吃葡萄）与"The grapes are being eaten by Alexander."（葡萄在被亚历山大吃）。经过仔细研究，我们可以看到这两个句子对指涉体的某种象似特征进行了编码——它们通过一种心理［前场］（［foreground］）而形成的相对位置。在主动句中，行动者/施动者（*actor/*

agent）即主语出现在［＋前场］（［＋Foreground］,）或［－后场］（［－background]），受动者/接受者（*acted-upon*/*receiver*）则出现在［－前场］（［－foreground]）（＝［＋后场］［＋Background]）。行动则被聚焦为［＋前场］中施动者朝向［－前场］中接受者的一种活动：

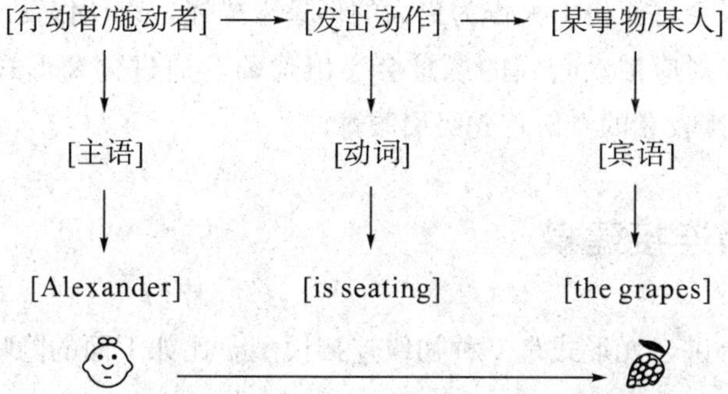

图 2−9　主动句的象似凝聚建模

然而，从主动向被动的转换改变了思维视野的［前场］（［foreground]）与［后场］（［background]）的安排。通过改变接受者（*receiver*）与施动者（*agent*）的语法位置，被动句将葡萄提到了心理［＋前场］（［＋foreground]），将吃葡萄的人亚历山大降格到了［－前场］（［－foreground]）。吃葡萄的动作现在被聚焦在动作的接受者身上，即葡萄。因此，被动句所编码的总体视点是将主语作为行动的接受者，而施动者则在后场（因而较不可见）（见图 2−10）：

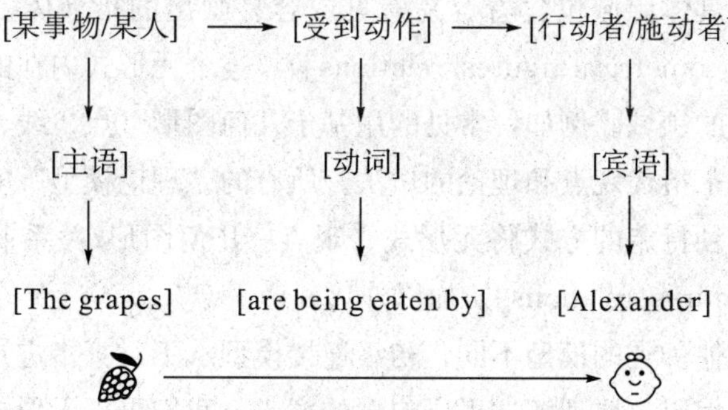

图 2−10　被动句的象似凝聚建模

关于相同事件的不同的心理视图被内建于这两种句型的指涉功能中。按逻辑来说，施动者在语法上先出现的句子叫作主动句（*active*），因为它们引发了施动者在前场作用于接受者的影像。施动者在语法上后出现的句子叫作被动句（*passive*），因为它们引发了动作接受者在前场而施动者在后场的影像。

［前场］（［foreground］）与［后场］（［background］）的象似特征也内在于用来指代两种句型的非言语性建模系统中——比如在绘画中，对应主动句形式的场景会将亚历山大作为更大的形象来描述，以动作发出者的身份首先吸引眼球；对应被动句式的场景会突出葡萄（通过葡萄形式的放大和摆放），以动作接收者的身份首先吸引眼球。

2.5 初级连接建模

从定义上讲，元形式是一种初级连接模型。比如下面的隐喻陈述：

14. Those ideas are *circular*. （那些观点是循环论证的。）

15. I don't see the *point* of your idea. （我看不出你的观点的意义何在。）

16. Her ideas are *central* to the discussion （她的观点是讨论的重点。）

17. Their ideas are *diametrically* opposite. （他们的观点全然相反。）

很明显，这些都是源自一个抽象概念［观点］（ideas）与具体源域之间的连接，这种具体源域包含着容易看见或容易画出的指涉体，即［几何图形/关系］（［geometrical figures/relations］）。这个元形式内在的象似性也可见于非言语性的领域。例如，常见的用基于几何图形（点、线、圆形、方形等等）的图表来指代观点和理论的做法。所有的"理论模型"实际上都是几何图表，用某种特定的方式将元形式［观点＝几何图形/关系］（［ideas＝geometrical figures/relations］）加以外化。

与所有其他种类的模型不同，初级连接模型从不对直指进行编码。它们只对涵指进行编码。要理解这里所包含的意义，我们可以元形式［人类个性＝所感知到的动物外形特征］（［human personality ＝ perceived physical features of animals］）为例。其外化之一可见于这样的句子："The professor is a *snake*."（这个教授是个阴险的人）。很明显，该陈述中所编码的［蛇］（［snake］）的意义并非直指意义——［蜿蜒爬行动物］（［serpentine

reptile]）——而是我们与蛇相联系的涵指意义的复合体，即［狡猾］
（[slyness]）、［危险］（[danger]）、［滑头］（[slipperiness]），等等。现在，
从［所感知到的动物外形特征］源域所选择的每一个不同的比喻词都会产生
不同的涵指：例如，"The professor is a *gorilla*."（这个教授是个凶暴的
人]）［教授］（[professor]，被视为一个［攻击性］（[aggressive]）、［好斗］
（[combative]）、［粗鲁］（[rude]）的人。

这个元形式的建模史可见下方的图 2-11：

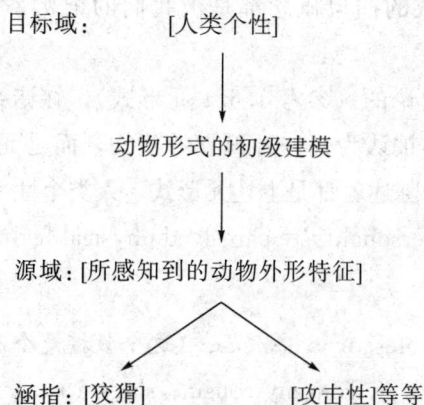

图 2-11　元形式［人类个性＝所感知到的动物外形特征］的建模史

因此，在初级连接建模中，并非是比喻词（选自源域的词）的直指意义
而是它的涵指意义被转换到了话题中。

2.5.1　元形式

元形式［人类个性＝所感知到的动物外形特征］（[human personality =
perceived physical features of animals]）具体化的可能原因是这样一个实际
存在的观点：人类与动物在事物的自然系统中是相互关联的。元形式［想＝
看］（[thinking = seeing]）（参考 1.6.1 元形式）的可能动因是"想"是
"内视"的观点。实际上，元形式是知觉推理的结果（参考 2.1.1 自然模拟
与有意模拟）——这个模拟过程受到人们对要编码的抽象指涉体所做的有意
识推理的指导。

大量相关的文献记载了元形式在抽象概念形成中所扮演的角色，这些文
献在 1977 年数量大增，霍华德·珀里奥（Howard Pollio）与他的同事在这
一年展示了隐喻并非一个话语选择，而是话语的真正支柱（Pollio, Barlow,

Fine & Pollio 1977）。这个转折点在 20 世纪 70 年代末期与整个 80 年代导致了两个重要趋势的发展：（1）概念隐喻理论的本身（例如：Ortony，1979；Honeck & Hoffman，1980；Lakoff & Johnson，1980、1999；Lakoff，1987；Lakoff & Turner，1989；Kövecses，1986、1988、1990；Johnson，1987；Indurkhya，1992）以及（2）现在被称为认知语言学（*cognitive linguistics*）的语言学新分支（Langacker，1987、1990；Croft，1991；Deane，1992；Taylor，1995；Fauconnier，1997）。概念隐喻理论的研究确切地表明我们大多数的抽象概念都是被我们的记忆系统作为元形式而存储的。

正如上一章所讨论的（参考 1.6.1 元形式），在诸系统分析的框架中，某个特定的隐喻并不被认为是一种孤立的建构，而是元形式的一个特定例子。比如下面的隐喻陈述就都是上述元形式［人类个性＝所感知到的动物外形特征］（［human personality = perceived physical features of animals］）的例子：

18. The professor is a *snake*.（这个教授是个阴险的人。）

19. Keep away from my cousin; she's a *rat*.（离我表妹远点儿；她是个叛徒。）

20. What a *gorilla* my uncle has become!（我叔叔变得好凶！）

21. She's a sweetheart, a true *pussycat*!（她是特别可爱的人，一只真正的小猫咪！）

22. He keeps everything for himself; he's a real *hog*.（他什么都留给自己；他真是一个自私的人。）

如上文所述，这些例子产生了各种涵指——如［狡猾］（［slyness］），［背叛］（［betrayal］），［攻击性］（［aggressiveness］），［和善］（［kindness］）等等——用于评价特定的个性：也就是说，从源域中所选取的不同比喻词——如［蛇］（［snake］），［鼠］（［rat］），［大猩猩］（［gorilla］），［猫咪］（［pussycat］），［猪］（［hog］），等等——为所评价的特定个性提供了不同的涵指描述。当然，关于动物行为的认知根据场景和文化会有所变化。但事实情况仍然是，全世界的人都是以特定的方式对动物产生经历性的和情感性的反应，而这些就形成了评价人类个性的一个源域。实际上，连接建模的本质在于对来自源域的特性的逆推，这些特性被视为与某个抽象的目标域相互关联如图 2-12 所示。

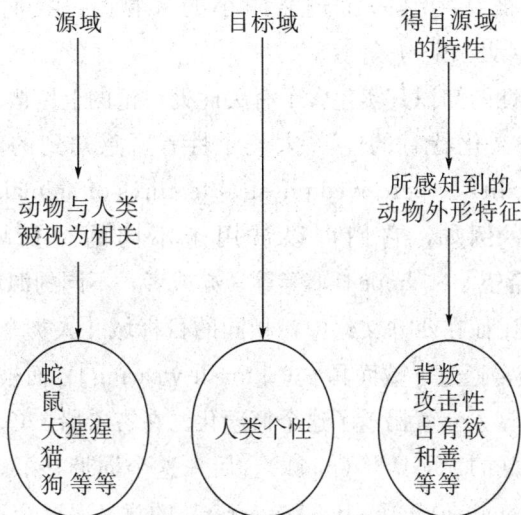

源域　　　　　目标域　　　　得自源域
　　　　　　　　　　　　　　 的特性

动物与人类　　　　　　　　所感知到的
被视为相关　　　　　　　　动物外形特征

蛇　　　　　　　　　　　 背叛
鼠　　　　　　　　　　　 攻击性
大猩猩　　 人类个性　　　占有欲
猫　　　　　　　　　　　 和善
狗　等等　　　　　　　　 等等

图 2-12　连接模型

　　如有必要的话，每个选自源域的特定比喻词本身就能够为评价人类个性提供进一步的涵指细节。因此比如说，所特定选择的［蛇］（［snake］）的比喻词就进一步包括了它本身的次级域（sub-domain，由不同种类的蛇组成），使人们能够细化对个性的描述：

　　23．He's a *cobra*.（他是个致命杀手。）

　　24．She's a *viper*.（她是个毒妇。）

　　25．Your friend is a *boa constrictor*.（你朋友是个大力莽汉。）

　　实际上，源域能够被进一步分成次级域，为元形式使用者提供了一系列的涵指，可用来对目标域进行微妙细化的描述。元形式［人类个性＝所感知到的动物外形特征］（［human personality = perceived physical features of animals］）的本身对应着心理学家所说的上位概念（*superordinate concept*），即拥有高度普遍性指涉功能的概念（Rosch 1973a，1973b）。从［动物］（［animal］）源域选择特定比喻词，如［蛇］（［snake］）［鼠］（［rat］），等等——实际上产生了心理学家所说的基本概念（*basic concepts*），即拥有分类功能的概念。最后，从次级域选择的比喻词，如［眼镜蛇］（［cobra］），［蝰蛇］（［viper］），等等——产生了从属概念（*subordinate concepts*），即特定目的所需的概念——这就解释了为什么在某人被认为是非常危险的人物时，我们会将其描述为有 *snake eyes*（蛇的眼睛）；而在某人被认为是一个过渡胆小的人物时，我们会将其描述为 *chicken-livered*（胆小鬼），等等。

有关人类个性的知识其实包含了有关此处讨论的上位概念的知识。很明显，这种知识是文化特有的。［人类个性＝所感知到的动物外形特征］（［human personality = perceived physical features of animals]）的同样源域可能用法不同。例如，它们可以被用于不同的目标域，如［正义］（［justice]），［希望］（［hope]），等等。亦或者，不同的源域可能会与此元形式同时使用。比如在西方文化中，相同的目标域［人类个性］（［human personality]）经常通过［戴面具］（［mask-wearing]）而被概念化。其实，英语单词 person（人）就揭示了这个概念化。在古希腊，单词 persona 表示的是台上演员所戴的"面具"（mask）。后来这个词带有了"戴面具的人的个性"（the personality of the mask-wearer）的意义。这个意思仍然存在于戏剧术语 dramatis personae（剧中人物）（字面意为"戏剧的人物"）。最终，这个词获得了它现在的意义"活的人"（living human being）。关于 person 这个词的历时分析也解释了我们为什么至今还在使用"戏剧性的"表达来指涉人物，如在生活中扮演角色（*to play a role in life*），表情要恰当（*to put on a proper face*）等，也解释了为什么换喻性元形式［人＝脸］（［the person = the face]）在话语中是如此普遍：

26. What *face* should I put on today?（今天我该怎么表现啊？）

27. You must try your utmost to save *face* in that situation.（在那种情况下你必须尽最大可能保全面子。）

28. What *face*（effrontery）that person has!（那个人真是厚颜无耻！）

29. You must confront her squarely, *face to face*.（你必须面对面地坚定地对付她。）

30. Why did you make that *face*!（你为什么做那副鬼脸！）

很有趣的是，我们可以简要地看看上述代表个性的元形式是各种象征实践与行为现象的基础。比如，换喻性元形式［人＝脸］（［the person = the face]）解释了为什么画像是基于脸的，为什么人们在面部表情的基础上评价个性，等等。实际上，脸被理解为了个性的一个元象征（参考 1.6.2 连接形式的种类）。而元形式［人类个性＝所感知到的动物外形特征］（［human personality = perceived physical features of animals］）就存在于许多常见的元象征实践的根基之处。例如，用动物（或植物，或自然物体）作为氏族或家族的象征的实践；全世界文化中某些节日期间动物面具的使用，运动队的名称（芝加哥熊队、底特律老虎队，等等），纹章传统，儿童故事中虚构角色的创作（兔八哥、兄弟兔，等等），姓氏的创造（*Tom Wolf*，*Maxine Bear*，等等）。

2.5.2　意象图式

　　莱考夫与约翰逊（Lakoff & Johnson，1980）追溯了元形式的心理学源头意象图式（*image schémas*）。它们实际上是我们上文所说的二分象似特征（*binary iconic features*）（参考 2.2.3 二分象似特征），即涉及［方位］（［location］）［移动］（［movement］）等方面的知觉经验的心理印象。这些心理模块帮助我们解释、调节或引导我们对感知输入的回应。换句话说，它们是源域和抽象概念之间的内在象似性连接，使得我们能够辨识某些感知中的类型，预期某些结果，并进行知觉推理和逆推。图式将大量的感官信息约减为心理模型，从而为感知赋予了一种认知形式。从生物符号学角度可以说，它们在乌克斯库尔所说的主体世界（*Umwelt*，outer world）与内在世界（*Innenwelt*，inner world）之间起到了中介的作用。实际上，意象图式是事物的心理轮廓。它们不是复制品，而是基于文化规范和个人经验的影像（Arnheim，1969）。

　　影像的话题在心理学中有着很长的研究历史。体验影像能力的个体差异在 20 世纪就有记载。展示如何激发心理影像的研究其实很简单，而且在我们看来也是很明确的。人们可以在大脑中毫不费力、准确快速地构想脸庞和声音，旋转物体，在思维空间定位想象的地方，在他们的思维中扫描游戏板（像棋盘一样），等等。研究者也许并不能就他们在思维中"所看到"或"所经历"的到底是什么达成一致，然而他们一般都认同思维中确实在"发生着"某事。史蒂芬·科斯林（Stephen Kosslyn，1983）因为对大脑的影像系统运作进行了实证性的研究而知名，他在 20 世纪 80 年代早期做了一系列精巧的实验，表明了主体能够轻而易举地构建出房间内家具摆设的影像，挪动沙发的影像，重新设计蓝图的影像，等等。科斯林的研究在本质上展示了人们如何构建精妙的心理影像、为特定的目的而搜寻这些影像，以及进行各种想象的动作。

意象图式植根深入，我们几乎意识不到它们对概念化过程的控制。但是他们永远可以被很容易地引发。如果要求某人解释 "I'm feeling *up* today"（我今天感觉情绪高涨）这个表述，她/他不大可能会有涉及朝上指向的有意识的意象图式。然而，如果让同样一个人来回答这些问题——"How far *up* do you feel?"（你感觉有多高涨?）" What do you mean by *up*?"（你说高涨是什么意思?）——那么毫无疑问，她/他就会开始设想适当的图式。实际上，意象图式证明了哲学家苏珊·朗格（Susanne Langer, 1948）所提出的"抽象观看"（abstractive seeing）是有理的。

为展示意象图式如何引导元形式的产生，请看下方图 2—13 中的 ［障碍物］（［impediment］）图式。通过这个图式可设想几种抽象场景：人可以绕过障碍物，越过障碍物，从障碍物下面通过，穿过障碍物，或移除障碍物，从而接着通往物体。而另一方面，障碍物可以成功地阻碍人，所以她/他不得不在障碍物边停下并退回。所有这些动作都可以思维空间被轻而易举地"看到"。

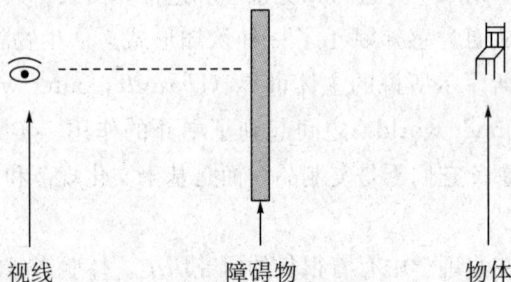

视线　　　　　　障碍物　　　　　物体

图 2—13　障碍物意象图式

这里的关键是需要注意这个意象图式是对一系列抽象概念进行概念化的源域：

31. With lots of determination, we *got through* that difficult time.（带着巨大的决心，我们度过了艰难的时光。）

32. Jim felt better after he *got over* his cold.（感冒过了之后，吉姆感觉好多了。）

33. There's no doubt that you will want to *steer clear of* financial debt.（毫无疑问，你会想要还清债务的。）

34. With the bulk of the work *out of the way*, he was able to call it a day. （工作的大头完成之后，他能够下班了。）

35. The rain *stopped* us from enjoying our picnic. （那场雨让我们享受不了野餐。）

36. You cannot go any further with that relationship; you'll just have to *turn around* and *go back*. （你那关系走不远的；你必须要回头。）

很明显，意象图式理论表明，在初级连接建模中用来表达抽象话题的源域并非是以任意性的方式加以选择的，而是源自对事件的经验。莱考夫与约翰逊（Lakoff and Johnson, 1980）确定了几种基本的意象图式。其中讨论最多的三种被称为导向型（*orientational*），本体论型（*ontological*）和结构型（*structural*）。导向型图式产生的元形式带有可感知到的"导向型结构"——如［上］（［up］）、［下］（［down］）、［后］（［back］）、［前］（［front］）、［近］（［near］）、［远］（［far］）等——这些存在于以下这些种类抽象概念的形成中：

［情绪］（［mood］）

37. I'm feeling *up* today. （我今天感觉情绪高涨。）

38. She's feeling *down*. （她感觉情绪低落。）

39. That *boosted* my spirits. （那让我精神振奋。）

40. My mood *sank* over our affair. （我的心情因为我们的事情而低落。）

41. That gave me a *lift*. （那让我精神一振。）

［健康］（［health］）

42. I'm at the *peak* of my health. （我的健康状况极佳。）

43. *She fell* ill. （她病倒了。）

44. Getting over my disease has been a veritable *uphill* struggle. （治愈我的病真的就像挣扎着爬山一样。）

45. She *dropped* dead suddenly. （她突然倒地而亡。）

46. His health is *sinking* fast. （他的健康状况急剧下降。）

[经济]（[economy]）

47. Inflation is *down*. （通胀下降了。）

48. The economy is in an *upswing*. （经济在上涨。）

49. The economy took a *downturn*. （经济下滑了。）

50. The market has been in quite a *tumble* for a number of years. （几年来市场经历了不小的颠簸。）

[增长]（[growth]）

51. My income has gone *up*. （我的收入增加了。）

52. Your earning potential has *decreased* significantly over the years. （你的盈利潜力这些年来明显下降。）

53. University standards are going *up*. （大学的标准在上升。）

54. Job expectations have been *lowered* significantly over the past two years. （工作预期过去两年来明显降低。）

认识论型图式所产生的元形式要么具有[实体]（[entities]）、[物质]（[substances]）、[容器]（[containers]）、[障碍物]（[impediments]）等的结构特性，要么具有物理过程和形式的特点，如[植物]（[plants]）、[运动]（[movements]）等。下面是一些认识论型元形式的例子：

[思维＝一种容器]（[the mind = a container]）

55. *I'm full* of memories. （我脑子里充满了回忆。）

56. My mind is *empty*. （我脑子是空的。）

57. What's *inside* your mind? （你在想什么？）

58. Get that idea *out* of your mind. （别想那件事。）

[思维＝机器]（[the mind = machine]）

59. My mind is not *working*. （我脑子现在不好用。）

60. My memory is becoming *rusty*. （我的记性变差了。）

61. My mind is *coming apart*. （我脑子里一团糟。）

62. There are several *cogs* missing from my mind. （我脑子里缺了几根弦。）

[知识＝光] ([knowledge = light])

63. I was *illuminated* by that professor. （我得到那位教授的启发。）

64. I was *enlightened* by what happened. （我受到所发生的事情的启发。）

65. That idea is very *clear*. （那个观点非常清晰。）

66. That theory is *brilliant*. （那个理论太出彩了。）

67. His example *shed light* on several matters. （他的例子解释清了几个问题。）

[观点＝建筑] ([ideas = buildings])

68. That is a *well-constructed* theory. （那是个构建良好的理论。）

69. His views are on *solid* ground. （他的观点有坚实的基础。）

70. That theory needs *support*. （那个理论需要支撑。）

71. Their viewpoint *collapsed* under criticism. （他们的观点被批倒了。）

72. She put together the *framework* of a theory. （她构建了一个理论的框架。）

[观点＝植物] ([ideas = plants])

73. Her ideas have come to *fruition*. （她的观点开始有了结果。）

74. That's a *budding* theory. （那是个理论的萌芽状态阶段。）

75. His views have contemporary *offshoots*. （他的观点有当代的衍生物）

76. That is a *branch* of mathematics. （那是数学的一个分支。）

结构型意象图式结合了认识论型和/或导向型的特性。这种图式产生了如下的元形式：

[时间＝一种资源] ([time = a resource]) ＋ [时间＝一种数量] ([time = a quantity])

77. My *time* is *money*. （我的时间就是金钱。）

78. You cannot *buy* my *time*. （你买不了我的时间。）

79. His *time* is *valuable*. （他的时间是宝贵的。）

［观点＝一种商品］（［ideas = a commodity]）＋［观点＝数量］
（［ideas = quantities]）

80. He certainly knows how to *package* his ideas. （他当然知道怎么包装自己的观点。）

81. That idea just won't *sell*. （那个观点就是无人问津的。）

82. There's no *market* for that idea. （那个观点没什么市场。）

83. That's a *worthless* idea. （那是个没有什么价值的观点。）

一般情况下，人们并不会因为重复地使用而察觉到此类惯常表达中意象图式的出现。例如，我们不再通过意象图式的方式来理解"I don't *see* what you mean"（我不明白你什么意思）和"Do you *see* what I'm saying?"（你明白我在说什么吗?）等句子中的单词 see（看），因为它在此类表达中的使用对我们来说已经太过熟悉。但是将身体外观看的生物行为与思维空间内观看的意象行为相结合就构成了元形式［想＝看］（[thinking = seeing]，本书元形式一节有讨论）的源头，这个元形式渗透在日常的对话中：

84. There is more to this than *meets the eye*. （眼见未必真。）

85. I have a different *point of view*. （我有不同的观点。）

86. It all depends on how you *look at* it. （完全取决你怎么看它。）

87. I take a dim *view* of the whole matter. （我对整个事情都不赞成。）

88. I never see *eye to eye* on things with you. （我跟你看事情从来不对眼。）

89. You have a different *worldview* than I do. （你的世界观跟我的不一样。）

90. Your ideas have given me great *insight* into life. （你的观点对我的人生观有极大的启发。）

第 3 章　二级建模

如果没有词语来对我们的感受加以客观化和范畴化并将它们彼此相关联，我们就不能就世界中的真相形成传统。

——露丝·哈伯德（Ruth Hubbard 1924－）

3. 本章绪论

正如第一章中所定义的（参考 1.2 建模系统），二级建模系统是产生指示性（*indexical* or *indicational*）建模过程与延伸性（*extensional*）建模过程的系统。后者存在于通过形态和涵指的方式将初级模型进行延展以获得更进一步的表征的能力之中。延伸建模是人类特有的能力，但是非言语形式的指示建模存在于各个物种。

诸系统分析的目标是记录跨物种的二级建模现象的所有表现，以获得生命形式中符号活动的一般原则，然后考察人类延伸建模的源头和原理。延伸初级形式以包含抽象概念的能力确实是人类进化中的一个了不起的成就。

3.1　二级建模系统

如上文所述，二级形式是由延伸性和指示性建模策略所产生的。前者意味着通过涵指、形态改变或连接（在连接建模的情况下）的方式将初级单性、复合、凝聚或连接模型延伸为相应的二级模型。延伸建模的一个简单的例子可见于词语的变化方式，一个本来用来对某种指涉体的声音特性进行编码的词语能够通过延伸相应地包含抽象的指涉体。我们以英语单词 crash 为例。很明显，它原本是模拟［突然的破碎声］（［sudden shattering sound]）的初级单性模型，比如："The window *crashed* as the ball hit it."（球一砸，窗户就碎了）。现在，同样的这个能指可以被用于抽象的指涉体或者指涉域，人们通过涵指延伸而感觉到它们包含了［突然破碎］　　（［sudden shattering]），比如："Their business *crashed.*"（他们的生意垮了）；"My computer system *crashed.*"（我的电脑系统崩溃了）；等等。此外，它还可以在形态上做延伸，添加后缀/er/，产生新的能指 crasher, "someone who crashes"（破坏者，不速之客）。这个简单的例子所体现的，语言之所以有表征力，是因为它主要是一种延伸建模系统，使得人们能够用有限的形式来覆盖越来越大、越来越抽象的指涉领域。可以说，语言是这样的一个系统，它是将感官认知的有限领域扩展进了反思认知的无限领域。

指示建模是二级的，因为它使得用事物彼此间的时空关系来指涉事物成为可能。因此比如说，将拇指和食指合成一个圆来指代圈形物体就组成了一个初级单性模型，而用食指指出那个物体的位置就构成了一个二级形式的指涉，因为它将物体与其所出现的语境关联了起来。与象似符号不同，指示符号并不代替它们的指涉体。

3.1.1　语言和言语

在任何关于延伸建模的讨论中，区分语言（*language*）和言语（*speech*）都极为重要。众所周知，索绪尔（Saussure, 1916）曾用象棋的比喻来解释二者之间的差异。玩象棋的双方必须在之前就要懂得象棋的语言（language），即关于棋子移动的规则，对某些棋路的所有应对策略等。这个抽象知识的系统是通过观察、知道和经验而获得的。而棋手在游戏中所做的真实的选择构成了象棋言语（*chess speech*），即将有关象棋玩法的抽象知识应用于具体的象棋游戏情景中。知道一种语言同样也构成了抽象的知识（索绪尔称之为 *langue*），而言语则意味着将此语言应用于具体场景的能力（索绪尔称之为 *parole*）。

思考言语在一开始如何产生是让人困惑的，因为这要求在人脑与发音器官之间的复杂的协调。言语的生理结构在儿童早期阶段依赖于喉部（Laitman, 1983、1990）。婴儿在出生之后，其喉部在脖子的上端，就和其他灵长类动物一样。因而呼吸、吞咽和发声的方式在生理上与大猩猩和黑猩猩是相似的。但是在出生后的六个月内，婴儿的喉部渐渐顺着脖子下移，从而使发音成为可能，也从此改变了婴儿生理功能的运作方式。有趣的是，对人类头骨模型的研究已经确定喉部的下移大约发生在 10 万年前。这表明在智人以前的人种之中可能已经有了不带言语的语言。最有可能的语言传递模式是手势性的。当言语在大约 10 年前成为生理可能的时候，也许它是与手势符号同时使用的。然而，它并未完全取代后者。这就是为什么我们仍然在用手势作为交流的一种默认模式（当无法说话的时候）以及我们在说话的时候会动用手势的最可能的原因。（参考 2.4.2 手势）

　　人类进化的另外一个谜是关于大脑为了理解和产生言语而发展的复杂神经结构的出现。言语产生于大脑左半球的韦尼克区，并被传输到同一半球的布洛卡区编码，最终传输到调节合适的发音器官以供身体传输的皮层运动区。在言语的理解中，声音信号从耳朵到达听觉皮层，并被传送到临近的韦尼克区进行语义理解。根据古人类学的记录，早期人类还没有进化出传递言语所必需的身体（喉部）和神经（左半球言语处理区域）的特征（例见：Lieberman，1975、1984、1991）。因此，在早期人类中，语言可能不带有言语而存在。只有在大约 10 万年前人类用于言语的合适的大脑区域进化了之后，他们才有可能用口头传递语言。没有证据表明早期人类能够或者需要通过纯粹口头的方式来进行交流。如上文所述，人类颅腔研究非常明确地表明只有在大约 10 万年前智人才进化出了言语所必需的生理结构。有关人科声道的古生物解剖研究也揭示出言语是以原本主要用于呼吸和进食的生理结构系统为代价而发展出来的——现代人类会因食物卡在喉部而发生埂塞，其他的灵长类却不会。从进化的角度来看，只能这样解释，即语言的出现是身体功能的一种延伸（extension）——不是一种适应性的变化。颅腔模型也使人们能够估计出语言进化的时间范围。直立人（100 万—150 万年前）拥有巨大的大脑（800—1300 立方厘米）。这个人种毫无疑问地拥有语言（可能通过手势表达），但还没有用于产生言语的神经生理能力。实际上，用其他的方式尤其是手势进行交流的能力有可能起源于大约 200 万年前的能人，这个人种也有不小的脑容量（600—800 立方厘米）。然而，完整言语的出现可追溯到现代人（4 万—10 万年前）。

3.1.2　延伸建模和指示建模

　　如上文所讨论的，有两种延伸建模策略：（1）通过改变能指的结构形式而延伸能指的过程，可以被称为形态延伸性（morphological extensionality）；（2）延伸初级形式的意义以包含涵指意义的过程，能够被称为涵指延伸性（connotative extensionality）。形态延伸性的例子可见英语单词 logic（逻辑）。这个能指能够通过加上叫作词缀（affixes）的两个部分来做改变，从而产生新的形式 illogical（无逻辑的）：词缀/il-/更具体的名称是前缀（*prefix*），具有重复性的功能意义 [反面]（[opposite of]）；而词缀/-al/更具体的名称是后缀（*suffix*），也拥有重复性的功能意义 [成为某物的行为或过程]（the act or process of being something）。*illogical* 的形式包含了原初形式和词缀的意义的综合。涵指延伸性的例子可见英语单词 square（方形），它的初级所指 [B] 可以分成以下三个区别性特征：[盒形]（[box figure]），[四边相等的直线]（[four equal straight lines]）以及 [直角相接]（[meeting at the right angles]）。这些特征使我们能够确定某个特定的真实或想象的形状是否进入 [B] 的直指范围。线条粗细、点状、2 米长、80 米长等等都是不相关的因素。只要形状具有 [盒形]（[box figure]），[四边相等的直线]（[four equal straight lines]）以及 [直角相接]（[meeting at the right angles]）这些区别性特征，在直指上就可以被认为是一个方形。现在，同样的辨识过程就可以加以延伸以包含抽象的指涉体，如表 3-1 所示：

表 3-1　英语单词 square 的涵指延伸

Square 的延伸用法	涵指
He gave us a *square* answer.（他给了我们一个实诚的回答）	[honest，direct]（诚实，直接）
He is a *square* person.（他是个守旧的人）	[dull，rigidly conventional，out of touch with current trends]（乏味、恪守陈规、脱离潮流）
That was a *square* deal.（那是公平的交易）	[just，equitable]（公平、公正）
They have *squared* their differences.（他们形成了一致）	[settle]（解决，使…一致）

honest，direct answer 可被视为 *square answer* 是因为它的 [平等性]（[equalness]）就像方形一样具有可预见性；*conventional person* 可被视为 *square person* 是因为她/他的个性就像 [盒形、方形]（[box figure]）一样中规中矩；*just deal* 可被视为 *square deal* 是因为它 [所有方面都平等]（[equal on all sides]）；*settling differences* 可被视为 *squaring differences* 是因为使某物 *square* 的过程等同于使某物 [所有方面都平等]（[equal on all sides]）。

涵指现在可以被定义为形式［A ⊃ B］在新的意义领域的延伸［C］，前提是［C］暗示［B］。可展示如下：

$$[A⊃B] ⊃ [C] <=> [C ⊇ B]$$

这个公式表示任何初级形式［A ⊃ B］都可以被用于任何其他指涉体［C］，前提是［C］暗示［B］（［C ⊇ B］）。如果用上面表示［公平］（［justness］）的 square 来作为具体例子，这个公式就如下所示：

（［方形 ⊃ 四条相等直线直角相交］⊃［公平］<=>［公平 ⊇所有方面都平等］）

指示建模的指涉功能有所不同：它的功能是用某种语境性的方式吸引人们对指涉体位置的注意。指示模型确切说明了某种指涉体相对于其他指涉体或其出现语境的［位置］（［location］），［情景］（［situation］），［出场］（［presence］），［离场］（［absence］），［距离］（［distance］），［发生］（［occurrence］），［方向性］（［directionality］），［导向性］（［orientation］），等等。比如英语单词 here，可放在句子"The ball is *here* in my hand"（球在我手上）中。这个词相对于 ball 而编码指示特征是它的［位置］（［location］）。其建模史可见下方的图 3-1。

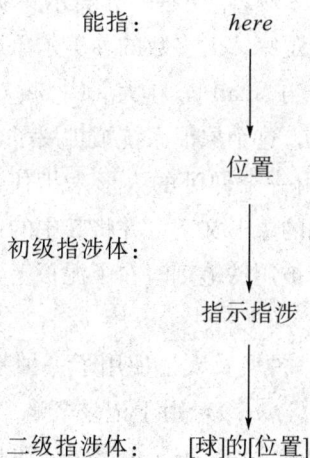

能指： *here*

位置

初级指涉体：

指示指涉

二级指涉体： ［球］的［位置］

图 3-1 英语单词 here 的建模史

3.1.3 字母：一个例证

延伸建模是许多人类抽象表征实践的基础。延伸性手工艺品的一个值得注意的例子可见于字母文字的起源。字母实际上是象形表征系统的延伸。我们从字母在大约 1 万年前的起源开始解释它们的演变过程，那时人类已明显发展出了说话的生理能力（参考 3.1.1 语言和言语）。言语的时间性（因而线性）必然很快地成为一个重要的渐增性的交流功能，以一种错综复杂的方式补充了早已存在于该物种的所有人类初级非言语性建模工具（比如手势形式）。

在那个时候，象形表征肯定通过简单的联系而与发音相融合了。回顾前一章内容（2.3.1 初级非言语性复合建模），象形文字概念——场景、事件、观点等的图画表征——的出现最有可能是为了能够以"压缩的"或"精简的"方式来画常见的物体。随着绘画（比如山洞内壁上的动物）手部动作变得更加简化，象形文字肯定变得更加精简，也因而更加抽象。这些精简的形式实际上是最早的象形能指。随着言语的出现，为了效率起见，进一步的简化必然渐渐导致人们使用象形符号的一部分，来代表编码象形文字指涉体的口头词语中的特定声音。毫无疑问，这个了不起的事件是字母表征（*alphabetic representation*）的发展起始点。

字母是一个二级凝聚建模系统，它使得人类能够用发声的单性形式的组成声音来对它们进行表征。我们在前文中看到，最早的视觉—表征系统都是独立于言语的。在公元前 3500 年左右的苏美尔文明时代，象形表征仍然被用于记录农业交换和天文观察。大多数的苏美尔象形文字指代的是名词；有一些指代的是诸如［小］（［small］），［大］（［big］）和［明亮］（［bright］）等形容词。几个世纪之后，这个象形系统被扩展了，将动词也包含在内，比如，睡觉（*to sleep*）就由一个仰卧的人形来指代。为了加快书写的速度，苏美尔人最终简化了他们的象形文字，并将其中的一些转换成了指代各种言语发音的符号。这些符号被用铁笔刻写在了泥板上，其书写形式被称为楔形文字（*cuneiform*）。

公元前 3000 年左右，古埃及人也使用了一种基本上象形的文字，被称为埃及象形文字（*hieroglyphic*），用于记录赞歌与祈祷，个人和神祇的名称与头衔，并特指各种群体活动（*hieroglyphic* 源自两个古希腊词语，表示"神圣"的 hieros 以及表示"雕刻"的 glyphein）。但是，就像苏美尔的象形文字一样，许多埃及象形文字最终发展出了一种部分象征性的功能，代表词语的组成部分。

一言以蔽之，一旦象形表征在这些古文明中繁荣发展，它就开始显得越来越不带有图画性的内容，从而产生了早期的部分用字母记录的形式。这是如何发生的？从图画书写到字母书写的演化可以（用轶闻故事的形式）总结如下。随着制造象形文字的手势因为持续的使用而变得简化，一种更加抽象的视觉表征形式出现了。因此比如说，在表达牛（ox）的时候，肯定发生了以下的事情，使人们可以不用画整个的牛头：

第一阶段：开始可能只有画出牛的简单轮廓（为了效率起见）。

第二阶段：这个轮廓外形后来通过使用和/或约定俗成而开始指代［牛］（［ox］）。

第三阶段：后来这开始指代［牛］的发音（希伯来语中的 *aleph*）

第四阶段：最终这个形状（被称为字符，*character*）开始仅仅指代词语中的第一个音（aleph 中的 a）。

第四阶段发生在公元前 1000 年左右，古腓尼基人在那时创造了最早的真正字母符，用来指代词语中的辅音。古希腊人采用了腓尼基人的字母，将其中的每一个字符称为 alpha，beta，gamma 等，模仿的是腓尼基词语：aleph（牛），beth（房屋），gimel（骆驼）等。古希腊人后来引入了元音的象征符号，从而制成了最早真正的现代意义上的字母表。

字母表征是一项真正了不起的成就。它使得人们能够跨越时间和空间来记录并传播知识，因为用字母记录的文本能够相对久远地保存。在西方文化中，使用字母的人就是会识字的人，因而就是受过教育的人。西方最早的学校是楔形文字发明的一个符合逻辑的产物。二者之间的关系极为密切，现在知识如果不是通过字母记录并存储在书中或电脑数据库中以供后人使用，我们对它想都不能想。但是在每一个字母符号中都有一段象似历史和前历史，而这段历史已经变得"朦胧"，因为我们的眼睛不再适应从字母中获取图画性的内容。

3.2　二级单性建模

二级单性形式或是延伸（形态或涵指）建模过程的产物，或者是指示建模过程的产物。单性形式的形态延伸，比如 illogical（参考 3.1.2 延伸建模和指示建模），并不产生新的所指。相反，它使得形式使用者能够用常规性的方式改变一个形式的意义。比如通过添加前缀来对英语单词 view 进行形态延伸，得到 review 和 preview。增加前缀 re－就在能指 view 所含有的［看］（［seeing］）的概念基础上增加了［又］（［again］）的概念；增加前缀 pre－就为所指增加了［提前］（［in advance］）的概念：

$$view = [\text{seeing}] \ (\ [看])$$
$$review = [\text{seeing again}] \ (\ [又看])$$
$$preview = [\text{seeing in advance}] \ (\ [提前看])$$

正如本章和前面几章所讨论的，涵指延伸建模证明了人类将初级形式加以延伸以保护抽象指涉体的倾向。比如英语单词 flow（参考 2.1.2 象似性），无疑是以象似性的方式来模拟流水（"That river always *flows* smoothly"，那条河总是平缓地流动）和液体向前流动（"Sap *flowed* from the gash in the tree"，汁液在树缝中流动）所发出的声音。这个词所编码的区别性特征——[连续的]（[continuous]）[顺滑的]（[smooth]）[运动]（[movement]）——提供了一种"指称模板"，用于指代某些抽象指涉体。

表 3-2　单词 flow 的涵指延伸

flow 的延伸用法	涵指
Traffic *flowed* through the tunnel. （车辆从隧道川流而过）	[moving with a continual shifting of the components] （[组成部分连续顺换地移动]）
The preparations *flowed* smoothly. （准备工作顺利进行）	[proceeding steadily and easily] （[稳定轻松地进行]）
The cadence of the poem *flowed* gracefully. （这首诗的节奏流畅高雅）	[exhibiting a smooth or graceful continuity] （[表现出一种平滑或优雅的连续性]）
Several conclusions *flow* from this hypothesis. （从这个假设中得出了几个结论）	[deriving] （[获得]）
The book produced a *flow* of ideas. （这本书提出了一系列的观点）	[continuous outpouring] （[连续的外流]）

这个单词的建模史见下方的图 3-2。

能指：　　　　　　*flow*

↓

某种声音特性的初级建模

↓

直指：　　　　　[连续的]
[顺滑的]
[运动]

↓

延伸建模
（二级建模）

涵指：[连续的外流]　　　　[产生]等等

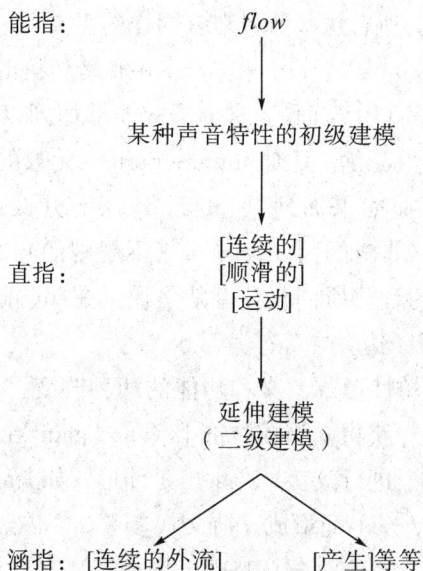

图 3-2　英语单词 flow 的建模史

指示单性模型的构成要从事物的时空方位或与其他事物的关系的角度来对它们进行指涉：比如伸出的食指，this 或 that 等指示代词，或者 here 或 there 等副词，就是方位指示符号，用来指代指涉体的相对空间位置；before、after、now 或者 then 等副词就是时间指示符号，用来指代存在于指涉体之间的相对空间关系；而 I、you、he、she 等代词就是人称指示符号，用来确定某场景的参与者。

3.2.1　词语形式与意义的延伸

词语作为单性形式，是用语言的音位构成的。第一章中我们提到（参考 1.2.2 结构特性），音位是使得语言使用者能够辨识词语的最小声音单位。这个辨识效果由声音之间二分对立的方式完成。比如，英语单词 sip 和 zip 就因为它们的首字发音的不同而被区分开。两个声音是以完全相同的方式发出的，只有一个细节存在着不同：前者是一个清辅音（［-发声］），后者是浊辅音（［+发声］）。［-发声］与［+发声］的二分对立在/s/和/z/的情况中是区别性的，使得说英语的人能够感知到 sip 与 zip 两种形式之间的意义差异。

词语的形态延伸包含了与音位系统一致的变形。比如英语单词 correct，logical 和 rational。这些词可以做变形，产生出延伸的形式 incorrect， illogical 和 irrational。所有这些前缀都有同样的意义——［反面］——但是它们不同的语音形式/in-/，/il-/和/ir-/并非是随机的或无关联的。实际上，是前缀/in-/代表了［反面］。这个形式能够加到以/n/、/t/、/d/开头的单词前面而不用发生变化，比如 innumerable（无数的）、intake（吸收）、indecent（不雅的）；而如果加到以/m/、/l/、/r/开头的单词如 immature（不成熟的）、illegal（非法的）、irregular（不规则的）的前面，前缀/in-/中的/n/就会被其后的音位所同化：也就是说，在/m/前面它就变成了双唇音，在/l/前面就变成了边音，等等。

形态延伸产生了单性形式意义和功能的两种改变。比如英语单词 learn（学习），它的直指是［获得知识或技能］（［to gain knowledge or skill]）。这个能指可以在形态上进行改变，产生出延伸形式如 learned 和 learning 等。前者是通过添加后缀/-ed/而形成。前文（参考 3.2 二级单性建模）所讨论的前缀/re-/和/pre-/在核心词义基础上增加了［又］和［提前］的意义，与此二者一样，后缀/-ed/在 learn 的意义基础上增加了所指［过去］（［past]），即学习的行为发生在过去。而增加语法后缀/-ing/则产生了一种不同的变化：它所创造的词与其所附着的词有着不同的语法地位，比如"She is a woman of great *learning*"（她是个富有学识的女人）：learn 是一个动词，而后面例子中的 learning 是一个名词。形态延伸性亦可见于非言语的领域。比如，十字形状可以被用来代表交通指示牌上的十字路口（参考 1.3.3 符号制作的原则），它也可以稍微修改，加上一个箭头来扩大表征力（因为箭头强调十字路口就在前方）。如果同样的十字被漆成红色，它的指涉范围也能发生改变，可以指代健康急救服务（比如红十字）。

延伸建模为人类自然所有。当儿童"玩词语"的时候，他们实际上是在用创造性的方式对词语进行着延伸。儿童成长到 6~9 个月的时候，她/他开始发出单音节的声音（mu，ma，da，di，等等），这些是对儿童在社会语境中所听到词语的模仿，被称为单音（*holophrastic*）词语（单一词）。它们表现出三种基本的功能：（1）为事物或事件命名；（2）表达一种活动或想要进行某种活动；（3）传递一种情感状态。单音词常常是成年人所使用的词语的单音节简化——da 用来指 dog（狗），ca 用来指 cat（猫），等等。研究表明，超过 60%的单音词会发展为名词，20%会成为动词。在 2 岁的时候，儿童常常能够重复它们的单音词，比如用 wowo 来代表"water"（水），bubu 来代表"bottle"（瓶子），mama 来代表"mother"（妈妈）等。很明显，这些早期的努力是儿童在玩耍的时候创造出来的延伸形式，并用这些形式来伴随他们的韵律活动，模仿他们的玩具的声音，并且指涉事物。

延伸过程的第二个主要种类是涵指延伸（参考 3.1.2 延伸建模和指示建模）。通过这个过程，单性形式的初级所指得到了延伸，从而包含抽象的指涉体。比如英语单词 crash（参考 3.1 二级建模系统）就能够被延伸来包含［突然的经济崩溃］（［a sudden economic collapse］如 "The market *crashed* yesterday"，市场昨天崩溃了）和［系统崩溃］（［a system breakdown］如 "My computer *crashed* yesterday"，我的电脑昨天崩溃了）。涵指延伸性亦可见于非言语表征领域。比如，用食指和中指做出 V 字形可以用来指代字母 V，也可以被延伸来包含［胜利］（［victory］）与［和平］（［peace］）等抽象概念。

请看另外一个涵指延伸的例子。在第一章里（参考 1.1.3 意义的形式），英语单词 house 的直指是［任何（独立）的用于人类居住的结构］（［any (freestanding) structure intended for human habitation］）。它的意义可以体现在 "I bought a new *house* yesterday"（我昨天买了栋新房子）和 "*House* prices are continually going up in this city"（这个城市的房价在持续上升）等句子中。这个词的所指［B］能够细分成以下三个区别性特征：［结构］（［structure］）、［人类］（［human］）、［居住］（［habitation］）。这些特征使我们能够确定某个特定的真实或想象的指涉体是否存在于所指［B］的范围之内。而这个同样的辨识过程也能够被延伸，从而包含以下的抽象指涉体：

表 3-3　单词 house 的涵指延伸

House 的延伸使用	涵指
The *house* is in session.（议会会议现在进行）	［legislative assembly, quorum］（立法会议，法定团体）
The *house* roared with laughter.（屋子里充满哄堂大笑）	［audience in a theater］（剧场里的观众）
They sleep at one of the *houses* at Harvard University.（他们睡在哈佛大学的一幢宿舍楼里）	［dormitory］（宿舍）

如上文所述（参考 3.1.2 延伸建模和指示建模），所指［B］的区别性特征——［结构］［人类］［居住］——是这种延伸用法所固有的。因而 house 的任何一种涵指延伸都受到［B］的区别性特征的约束；也就是说，

house 可以被用于指代任何事物［C］，用来表示人类因某种特定原因而集聚。

[房子（A）⊃人类居住的结构（B）]⊃[立法会议]，[观众]，[宿舍]（C）<=>[立法会议]，[观众]，[宿舍]（C）⊇[将人类包含在被占据（被居住）的空间的结构（B）]

3.2.2 指示单性建模

指示符号是二级模型，因为正如皮尔斯（II：558）所指出的，它们指涉"某个物体，不是因为与这个物体的象似或类比，也不是因为关联了这个物体恰好拥有的一般特点，而是因为指示符号一方面与单个的物体之间有着动态（包括空间上）的联系，另一方面又与符号使用者的感官或记忆有着联系"。指示建模依赖于邻近性的关联。

延伸建模为人类所特有，而自然指示建模则存在于各个物种。自然指示符号的最原始的形式出现在单个细胞的层面，作为物质的或化学的实体，相对于所属的有机体参照系而外在或内在。这种指示符号可以仅仅是大小上的变化、纯粹的形状、平面上的几何变化或者是某种单独的特征，对一个细胞来说可能非常重要，因为它们激发了记忆，揭示出了此前被隐藏了的信息。

无处不在的原核细菌埃布氏菌——一种常见于人类肠胃道的杆菌，以好几种形式出现，其中一些会导致腹泻病——为我们提供了关于这种自然指示性的惊人例子（Berg，1976）。这种单细胞生物拥有大量的可以顺时针或逆时针旋转的鞭毛。当它的鞭毛顺时针旋转的时候，它们就相互分开，导致该有机体翻滚。当它们逆时针旋转的时候，就会聚拢成一个团，作为一个推进器使得该有机体能够平稳有方向地游动。这种杆菌在肠道四处漫游，通过在翻滚和有方向游动之间转换——作为其操作因素的环境——而开拓出一个营养物的化学场，直到它找到最优的化学引诱剂的集中点，比如糖或一种氨基酸，以供其繁殖复制使用。在这样做的过程中，它依赖着一种大约持续 4 秒钟的记忆，使它能够在很短的时间和距离之内比较它曾经所处的位置和现在所处的位置。在这个基础上，它似乎带有意图地"决定"是否翻滚，留在原地，或是游动并寻找别处的指示性对应物。

自然指示性的另外一个惊人的例子可见一种名为黑喉响蜜䴕的鸟。这类鸟与某些哺乳动物如蜜獾、狒狒和人类等发展出了一种非凡的共生关系，其所依赖的是一种纯粹指示性的联系，也就是说，这种鸟类用来指引其共生生物找到野生蜂巢的策略。比如，这种想要起到指引作用的鸟会飞到人类的旁边，不停地啾啾鸣叫，直到后者跟随它，但大多数时间它又保持在追随者的视线之外。尽管这种鸟的沉降飞行是明显的，因为它的白色尾翼展得很宽，然而响蜜䴕主要是通过重复鸣叫的方式来进行"指示"，这种叽叽喳喳的鸣叫直到它看到或者听到飞舞的蜜蜂时才会停下，当然，蜂巢才是它的目标（Friedmann，1965）。

大自然中生物体的细胞过程和结构展示了大量不同程度明显的个体自我（Selfhood）指示符号。卡拉姆彭（Krampen，1981）也发现，在植物符号活动中，指示性超过了象似性而居支配地位。在植物生长的层面，这似乎对应着"反馈式循环过程中对直接邻近植物形式的有意义刺激的感知与调节"（Krampen，1981：195—196）。

人类免疫系统大约利用了与大脑系统差不多数量的身体细胞。这些内在共生的螺旋体性遗留物集合（Jerne，1985）形成了极为敏感复杂的指示信号库，在正常的情况下确定出了个体自我。可惜的是，个体自我的这种指示模型在病理条件下可能会出错，比如当某人罹患某种癌症、自体免疫疾病甚至是器官移植后服用免疫抑制剂的时候。

在人类的领域，人工指示单性建模在全世界范围都被用于人物辨识（*identifying*）的社会用途。比如，笔迹鉴定和指纹（Moenssens，1971）就使得人们能够基于具体的特征来进行人物辨识。有意思的是，在 1894 年，马克·吐温塑造出来的傻瓜威尔逊成为世界上第一个在刑事案件中使用指纹的律师角色，比伦敦警察厅还早了八年。事实上，整个法医鉴定的领域在本质上都组成了一种符号学形式的研究。法医学的根源存在于 12 世纪的英国，验尸官事务处在那时创立了起来，以记录所有刑事案件的事务。美国殖民者将验尸官体系带到了新大陆。1877 年，马萨诸塞州在全州采用了一个由验尸官带领刑事案件调查的系统。很快其他州也采用了这个做法。验尸官或者医检官实际上是符号学家，他们在犯罪现场搜集指示性的能指等信息，在死者身上进行解剖，研究医学证据和实验报告，并将这些信息全部综合到报告中。对犯罪现场所获得的事物的法医检查常常能确定嫌疑犯是否在场。出现在犯罪现场的指示符号可包含指纹、血迹、毛发、皮肤和精液。从 1985 年开始，法医学方法得到了扩展，包含了一种复杂的复合形式的指示符号辨识：DNA 检验（参考下文 3.3.1 指示复合建模与延伸复合建模）。

3.3　二级复合建模

　　像单性模型一样，复合模型也能够在通过形态和涵指的方式进行延伸。我们再以地图为例。总体来说，一张地图可以被定义为一个人工的指示复合形式（*indexical composite form*）。但它不完全是指示性的，它依据某种比例（象似性）而指代了方位之间的地形关系，包含了对传奇故事（象征性）的使用。地图能够在形态上加以延伸，从而产生出该地图空间的不同"版本"。例如，政治性边界，如城镇、国家和州之间的界限等，就能加到地形图中；领航员借以确定位置的高楼或山峰等地标也可以加到其中；等等。制图者也可以设计出许多不同种类的工具来满足各种需要。例如，可以用一个点来指代一万头牛，或用十字镐来指代矿址，等等。这些添加都可以扩展和改变地图的指涉范围。

　　为了对整个地球表面进行完全不失真的表征，地图就必须要有一个球面，这种地图叫作地球仪。平面性的地图无法准确地表征地球的球面，除了那些可以忽略弧度的非常小的区域。为了准确地展示大部分的地球表面或中度大小的区域，地图的绘制必然会导致区域、距离和方向的失真。在有些情况下，制图者希望以其他部分为代价来获得这些区域中的准确性。制作地球表面的平面图的各种方法叫作投影图（*projections*）。

　　投影图过程产生了涵指。比如，西方制图中的圆柱形投影图技术就产生了各种文化特有的涵指。这种绘图技术是由弗兰芒地理学家格拉尔杜斯·墨卡托（Gerardus Mercator，1512−1594）所发明，是围绕地球仪卷出一个圆柱体，让它触及赤道，然后将纬线从地球仪朝外投射到圆柱体上，与赤道平行，而投射到圆柱体上的经线则与本初子午线平行（穿过英国皇家格林尼治天文台原址的零经度线）。所得到的二维地图就把地球表面呈现为一个长方形，带有平行纬线和平行经线（与纬线垂直）。

　　因为地球仪存在弧度，地图上接近两极的纬线显得更加紧凑。这种失真使得大片地表相对于其他地表要小。这就包含了与所呈现的地区有关的各种涵指，例如，较大的地表＝更好、更强大、更重要的地表。每种传统型的地图都产生了其自身的涵指种类。

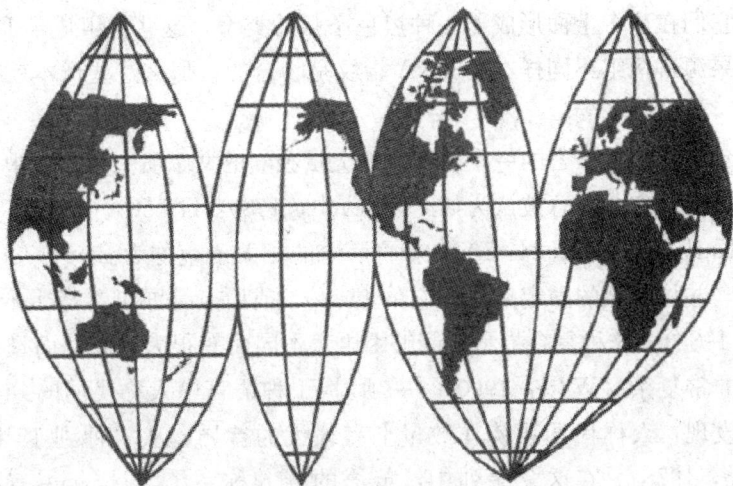

图 3-3　地球投影图

为避免这种情况，最近出现了以数学的方式绘制出的一些所谓的电脑投影图，用小幅度来更加准确地刻画出大片的地表区域。基于数学计算的地图用圆形、椭圆或者其他的形状来呈现整个地球。为了特殊的需要，地球经常不是在投影图的原来形式中而是在无规则的组合的部分中被画出来的。

3.3.1　指示复合建模与延伸复合建模

二级复合建模与单性建模的指导原则是一样的。除了地图之外，其他常见的人工指示复合模型有：

- 书本末尾的索引部，能够使得读者找到书中的某些话题和人物
- 用于许多领域的流程图，用来表示完成任务、制造过程或解决问题中的步骤程序
- 各种指南，标明地址、电话号码等
- 时间图表，描述时间关系
- DNA 检验

这里需要解释一下法医鉴定中所使用的所谓 DNA 检验图表。DNA 检验是一种鉴定方法，用于对比所有生物细胞内核中所发现的基因物质脱氧核糖核酸（DNA）。除了孪生兄弟姐妹以外，每个人的完整 DNA 都是独特的。DNA "指纹" 的采取首先是通过从身体组织和体液中抽取一份 DNA 样品。之后通过使用酶来切分该样品。切分出来的部分用探针标识并暴露在 X 光

片上，它们在这个上面形成了一种黑色条状的类型，这些就组成了 DNA 指纹。如果源自两组不同样本的 DNA 指纹是吻合的，那么这些样本就被视为来自同一人。

指示表征也是语言的一个特征。有大量独立的文献研究了语法中指示性的表现，尽管它并不总被认为如此（Levelt，1989：44-58）。比如，卡尔·比勒（Karl Bühler，1934：107）就将话语的相关语境称为 *Zeigfeld*，或指示领域，并将此域的固定点成为它的 Origo，或原点（亦可参考 Jarvella & Klein，1982）。这种复合指示性能够因语言不同而有很大差异，而且在结构上常常非常复杂（Wills，1990）。一项对 71 种语言中人称代词的分类特点的研究发现，人称代词系统在数量上有很大的差异，从 4 种到 15 种不等（Ingram，1978）。在这个序列中，英语的五人称系统（*I*，*you*，*he/she*，*we*，*they*）是高度非典型的。

费尔默（Fillmore，1973）在一项值得注意的研究中考察了包含情态动词、人称代词、动词和动词补语的单一四字句，暗示如果要创立一种语言学理论来充分地捕捉哪怕是最简单的句子的指示特性，也要面临惊人的复杂性。简而言之，语言如何生成其形式并包含巨大的意义领域的问题在很大程度上完全取决于指示性。

当然，任何一种言语文本（叙述、戏剧、对话，等等）都能够进行形态和涵指延伸。以天气预报为例。这种文本是被设计来提供关于近期天气情况的信息的。它能够加以延伸，不仅可以包含天气情况，也可以通过在预报中增加紫外线和空气污染等信息来包含天气的影响。这些延伸扩展了原来文本的信息内容，而并不是在指称上改变了该文本。

虚构文本（小说、漫画、电影，等等）从定义上讲就是将基于真实生活的事件在时空上进行关联的涵指复合形式。人们并非将这类文本理解为对事件的字面重述，而是将它们视为暗含了各种心理的、社会的或形而上的意义。

文学史研究者和文化符号学家关注了虚构文本产生这种涵指的方式。首先，很明显的是，文本的情节（plot）、角色（characters）、场景设置（setting［s］）和叙事者（narrator［s］）在它们的指涉范围上总是涵指性的。也就是说，它们所指涉的行为、人物、地点等都是想象的，因而也是通过对现实存在的行为、人物、地点等的延伸而建构出来的。情节基本是文本的内容所在；角色指的是情节的主要参与人物；场景设置是情节发生的时间与地点；而叙述者是故事的讲述者、叙述的作者，或者其他某个人或者媒介。每种叙述者都为读者提供了不同的故事视角（*perspective*）。读者因此能感受到叙述的一部分，看着叙述中的行为就像自己身在其中一样（内视，*looking from within*）；或者游离在其之外，仿佛从外面来看叙述中的行为（外视，*looking from without*）。文学批评家埃德温·A. 艾伯特（Edwin A. Abbott，1838—1926）所写的小说《平地：多维的罗曼史》（*Flatland: A Romance of Many Dimensions*）就是一个值得注意的例子，它实际上为读者提供了上述两种视角。小说中的角色是拟人化的几何图形，被称为平地人，生活在名为平地的二维空间。平地人彼此相看都是点或者线，即使从我们的视角看来，它们可能是圆形、方形、三角形等。小说为读者提供了这样的一个视角，将他们带入到了平地人的思维之中。为理解这种视角，我们可以将平地想象成为一张桌子的平面。如果某人是这个平面里的居民，那么这个人只能看到一维或二维空间的形状，即取决于方向的点或者线（内视）。比如，如果从桌面侧边来看放在上面的一个圆形剪纸片，那么所看到的只是一条线。任何形状的剪纸片都是如此——线条在相对视线的角度恰当的时候，它们也可以被视为点。那么，区别圆形、直线、椭圆或者其他形状的唯一方法就是从一个制高点的角度来看平地，即从桌子的上方来往下看剪纸片。这种三维的观看方法形成了一个外视的视角。它实际上给人们带来了看平地及其居民的不同视野，也就是这本小说为其读者所提供的视野。同样，尽管大多数其他小说中的视角并不像平地中的视角那样是纯粹物理性的，读者在理解任何一种叙述的时候总是受到内视和外视这两种心理视点二者之一的限定。如果故事是由其中的一个角色所讲述的，那么视角就是内在的。如果故事是由某个无名的叙述者所讲述的，那么视角就是外在的。

符号学开始对小说的真正研究是在俄国学者弗拉基米尔·普罗普（Vladimir Propp，1928）提出他的这个有说服力的观点之后：许多日常话语与虚构情节、角色和场景的创造使用着同样的建构策略。根据普罗普的观点，存在着相对较小数量的"叙述单位"，或情节主题，它们进入一种无意识的"情节语法"的构造之中。正是这种语法产生了虚构的文本，同样也产生了大多数的对话。普罗普之后，对小说与对话叙述性以及它们与语言语法的关系的研究影响最大的符号学家是法国学者阿尔吉尔达斯·朱利安·格雷马斯（Algirdas Julien Greimas，1917—1992）。格雷马斯的主要观点是生活在不同文化中的人类几乎用了同样的原型行为（情节）、角色和场景设置而创造出了非常相似的叙述。它们系统性地存在于全世界范围内的虚构文本和对话文本的构建中，如图 3-4 所示：

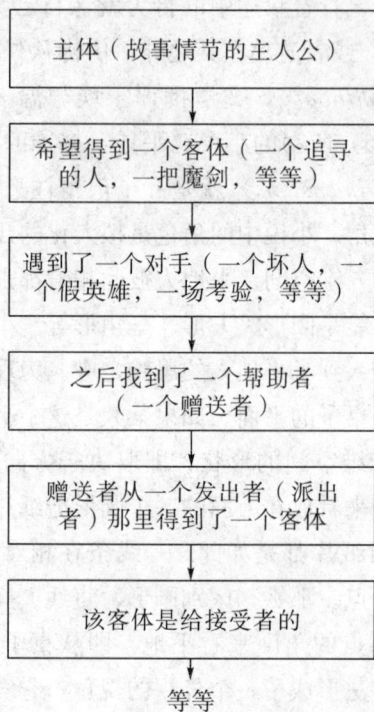

主体（故事情节的主人公）

↓

希望得到一个客体（一个追寻的人，一把魔剑，等等）

↓

遇到了一个对手（一个坏人，一个假英雄，一场考验，等等）

↓

之后找到了一个帮助者（一个赠送者）

↓

赠送者从一个发出者（派出者）那里得到了一个客体

↓

该客体是给接受者的

↓

等等

图 3-4　格雷马斯的叙事语法

　　为了解释从其所说的行动元（actants）的范畴到实际的叙述话语之间的转变，格雷马斯提出了一种"生成轨迹"（generative trajectory），将行动元投射到了产生人类叙述和交流话语的社会互动中的其他要素之上。一个行动元可以被转化为它的叙述轨迹中某些特定位置上的各种重要角色。在实际讲述的层面，一个行动元可以由几个演员来代表，而且几个行动元可以被同一个演员来代表。比如，在神秘小说中，主体或主人公可以有几个敌人，它们在行动元上的功能都是作为主人公的对手。在爱情故事中，男性情人可以既作为客体，又作为发出者。以下这个简单的例子选自居斯塔夫·福楼拜（Gustave Flaubert，1821－1880）的《包法利夫人》（Madame Bovary，1857），为我们展示了行动元是如何被用于小说的：

　　　　主体（subject）＝ 爱玛

　　　　客体（object）＝ 幸福

发出者（sender）= 爱情文学

接受者（receiver）= 爱玛

帮助者（helper）= 赖昂，罗道耳弗

对手（opponent）= 查理，雍维尔，罗道耳弗，郝麦，勒乐

对叙述结构的研究很自然地引发了 20 世纪 50—70 年代符号学对神话的认真研究。神话一词（*myth*）源自古希腊语 *mythos*，表示"词语""话语""神祇的故事"。这是一种早期形式的叙述，其中的角色是神祇、英雄和神话生物，情节是关于事物的起源或者戏剧性的人类事件，其所构建的场景是与真实世界相对的超自然的世界，而叙述者则是一个未知的也许是超自然的源头。神话创造了一个解释人类起源与行为的超自然的知识系统。而且这至今仍然是我们在向儿童传输关于世界的知识时所本能地依赖的系统。但即使是在现代的成年人的生活中，神话建模也一直被用于各种社会用途。比如，气候学家就用厄尔尼诺（西班牙语的 *El Nino*，指的是"小家伙"）来指代南美西海岸每隔 4 到 12 年就会发生的洋面变暖的现象，这时大洋中寒冷而富于养分的海水不再上涌。创造一个角色来指代气候学上的指涉体通过人类涵指的方式而使得该指涉体更加容易理解。尽管人们并不将厄尔尼诺视为一个真实的人，他们还是发现将某些气候变化的罪责加在"他"而不是某种抽象的过程的头上比较方便。毫无疑问，这反映了原初的神话角色是如何被创造出来的——不同之处在于，过去的神话角色是被视为真正的甚至或神话生物，而并非事件的涵指延伸。

因为神话是一种叙述，许多理解神话的尝试就关注了它的复合结构。对于建模系统理论来说，最有趣的解释来自于法国人类学家克劳德·列维－斯特劳斯（1908—2009），他将神话视为语言词类的最初源头。列维－斯特劳斯指出，神话中的某些关系簇遵循着语言结构的系统层级：最初的名词性主语是神祇的角色，最初的名词性宾语是世间事物与人类，是神祇的行为对象，神祇的行为因而构成了最初的动词。同样的观点也被两个世纪之前的意大利哲学家詹巴蒂斯塔·维科所持有，他也提出神话主题、角色等导致了最早文明制度的创立。实际上，古代神话是人类观念、情感与社会伦理行为的复合模型。最初的人类不具有科学地理解或解释自然与人类现象的知识，他们将这些现象归因于令人敬畏的"神祇"或"神圣"生物，因此创造了人类最早的原型（*archetypes*）（实际上是最初的模型）。

3.3.2　稳定模型和可塑模型

大多数神话、虚构作品和其他种类被记录下来的文本都经受住了时间的考验，而对话则没有，除非它们因某种原因而通过文字或机械的方式被记录了下来。这表明有两种人工建模过程：稳定的（*stable*）和可塑的（*pliable*）。话语和虚构叙述之间的主要差异就在于话语是进行中的建模（*modeling-in-progress*），或可塑形式的表征，而书面叙述则是某种永久的或稳定的形式。同样的区别也可以用于自然建模过程（见图3-5）。

· 自然模型：稳定的自然模型拥有在某个范围以内可预测的形式，也就是说，这个基本的形式在其受到自然过程约束的许多体现中总是可以被辨识出来。比如，肉赘无论直径有多大都可以当作肉赘而被辨识。但是肉赘的直径很少会超过一定的直径。可塑的自然模型是一种适应环境的模型。比如，某些鸟类所学会的叫声可能有不小的变化范围。任何一种叫声只要有一些基本的特征都可以如此。因为记忆并不完美，并允许某种可塑性，许多鸟类的叫声就演化出了区域性的分支，从而作为一种"文化"行为的工具。

· 人工模型：稳定的人工模型具有一种持久的形式，使其能够跨越时空而传递，例如绘画、词语（被广泛使用的）以文字形式（象形的，正字的等）记录的叙述文本等。可塑的人工建模是适应并对应着指涉与交流的动态变化，比如，话语是一种可塑的建模，因为它能够被调整以反映交流互动的需求变化。总而言之，稳定模型是固定的（*fixed*），可塑模型是适应性的（*adaptive*）。

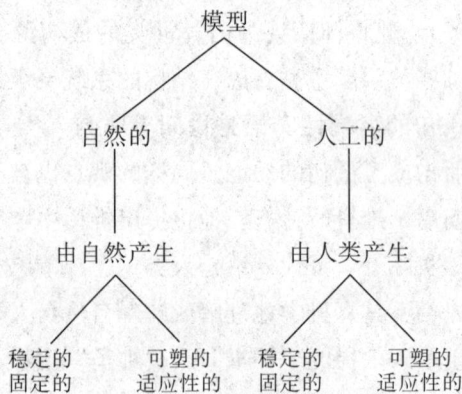

图3-5　模型的种类

在研究口头话语的众多符号学家中，提供了最为重要的观点的可能是罗曼·雅各布森（1896—1982），出生于莫斯科而在美国完成其多数研究的语言学家和符号学家。雅各布森（1960）指出话语基本上不是一个稳定的信息传递过程，并不类似于动物之间表达冲动、需要等的信号交换。相反，他将其视为一种适应性的可塑的口头建模，不断地回应着它的构成条件。

3.4　二级凝聚建模

语言、个人取名、音乐标注、数字排序等代码也能够通过二级建模进行形态延伸和涵指延伸。我们以西方古典音乐的音乐代码为例。这个代码为人们提供了制作大和弦与小和弦（参考 1.2.2 结构特性一节）的音调能指：人们可以通过在和弦中音上的半音差，来感受到同一调子上的大和弦与小和弦之间的不同：

- 比如，C 大调是由钢琴键上的 C−E−G 的顺序构成；
- 比如，C 小调是由钢琴键上的 C−Eb−G 的顺序构成；

而这两组三元结合都可以进行形态延伸，如下：

- 每一个和弦都能够通过增加八度来获得"深度"或"响度"：C−E−G−C 和 C−Eb−G−C；
- 每个三元结合都能够用其组成音的不同组合方式演奏出来，从而产生所谓的"转位"，以获得不同的音响效果：

第一转位：E−G−C 和 Eb−G−C
第二转位：G−C−E 和 G−C− Eb

有趣的是，在这个情况下，形态延伸同时也产生了（情感性）涵指效果：四音和弦听起来更加响亮，因此更加充实；和弦的第二转位听似"未决"，因而给人留下悬念之感，等等。

我们已数次提到，语言顾名思义是一种二级凝聚建模系统，为人类提供了用于无限延伸初级形式的资源。在冯·乌克斯库尔的主体世界（Lotman，1977）的意义上来看，语言是一种极为复杂的建模手段，它可能在能人（*Homo Habilis*）中就已经存在。我们人类的这个祖先相当突然地出现于大约 200 万年前。仅仅在大约 1 万到 30 万年前，语言才在能人中以言语的形式被"联适应"（exapted）。能人花了那么长的时间才得以使自己的编码能力与本物种相对应的解码能力良好匹配。

查尔斯·莫里斯（1964：60）将语言代码定义为语符系统（lansign-system），他不仅将此术语用于口语和书面语，也用于数学和象征哲学，"甚至还用于艺术"。他建议用语符系统来替换语言一词，这并没有得到语言学家或符号学家的广泛回应，但他正确地指出，大多数考虑到这个问题的语言学家都会将他们的学科视为对语符系统的一种符号学研究，即将语言视为一个符号系统的研究。最为遵循莫里斯建议的人，当属路易斯·叶尔姆斯列夫（Trabant，1981）。叶尔姆斯列夫认为，就事实来看，自然语言是自然的语符系统（Eco，1984：14）。但他的语言研究方案从来未被实施，原因很简单，那就是这个方案太过奇怪而且极为复杂（Sebeok，1985：13）。

从生物符号学的视角来看，语言代码可以被看作这样一种凝聚性系统，它为将乌克斯库尔（1909）所说的"具体生命存在"转换为"积极构画"提供了建模资源。乌克斯库尔之处，我们观察思维所唯一能够使用的办法，就是在它根据其产物（符号、文本等）中自身活动或其他方面来接收和处理印象的时候。初级建模系统使得儿童能够在用延伸性的口头建模方式获得辅助手段之前获得并形成他们世界的有用知识。有趣的是，一旦初级建模系统达成了这个基本的功能，它在成年和老年阶段也绝对不会消失。换句话说，初级和二级建模系统在人类整个一生都保持着紧密交织，相辅相成。人类符号活动的特异之处正是这种对两个独立而又微妙交织的建模策略的依赖，而不仅仅是其本身的语言能力。正如贝特森所指出的（1968：614）："进化替代之下的器官与技能衰退是必然和比可避免的系统现象"；这也就是为什么"如果言语在某种意义上是［非言语］交流手段的进化替代的话……我们就能够看到老……系统已经历了明显的衰退"。但他又接着指出："它们明显没有……相反，［非言语符号使用］变得更加丰富且更加复杂，而且［非言语交流］和言语协同进化。"语言代码的力量既体现于它使得稳定建模和可塑建模均成为可能，也体现于它的形式（词语、短语、句子、对话，等等）能够在形态与涵指的层面被无限延伸，从而包含人类想象力所注定可能获致的一切意义。

3.4.1 取名代码

取名代码（*name-giving* codes）存在于全世界的各种文化之中，它为我们完美地展示了指示性凝聚代码是如何在社会生活行使其功能的。更准确地说，有关名称的研究属于符号学与语言学的一个共同分支，叫作专名学（*onomastics*，源于表示"名称"的希腊语 onoma）。人类的取名现象确实让人着迷。在各个文化中，新生儿只有在获得了名字的时候才会被认为是真正意义上的文化成员。为婴儿命名的行为是其在社会中的第一次通过礼仪。名字将婴儿确定为带有独特人格的独立个体。如果一个人没有被其家人取名，那么其所出生的社会就会介入，为其取名。某个人通过婚姻、领养或其他方式被接纳入一个家庭的时候，也常常会被赋予该家庭的姓氏。从童年时代开始，个体常常会觉得他们的自我是以某种方式受到他们名字的塑造。比如在因纽特文化中，个体被视为拥有身体、灵魂和名字；三者缺一不可，否则个体便不被视为完整。

取名代码为人们提供了适当的标识符号。在英美文化中，教名或名字（given name or first names）能够指这些事物：（1）月份或物体 a month or object（May［五月］，June［六月］，Ruby［红宝石］，Daisy［雏菊］）；（2）时代流行人物（Elvis［猫王］，Marilyn［玛丽莲·梦露］）；（3）古典神话人物（Diana［狄安娜，古罗马神话中的月亮与狩猎女神］，Jason［伊阿宋，古希腊神话中夺取金羊毛的英雄］），或地点（Georgia［圣乔治，古代神话中的屠龙者］）。直到中世纪末期，个人的名字一般都足以作为标识。然而，名称复制开始频繁出现，这就使得增加区分因素显得必要。因此，姓氏（*surnames*）开始常常被赋予给个体（顾名思义就是指"名字之上的名字"）。它们起初可以是指示性的，因为它们能通过出生地或者出身（族裔）来标识个体，也可以是描述性的，因为它们能通过某些个人或社会特征（如职业）来标识个体。因此，在英格兰，如果一个人的住处临近或者处于苹果树生长的地方，可能就被称为"住在有苹果树的地方的玛丽"，从而得名为 *Mary Appleby*。事实上，用地点名作为姓氏，如 *Woods*，*Moor*，*Church*，或者 *Hill* 等，在英格兰姓氏中大量存在。描述性的姓氏，如 *Black*，*Short*，*Long* 等，则是用来凸显种种个人的或者社会的特征。后裔姓氏或显示出身的名字，通常有前缀，如苏格兰或爱尔兰姓名中的 *Mac*－，*Mc*－，还有威尔士姓名中的 *Ap*－，或者有后缀，如英格兰姓氏中的后缀 －*son* 和斯堪的纳维亚姓氏中的后缀 －*sen*（*Johnson* 或 *Jensen*，表示"约翰之子"［son of John］，*Maryson* 表示"玛丽之子"［son of Mary］，*Jakobsdottir* 表示"雅各布之女"［daughter of Jacob］）。中世纪末期反映当时社会生活和职业的形式也广泛地行使着标识符号的功能，如 *Smith* 就是最著名的形式，对应着西班牙语中的 *Ferrer*，德语中的 *Schmidt* 以及匈牙利语中的 *Kovacs*，此外还有 *Farmer*，*Carpenter*，*Tailor*，*Weaver* 等姓氏。

取名现象并不仅限于人类。在动物世界，也存在着拥有相似的标识功能的系统。这些系统因物种、繁殖状态、社会等级、即时情绪等因素而异（Sebeok，1972a：130）。最为组织有序的脊椎动物社会可通过一个特征（标识）而被辨识，该特征的影响力可谓至高，其他方面的动物特征似乎都是源自于此。威尔逊（Wilson，1971：402）做出了一个关键区分，一方面是由昆虫所组成的非个体化（无名）的社会，另一方面是由鸟类和哺乳物种所组成的个体化（取名）的社会。取名社会的每个成员与其他成员之间都带有着某种特殊的关系，因而相对于其他所有成员来说，它们都是独一无二的。在这些动物建立和维持多种不可或缺的社会关系网的活动之外，还伴有一种亲密交流形式的发展，这些交流必然涉及相关符号的恰当使用。索普（Thorpe，1967）在进行鸟类研究的时候就为我们指出：在配偶不见的时候，剩下的那只鸟会使用通常只用于该配偶的鸣叫声，结果就是配偶会尽其可能地赶回，似乎听到了自己的名字一样。其他不少例子可见于对各种脊椎动物的研究之中，包括犬科、猫科、灵长类和海洋哺乳动物等（van Lawick-Goodall，1968；Rowell，1972）。鲸类就明显能够发出咔嗒声，似乎与鸟类所谓的"身份曲调"有着同样的功能。恰如戈夫曼（Goffman，1963：56）所指出的，在许多物种之中，"独特性"的概念表明了指示符号或者"身份定类"的使用。

3.4.2 计数代码

延伸性凝聚建模可见于人类创造和修改计数代码的各种方式中。计数代码为表征指涉体的关键特征［量］（［quantity］）提供了能指—［单位量］（［unit quantity］），［二单位量］（［two unit quantity］）等。所有这些代码曾经都是以象似性的方式创造出来的。最早的形式仅仅是一些直线，或垂直或水平，每条直线对应着［单位量］：I（如"一只羊"），II（如"一头牛和另一头牛"），III（如"一棵树，又一棵树和再一棵树"）等。随着更大的量化表征的需要，这些简单的象似计数策略已经明显不够方便。早在公元前3000年，美索不达米亚地区就已经发展出了一种特别的数字，用来标识［十单位］（［ten units］）的量。有了这个能指之后，人们就得以用2个而不是11个独立能指来表示数目11，用18个而不是99个独立能指来表示数目

99。后来，通过形态延伸，其他的数字也被创造出来，用于指代从 1 到 10 以及大于 10 的数目。

在巴比伦楔形文字符号中，用于指代 1 的数字也用于指代 60 以及 60 的倍数；该数字的值取决于其使用的语境。埃及象形文字系统则使用特殊的数字用来指代 10，100，1000 和 10000。古罗马人所创造的计数代码有着一个优点，能够用整整 7 个数字表示从 1 到 1000000 的所有数目：I 表示 1，V 表示 5，X 表示 10，L 表示 50，C 表示 100，D 表示 500，M 表示 1000。罗马数字是从左向右读的复合形式。表示最大［量］的数字放在左边，紧邻右边表示次大［量］的数字，依此类推。各个数字所表示的［量］通常会被加总起来，得出数目的总值，例如，LX = 60，MMCLH = 2103。

现在世界多数地区所使用的计数代码是印度—阿拉伯数字。这个系统最初由印度人在公元前 3 世纪发明，大约在公元 7 或 8 世纪传入阿拉伯。该系统最早的使用记录是在公元 8 世纪。阿拉伯数字系统的关键特征是位置计数法的有序使用，通过这种方法，单独的数字符号能够根据它们在所写数目中占有的位置而获得不同的值。这样做之所以成为可能，是因为数字"零"的发明。这个符号使得人们无须增加数字就可以区分 11，101，以及 1001，并能够用十个象征符号（从 1 到 9，再加 0）来指代任何数目。对该系统进一步加以形态延伸，就得到了指数符号，比如，加到数目上的平方指数，4^2，表示用该数目自乘一次，即 4×4；加到同样数目上的立方指数，表示用该数字自乘两次，即 4×4×4，依此类推。

3.5　二级连接建模

二级连接建模在本质上是对既存的元形式进行关联。有两种二级连接建模过程。第一种可以被称为（参考 1.6.2 连接形式的种类）层叠（*layering*）。一旦某个语言中的抽象元形式的第一"层"在具体源域的基础上被创建出来，那么这一层的本身就变成了创造更高（即更抽象）概念层的新的产出源域。层叠所产生的关联结果可以被称为元元形式（*meta-meta forms*）（参考 1.6.2 连接形式的种类）。该过程的简图如图 3-6：

初级连接建模　　　　　　　二级连接建模

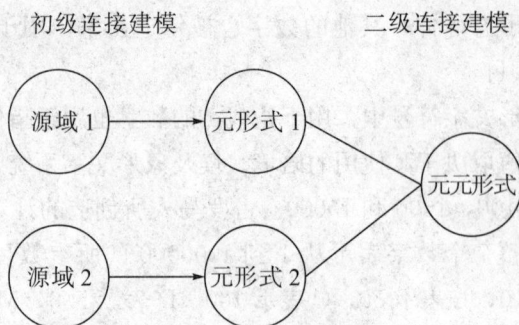

图 3-6　二级连接建模

　　另外一种二级连接建模名为文化建模（*cultural modeling*），本质上是用一个目标域连接各种不同的源域，产生一个兼容并包的或者具有文化特定性（*culture-specific*）的目标域模型。我们将在下文对这两种建模过程加以阐述。

3.5.1　元元形式

　　为解释层叠展开的原理，我们再次使用［想］（［thinking］）的目标域（参考 1.6.2 连接形式的种类），作为讲解实例。比如，它可以通过基于［向上的动作］意象图式的源域来获得，故而产生［想＝向上的动作］（［thinking＝upward motion］）的元形式，可用于解释以下表达：【113】

　　91. When did you think that *up*?（你什么时候想出那个点子的？）

　　92. That problem comes *up* often, doesn't it?（那个问题常常冒出来，不是么？）

　　然而，同样的目标域［想］（［thinking］）也可以通过基于［扫描式动作］（［scanning motion］）的源域来获得，产生［想＝扫描式动作］（［thinking＝scanning motion］）的元形式，可用于解释以下表达：

　　93. Think *over* what you just said.（把你说的话想一遍。）

　　94. Think that problem *over* carefully before trying to solve it.（在解决那个问题之前仔细把它想一遍。）

　　将以上二者关联，就产生了元元形式［想＝向上＋扫描式的动作］（［thinking＝upward＋scanning motion］），可见于以下表达：

95. That proposal *came out* of *nowhere*.（那个建议不知道从哪儿冒出来的。）

96. That notion *emerged* from the *domain* of psychology.（那个概念出自心理学领域。）

诸如 *come out of nowhere* 以及 *emerge from the domain* 的英语表达都是元元形式［想＝向上＋扫描式的动作］（［thinking ＝ upward ＋ scanning motions］）的结果。这些表达将想的活动同时描述为（1）向上出现的某种事物；（2）出自思维地域的某种事物。以下为元元形式的其他例子：

97. This idea *came out* of the *depths* of my mind.（那个点子出自我脑海的深处。）

98. That idea simply *popped up* from the *nowhere*.（那个点子不知从而跳出来的。）

99. Think *over* your theory from a broader *perspective*.（从更广的视角把你的理论思考一遍。）

这些例子清晰地展示了复杂抽象思维是如何展开的。诸如 *come out*（出来），*think up*（想出），*pop up*（跳出）等英语表达引发了向上活动的心理影像，从而将抽象指涉体描述为从某种心理地域升出的物质体，*think over* 则引发了通过思维之眼进行扫视的心理影像。因此，一个 *coming out of nowhere*（不知从哪儿出来）的想法就可以引发双重性的心理影像：带有无限扫视范围（*nowhere*）的地域，以及从该地域中不确定的某个点而出来（*coming out*）的想法。

有时，元元形式不仅以这些词汇的形式出现，也会以语法二分的形式出现，比如以下例句中 in 和 on 之间的语法二分现象：

100. I read it *in* the newspaper.（我在报纸里读到了它。）

101. I saw that *in* the latest issue of *Time Magazine*.（我在最新一期的《时代杂志》里看到那个。）

102. It was written *on* a notepad, not *on* a slip of paper.（它是被写在一个笔记本上，不是小纸条上。）

这两个介词的使用取决于两种不同的元元形式对这些句子的概念组织所产生的结构影响。读某东西里（*in*）的词句会引发一种"它们处于容器之内"的心理影像，继而引发一个相关的心理影像，即将这些词句的意义从容器（报纸、杂志等）中取出来的影像。事实上，这就是为什么对"我在报纸里读到了它"（I read it *in* the newspaper）这句话的一个合乎常理的回应是"那么你从里面得出什么了吗？"（Well，what did you get *out of* it?）具体来说，这个介词的使用得自于两个元形式之间的联系所产生的元元形式。其中一个元形式为［思维＝容器］（［mind ＝ a container］），例如："是谁把这些想法放你脑子里的？"（Who *put* those thoughts *in* your mind?），"把那想法从你脑子里给清除掉"（*Remove* that thought *from* your mind），等等；另一个元形式为［思想＝物体］（［thoughts ＝ objects］），例如："我抓不住你说的那个词要表达的意思"（I can't quite *grasp* what you mean by that word），"她说的东西得丢弃"（The *things* she said should be discarded）。这两个元形式相联系，产生了元元形式［词句引发的思想＝容器中的物体］（［thoughts evoked by words ＝ objects *in* containers］）。这里的［容器］（［containers］）指的是诸如报纸和杂志之类的东西。在另一方面，读某东西上（*on*）的词句会引发一种"词句存在于某个表面"的心理影像，继而引发"观看这些词句"的相关影像。这就是为什么以上同种类型的回应在这里会成为一种不根据前提的推理（non sequitur），也就是说，对于"它是被写在一个笔记本上"这句话，通常不会用"那么你从里面得出什么了吗？"（Well，what did you get *out of* it?）这样的话来跟进。在这种情况下，介词 *on* 的使用是得自于这样两个元形式之间的联系所产生的元元形式：元形式［思维＝表面］（［mind ＝ a surface］），例如"把你的想法摆出来给所有人看"（*Lay* your thoughts *out* for everyone to see.），以及上面所提的元形式［思想＝物体］（［thoughts ＝ objects］），两个元形式产生了元元形式［词句引发的思想＝表面之上的物体］。这里的［表面］（［surfaces］）指的是诸如笔记本和小纸条之类的东西。

　　这些例子表明，元元形式是一种二级连接模型，产生于既存的元形式相互连接之时。比如，构建上述元元形式［想＝向上＋扫描式的动作］（［thinking ＝ upward ＋ scanning motions］）的过程可以用图 3－7 加以说明：

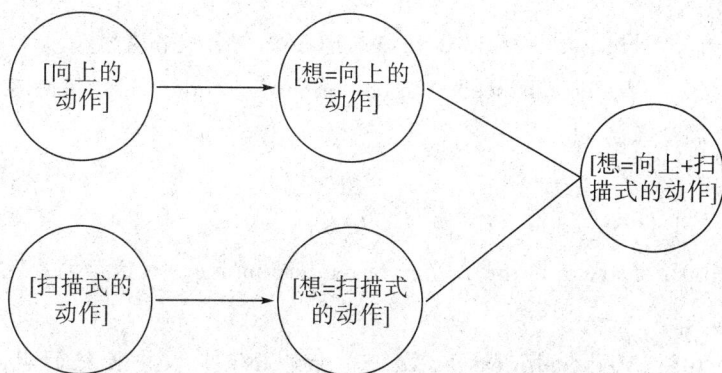

初级连接建模　　　　　　　　　　　　　　　二级连接建模

图 3-7　元元形式：[想＝向上＋扫描式的动作]

（[thinking＝upward＋scanning motion]）

通过元形式的层叠来产生更高级的抽象概念（元元形式）是一个潜意识的过程。层叠的密度越高，概念就越抽象，因而也越显得具有文化特定性（可参考 Dundes，1972；Kövecses，1986、1988、1990）。相对来说，类似于［想＝看］（[thinking ＝ seeing]，参考 1.6.2 连接形式的种类）这样的初级连接模型在不同文化中都能够被理解，也就是说，在非英语文化中，如果将源自这种元形式的表述翻译为该文化的语言，那么人们便可以很容易地理解它们的意思，因为它们将一个具体的源域，例如［看］（[seeing]），和一个抽象概念［想］（[thinking]）直接地联系了起来。而在另一方面，元元形式则可能主要是通过具有文化特定性的方式来被理解，因此翻译起来也更加困难，因为它们将既存的元形式联系在了一起。

3.5.2　文化模型

另外一种二级连接建模在本质上是将不同的源域和单一的目标域进行关联，产生一个兼容并包的或者说具有文化特定性的目标域模型（Lakoff and Johnson，1980）。我们以［观点］（[ideas]）这个目标域为例。大量的源域都可以引出这个目标域。以下为英语中的部分例子：

［ideas ＝ food］（［观点＝事物］）

103. What he said left a *bitter taste* in my mouth.（他说的话让我感觉很不是滋味。）

104. I cannot *digest* all that information. （我消化不了所有那些信息。）

105. He is a *voracious* reader. （他是个求知若渴的人。）

106. We do not need to *spoonfeed* our students. （我们不需要对学生满堂灌。）

[ideas = people] （［观点＝人物］）

107. Darwin is the *father* of modern biology. （达尔文是现代生物学之父。）

108. Medieval ideas are *alive* and *well*. （中世纪的观点至今鲜活。）

109. Artificial Intelligence is still in its *infancy*. （人工智能仍在其初期阶段。）

110. She *breathed* new life into that idea. （她给那个观点带来新的生机。）

[ideas = clothing/fashion] （［观点＝衣物/时尚］）

111. That idea is not in *vogue* any longer. （那个观点已经不再流行了。）

112. New York has become a center for *avant garde* thinking. （纽约成为先锋思想的一个中心。）

113. Revolution is *out of style* these days. （革命在如今已经过时了。）

114. Studying semiotics has become quite *chic*. （研习符号学变得相当时髦。）

115. That idea is an old *hat*. （那个观点老套了。）

[ideas = buildings] （［观点＝建筑］）

116. That is a *well-constructed* theory. （那是个构建良好的理论。）

117. His views are on *solid ground*. （他的观点有着坚实的基础。）

118. That theory needs *support*. （那个理论需要支撑。）

119. Their viewpoint *collapsed* under criticism. （他们的观点被批倒了。）

120. She put together the *framework* of a theory. （她整合出了一个理论的框架。）

[ideas = plants]（[观点＝植物]）

121. Her ideas have come to *fruition*. （她的观点已经成熟。）

122. That's a *budding* theory. （那是个尚处萌芽期的理论。）

123. His views have contemporary *offshoots*. （他的观点有着同时期的分支。）

124. That is a *branch* of mathematics. （那是数学的一个分支。）

[ideas = geometrical figures]（[观点＝几何图形]）

125. I don't see the *point* of your idea. （我不明白你要表达的点。）

126. Your ideas are *tangential* to what I'm thinking. （你的观点与我想的无甚关系。）

127. Those ideas are logically *circular*. （那些观点在逻辑上是循环论证的。）

[ideas = commodities]（[观点＝商品]）

128. He certainly knows how to *package* his ideas. （他当然知道如何包装自己的观点。）

129. That idea just won't *sell*. （那个观点就是不会有人接受。）

130. There's no *market* for that idea. （那个观点没有市场。）

131. That's a *worthless* idea. （那是个没有价值的观点。）

因而，[观点]（[ideas]）的文化模型就是其所有可关联的源域的整合体，比如 [食物]（[food]），[建筑]（[buildings]），[植物]（[plants]），[商品]（[commodities]），[几何]（[geometry]），以及 [看]（[seeing]）等：

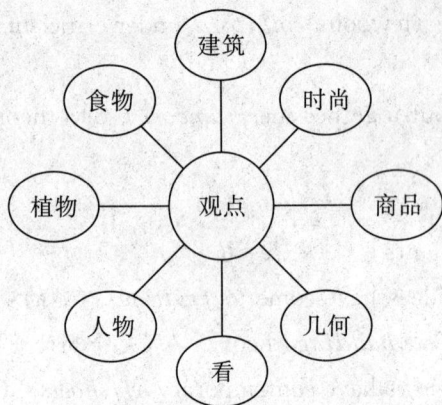

图 3-8　观点（ideas）的文化模型

在英语中，还有许多其他用于表达［观点］（［ideas］）概念的源域。我们这里要提出的关键点是源域的特定构建产生了某个概念的兼容并包的文化模型。文化群体思维就是建立在此类模型基础之上，因为这些模型共同形成了一个抽象意义的系统，它包容了该文化中的整个相关意义网。

第 4 章　三级建模

实际上，词语很适合于描述和情感的激发，但要表达多种准确的思想，其他的象征符号要好得多。

——J. B. S. 霍尔丹（J. B. S. Haldane, 1892－1964）

4. 本章绪论

正如本书第一章所定义的（参考 1.2 建模系统），三级建模系统所支撑的是高度抽象、基于象征符号的建模行为。与二级建模系统一样，它是一个延伸性的系统，使得形式可以进一步扩展从而包含更广阔、更抽象的指涉域。本章将从生物符号学的角度来关注象征性的本质，以及三级建模系统所允许的建模现象的种类。在这一章，我们将使用两个术语 *symbolicity*（象征性）和 *symbolism*（象征体系）。前者用来指代表征行为中的象征符号的创制与使用；后者用来指代一般的"象征意义"。人类三级建模系统的出现，使得智人（*Homo Sapiens*）变得智慧加倍—从而出现了现代人（*Homo Sapiens Sapiens*）。实际上，人类的区分性特征始终是其通过复杂的象征符号的形式来表征世界的卓越能力。这种能力解释了为什么随着时间的推移，人类不再受制于自然选择的规约，而是受制于"象征符号的力量"（force of symbols），也就是世世代代通过象征符号的形式而编码并在文化中加以传承的意义累积。不过，我们将在本章看到，三级建模并非人类所特有；它在动物和植物的符号世界中也能见到。而诸系统分析（SA）的目标则是记录所有符号活动领域中三级建模现象的所有表现。

4.1　三级建模系统

三级建模首先指的是对形式加以延伸从而自由地指代抽象的指涉体，在形式与指涉体之间不存在任何明显的感知联系。它也涉及创造性地灵活使用形式的能力。三级建模在人类尤其普遍。象征形式在全世界的表征系统中的出现证明了人类意识不仅仅关注那些引致象似性表征活动的物质模式（颜色、形状、大小等等）以及那些引致指示性表征活动的因果模式（受到时空条件的约束），也关注这些模式的本身。这种关注的最终结果就是象征性的表征。

但是创造性的三级建模并非人类所独有。比如，海鸥就明显具有一种能力，可以在求偶过程中创造性地改变它们的威胁展示（threat displays）。视觉发达的雄蜘蛛常常会创造性地使用亮色图案来避免被母蜘蛛吃掉的危险。这些例子在动物符号世界大量存在。

在人类世界，三级建模系统最值得注意的成果存在于数学与科学表征的领域。比如，从古代开始，几何学就帮助着人类解决了工程上的难题。以下就是一个典型的例子，展现了这个表征活动中的象征性是如何使得人类能够以巧妙的方式提前计划行动的：

假设需要在一个巨石中间开出一条隧道，很明显，隧道的长度不能直接被衡量出来。但是，因为有"勾股定理"（*Pythagorean Theorem*）的存在，我们便能够设计出一种巧妙的策略，间接地测量隧道长度：

· 巨石两侧选择 A 点和 B 点，从右侧的 C 点均可见。

· C 点的选择方式要使得 ACB 形成直角（90°）。

· 然后，通过线段连接 A 点与 A′点（巨石一侧的入口点），并通过线段连接 B 点与 B′点（巨石另一侧的出口点），所求的隧道长度则可以确定。

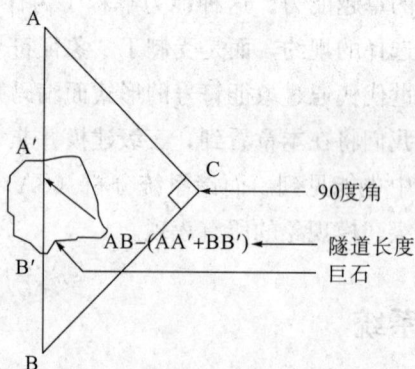

图 4-1 根据勾股定理所做的工程图

测量线段 AC 与 BC 明显是简单的任务，这些长度正是因为它们的可测性而特意被选定的。而根据勾股定理，$AB^2 = AC^2 + BC^2$。这个总公式使得我们能够轻松地确定 AB 线段的长度，因为线段 AC 和线段 BC 的长度可以通过简单的测量而得到。用线段 AB 的长度减去线段 AA′和线段 BB′，即 AB−（AA′+BB′），隧道的长度就能够确定。这个简单的例子说明了三级建模系统使得人类可以创造出这样的指涉体模型：人们完全能够在思维之中对它们加以操作和检验，直到这些模型获得足以解决某个现实问题的一系列特征。三级模型是指涉体形式方面的一种理想化，因而可以用于多种涉及同类形式的问题。

4.1.1 象征性

关于人类象征起源的讨论要追溯到古希腊时代。比如，哲学家柏拉图（约公元前 427 年—约公元前 347 年）就认为象征化表征与感知性模仿（象似性）不同，人类语言尤其如此。在西方文化中，使得这个观点更加牢固深入的是勒内·笛卡尔（René Descartes，1596−1650），他提出非言语形式的思想是无逻辑的，因此不能被科学地研究；而象征的形式（言语的和数学的）具有内在逻辑性，因而是人类思维的基础。然而，正如我们在本书中所强调的，这种观点忽略了一个事实：即使是最抽象的表征形式，比如数学中所使用的那些，其最初并非是以纯粹象征性的形式而出现的。在 4.1 小节中所设计出来的图式实际上是一种象似复合形式，画出这个图式是为了用视觉略图（和缩微的形式）来表征相应的真实物理情形。因此，第一个概念，即直角三角形的边以某种系统性的方式彼此相关，并非是无中生有地产生在某人的想象之中；相反，它是在反复测量了直角三角形的三条边之后才成型的概念。其后，也许是在直角三角形的图式上绘制正方形的时候，某人想必注意到了直角两边上的正方形面积加起来等于斜边上的正方形面积（即面积 1 =面积 2+面积 3）

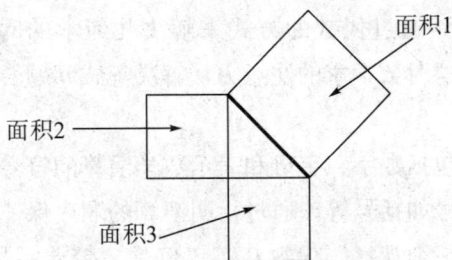

图 4−2　勾股定理视觉图

最后，某人"证明"了这点，为后来勾股定理的建立做出了铺垫。数学和科学中的任何理论实际上都是关于某事物的"图式模型"的延伸。正如古希腊几何学家们所强调的，这样的模型可以对物理现实的各个方面进行表征，而这又相应地可以在思维中通过使用所获得的概念（如勾股定理）来对此现实进行试验。这种试验的结果之后便能被重新引向现实世界，以观成效（如上所述）。实际上，图式使得科学家们能够用心理之眼对那些肉眼所看不见的事物进行视觉化。在上面的工程学问题中，图式让我们能够用我们的心理测量尺来衡量某个无法用实物测量尺加以衡量的东西。根据延伸性原则，如勾股定理这样的数学定理，其实仅仅是象似性思维和表征的三级延伸。

通过延伸建模来创造象征符号对人类进化产生了真正巨大的影响，这便是为什么 20 世纪伟大的哲学家恩斯特·卡西尔（*Ernst Cassirer*）将人类描述为象征动物（symbolic animal）的原因。再以计数代码为例（参考 3.4.2 计数代码）。我们看到，数字符号开始是象似性的形式：I＝［一单位］，II＝［二单位］，III＝［三单位］，等等。这些形式后来被风格化，形成了可以通过位置安排来表征任何数目的数字。位置数字如印度—阿拉伯数字的进一步延伸最终引致了数字表征本身的一般化，象征符号如字母可据此用来表征数目，或用来表征特定数目组的组成部分，并通过适用于该组所有数目的操作原理而相互关联。

这种名为代数（algebraic）的三级表征活动起源于古埃及和巴比伦。希腊数学家延续了这两个古代社会的传统，但是更加复杂精细。然而，代数成为能够用于解决实际问题的数学表征，则需要等到公元 9 世纪阿拉伯数学家花拉子密（*Al-Khwarizmi*，约公元 780 年－约公元 850 年）写出最早的代数著作的时候。到了 9 世纪末期，代数的基本原则已经建立，而到了中世纪的时候，伊斯兰与波斯的数学家就已经研究出了数学等式的基本理论。代数象征符号在 16 世纪被引进，并被标准化。在其后的一个世纪，勒内·笛卡尔发明了分析几何，通过代数的方式来解决几何学的问题。1800 年左右，代数进入现代期，这时数学家的注意力从解决等式问题转向了研究抽象数学概念的结构。

代数象征符号包括数字、字母和表示数学演算的符号。字母可以代表常量或变量。分组符号如括号等，通过指明演算的顺序保证了代数语言可以被清晰读取。但经过仔细观察，代数其实仅仅是"带着字母的算数"。印度—阿拉伯数字是初级形式的延伸；代数象征符号则是这些数字的进一步延伸

（见科 4 - 3）。

初级建模	二级建模	三级建模
象似数字形式	此类形式的延伸	数字形式的概括拓展
Ⅰ = ［一个单位］，Ⅱ = ［两个单位］，等等	1 = ［一个单位］，11 = ［十一个单位］，等等	x = ［任何数字］，x^n = ［任何数字的给定次幂，等等］

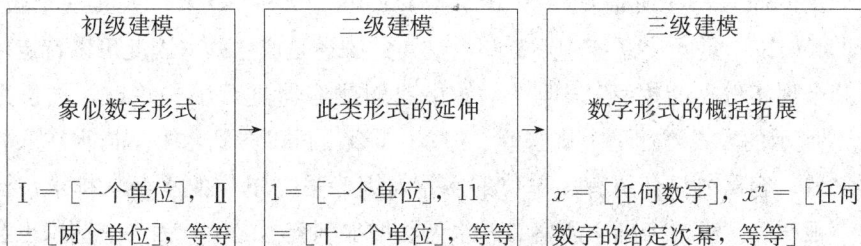

图 4 - 3　数字的延伸建模

　　人工象征代码，如代数象征代码，是人类三级建模系统独有的产物。然而，自然象征性的较基本的表现在整个自然界都很常见（Pitts and McCulloch，1947；Haldane，1955：387；Sebeok，1973a：196；Jacob，1974）。比如，恒河猴显示恐惧会在背后僵拖着尾巴；狒狒表达恐惧则会竖直尾巴。但是反过来未必是真："某只小狒狒的母亲可能会垂直地竖起尾巴，并非是出自恐惧，而是有助于从后面保持其幼崽的平衡；尾巴也可以在动物进行尾部理毛的时候竖直"（Rowell，1972：87）。

　　很明显，这是象征性的行为，因为尾巴的方向以间接的方式指代了一种情感。再以食肉舞虻家族的昆虫行为为例。该舞虻有一种双翅目昆虫，其雄性在与雌性交配之前会送给雌性一个空气囊（Huxley，1966）。生物学家已经清楚地揭示了这种看似怪诞的行为在进化上的源头。不争的事实是赠送空气囊完全是一个象征符号行为，其用意就是为了避免雄性昆虫成为雌性昆虫的猎物。

　　这些例子在动物符号世界比比皆是。实际上，跨物种的象征研究表明，象征符号在各个不同物种中的发展演变是生物进化过程的一个结果。人类所体现出的不同之处是象征的多样性和范围广度，同时人类象征也是完全智慧性的，而不仅仅是纯粹渗透性的和本能的。

　　人类象征符号有着广泛多样的适用性。以数学中的 2＋2 演算为例。作为一种象征式的陈述，其在本质上就可以有多种用途（即在多种情境下使用）。通常的理解，是它具有 2 ＋ 2 = 4 的意义。有这样一个"现实世界"模型，能够用来表明这种理解的可成立性和可使用性：将一个容器等分为四个单位，每个单位中贮满两桶水，每桶水等分为两个单位。借着这个模型很容易就能够看出，通过将两桶水连续地注入容器，后者将会满至其最高刻度水平 4（见图 4—4）。

具体而言，在所谓"模数 10"［modulo 10，带有十个元素（十位）0123456789］的数字系统中，2＋2＝4 的陈述是成立的（因此可以特定用于某个现实世界的模型）。但是，如果我们对容器进行结构更改，按照图 4—5 所示的方式增加一个排水口（如），那么就可以看到，第一桶水注入容器之后，容器内只会留有一单位的水量，因为另一单位的水会从排水口流出。很明显，第二个桶中所盛有的水无法增加到容器之中，因为这些水也会通过排水口流出。总结而言，配有排水口的容器（如图 4—5 所示）所能注入的水量不会超过刻度水平 1。因此，2＋2 的陈述用于这个新模型就等同于 1：2＋2＝1。

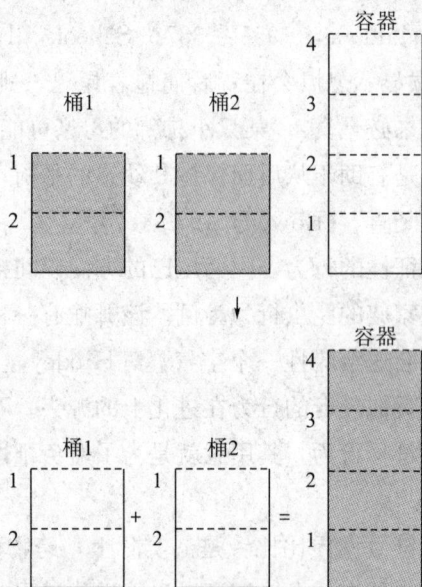

图 4—4　2＋2＝4 的容器模型

上述例子的要点是，当 2＋2 被用于更改过的模型时，会得出不同的结果。补充而言，2＋2＝1 的陈述在所谓"模数 3"（modulo 3，只带有三个元素 012）的数字系统中是成立的。完整的模数 3 整数加成表可见下表 4—1。这个例子突出了表征（representation）与应用（application）之间的区别。实际上，模型就是皮尔斯所提出的表征体（representamina）。它们在现实世界中可能有应用，也可能没有任何应用。当有应用的时候，它们就是可物化的（reifiable）。在这个意义上，应用便是物化（reification）。

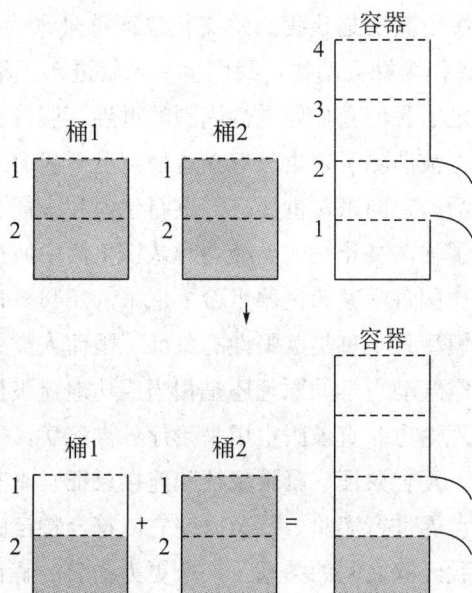

图 4-5   2+2=1 的容器模型

表 4-1   模数 3（*Modulo* 3）算术

+	0	1	2
0	0	1	2
1	1	2	0
2	2	0	1

×	0	1	2
0	0	0	0
1	0	1	2
2	0	2	1

可以看到，在 modulo 3 算术中，2+2=1 的陈述实际上是成立的。这种相同形式的多样化阐释和多样化应用构成了人类象征性的根本显著特征。

4.1.2   文化

简单地说，文化的意指顺序（参考 1.6.3 连接建模的物种独特性）可以被定义为一种凝聚性的三级建模系统，即一种代码、符号、文本和连接形式的相互关联的系统。文化最迷人之处可能在于它使得人们可以产制的象征式模型具备了某种所谓的"回弹效应"（*rebounding effect*），也就是说，它们引发了人们的世界观，成就了人们关于世界的知识。任何一种象征形式（单性、复合等）确定了世界万物中需要被认识和记住的东西。尽管我们总在创造新的形式来帮助我们获得新的知识并改变之前所获得的知识，但总的来说，我们在多数情况下其实是让我们的文化象征符号来为我们"做着思考"（*do the thinking*）。作为社会动物，我们生下来就进入了形式的既定宏观代码中，这个代码决定了我们会如何看待周围的世界。假使我们所有的知识都以某种方式从地球上被消除了，也只有在这种情况下我们才需要再次依靠我们的本能性的符号活动趋向来对世界进行重新建模和表征。

这个阐述是为了强调文化在人类社会和认识生活中所扮演的至关重要的角色。但是它不像德国哲学家弗里德里希·尼采（1844—1900）的沮丧观点一样，意味着人类模型只不过是欺骗性的象征，因而人类想象力之外也没什么是真的。毕竟，空气动力学的原理还是相当成功地让飞机飞了起来；关于细胞结构和功能的理论也一直被医生用来治疗各类疾病，等等。用广泛的象征形式（单性象征、复合象征、凝聚象征和连接象征）来表征世界的能力使得人类能够对真实世界进行实验，甚至改变它以符合特定的需要。

关于文化与自我经验之间的关系，一个更为知名的解释是哲学家卡尔·波普尔（*Karl Popper*，1902－1994）所提出的。波普尔将人类经验划分为三个"世界"。"世界 1"是由神经突触——脑细胞之间的电脉冲所加工处理的物质体和状态，这些神经突触沿着神经通路传递信息，导致肌肉收缩或者肢体移动，并导致感官系统对感知输入进行反应。"世界 2"是主体经验的领域。在这个层面，出现了自我的概念，个体因而发展出将其自身与外在世界的人、物、事进行区分的能力。正是在这个层面，感知、计划、回忆、做梦和想象等自我经验得以展开。"世界 3"是约束自我经验的具有文化特定性的知识的领域。在这个层面，意指顺序进入到个体的生活之中，提供了其将要在生活中惯常使用的知识和表征的范畴。

4.2 三级单性建模

三级单性建模实际上是单性象征符号。根据延伸原则（参考 1.2.1 建模系统理论），人类表征活动首先倾向于以象似性的方式创造单性形式，然后对其加以延伸，用来包含抽象的指涉体。再一次以英语单词 flow 为例（可参考 2.1.2 象似性和 3.2 二级单性建模）。我们认为，这个词多半是以象似性的方式被创造出来的（可能远溯至史前印欧语时代），用来模拟流水运动或液体流淌所发出的声音。但是该词的建模史并没有就此停止。我们看到，其象似直指的区别性特征［连续的］（［*continuous*］）［顺滑的］（［*smooth*］）［运动］（［*movement*］）可以自由延伸，来包含其他体现不同抽象程度的指涉域（涵指）：

　　flowing *traffic*（川流的车辆）＝［*continuous*］（［连续的］）

　　flowing *words*（流畅的词句）＝［*smooth*］*and*［*continuous*］（［顺
滑的］和［连续的］）

　　a flow *of ideas*（一连串的点子）＝［*continuous*］（［连续的］）

　　现在，同样还是这个能指，它可以用于所能出现的任何表征需要。比如，它就被用于标出顺序图式，展示某个任务的步骤性程序。这些图式被称为流程图（flowcharts），因为它们表明了与"流动"（flow）即［连续的］［顺滑的］［运动］相关的原初象似特征。该能指还通过 fluency 这样的变形方式被用于指代［语言使用的能力］（［*facility in the use of a language*]），这种能力也表现出［连续的］［顺滑的］［运动］的特征。flow 的建模史如下图 4－6 所示：

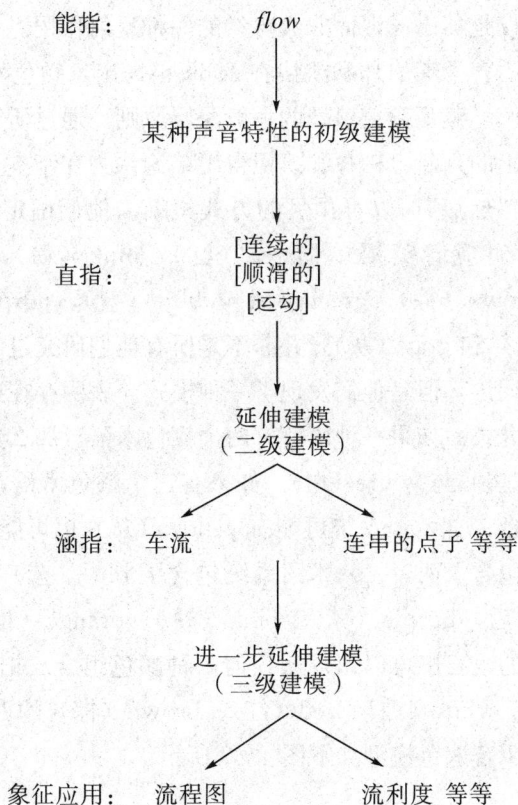

图 4－6　**英语单词 flow 的建模史**

4.2.1　三级言语性单性建模

尽管象征形式（如流程图的概念）以任意规约的方式代表指涉体，但它们仍是基本的象似特征的延伸物。比如说，flowchart 这个单词的构造者必然要知道英语单词 flow 的原初所指，才能想出这样的词语使用。

表明单性象征形式是如何从感知性表征形式演化而出的表征领域是颜色术语（color terminology）。物理学家提出，人类视觉感知系统能够区分八百万种色彩等级。这种能力可以通过将手指放在光谱的任何一点上进行展示，光谱的两端之间包含了一个连续的色彩等级。紧邻手指两侧细微而又真实的色彩等级差能够很容易地被肉眼捕捉到。然而，某个英语母语人士在描述光谱的时候可能会将这两个色彩等级列在同样的范畴下，亦即紫、蓝、绿、黄、橙、红等等。这是因为此人已经受到了这些术语本身的影响，用了相应的特定方式对光谱的内容进行分类。此人的分类决定并没有任何内在的"自然性"，它仅仅是英语词汇而非大自然的一种反射作用。

然而，心理语言学家伯林和凯伊在 1969 年提出，颜色术语的差异仅仅是表面问题，它们隐藏了颜色感知的一般深层原则。通过研究二十多种语言的母语人士所作出的判断，柏林和凯伊得出结论认为在基本（单术语）的颜色系统中存在着"焦点"，以可预见的方式集结。他们确定出了 11 种普遍色，或者焦点，对应着英语单词 red（红），pink（粉），orange（橙），yellow（黄），brown（棕），green（绿），blue（蓝），purple（紫），black（黑），white（白）和 gray（灰）。并非不是所有他们研究过的语言都有单独描述这些颜色的词语，但是他们发现了一种模式，表明存在这一种固定的跨文化的颜色感知方式。如果一种语言有两个颜色术语，那么焦点所对应的是英语中的 black（黑）与 white（白）。如果有三个颜色术语，那么第三个所对应的是 red（红）。四术语系统可能有 yellow（黄）也可能有 green（绿），而五术语系统则包含了两者。六术语系统包含了 blue（蓝）；七术语系统有brown（棕）。最后，purple（紫）、pink（粉）、orange（橙）、gray（灰）在拥有上述焦点的语言中可以出现于任何一种颜色组合。柏林和凯伊发现，包含 black（黑）、white（白）、red（红）、brown（棕）的四术语系统并不存在。伯林—凯伊普遍色模型如下图 4-7 所示：

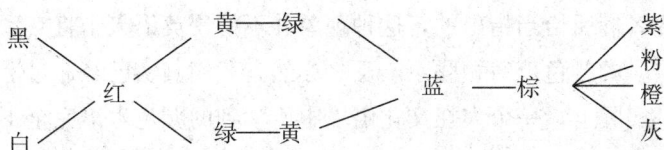

图 4-7　伯林—凯伊的颜色编码模型

20 世纪 70 年代，许多心理学家对这项研究的有趣启示着力进行了探索。比如，埃莉诺·罗施（*Eleanor Rosch*）表明，新几内亚的达尼人有着双色系统，能够轻易地区分八种焦点（可参考 *Rosch*，1975*a*，1975*b*）。罗施通过使用一种辨认—记忆实验，发现了达尼人辨认焦点色比辨认非焦点色要好。她还发现，当颜色的名称与焦点色相配对时，达尼人学习新的颜色更加容易。罗施从这些发现得出结论，语言为人们理解颜色提供了指南，但它们不以任何方式影响人们对颜色的感知。

然而，从符号学的视角来看，这种研究没能解释这样的事实：说不同语言的人预先倾向于通过他们所习得的特定能指积累在相同的光谱上看到不同的颜色范畴，而不是焦点。这些可能确实以某种顺序（上文所述）对应着某些英语颜色术语。但不变的事实是，所指的颜色仅仅是颜色能指所表示出来的东西。比如，说非洲土著修纳语的人使用 cipswuka，citema，cicena 和 cipswuka（重复）四个术语来指代光谱上的色彩等级，而说利比里亚巴萨语的人则只用 hui 和 ziza 两个术语来指代。这些颜色范畴所表征的色彩等级相对英语中颜色范畴的比例宽度如下图 4-8 所示：

英语	purple	blue	green	yellow	orange	red
修纳语	cipswuka	citema		cicena	cipswuka	
巴萨语	hui			ziza		
范畴的可能数量	八百万色彩等级					

图 4-8　英语、修纳语和巴萨语颜色范畴

因此，当说英语的人说一个球是 blue（蓝色）的时候，说修纳语的人可能会说它是 cipswuka 或者 citema，而说巴萨语的人会用 hui 来描述。正

如颜色研究者们所恰当指出的，这种现象并不妨碍英语人士将其颜色范畴与另外两种语言的颜色范畴相联系，反之亦然。我们其实已经通过上面的图做到了这点。实际上，一个人在文化语境中所学到的颜色术语完全不会阻碍对其他文化语言所编码的颜色范畴的感知能力。这就是学外语的人在学习新的颜色表征系统的时候最终所做的事情：学会如何通过新的能指来对光谱的内容重新分类。此外，在所有的语言中都存在着这样的资源，在需要的时候可以指代更为具体的色彩等级。例如在英语中，单词 crimson（深红），scarlet（猩红）和 vermilion（朱红）使得人们可以指代 red（红）的等级。但这些仍然让说英语的人感觉是红色的次范畴（subcategories），而不是自成独立的颜色范畴。使用少量的能指来指代色彩等级是一种实际的表征策略；否则将需要发明几百万个能指，极尽所有可能的细致区分，来对光谱进行分类。

考古记录明确表明，知觉意义和情感意义可能是全世界绝大多数颜色术语的源头。以英语单词 blue 为例。它的直指实际上是白日晴空的颜色。这个 ［天空］（［*sky*］）所指很明显是视觉知觉推理的结果。blue 这个单词源自印欧语，多半指的是天空或大海，或者其他的亮色现象。根据人类学家罗杰・威斯科特（*Roger Wescott*）在 1980 年的详细辑录，颜色词汇似乎源自于对天空等现象加以命名的需要。例如，在赫梯语中，颜色词语最初是指代植物的，如 poplar（杨树），elm（榆树），cherry（樱桃树），oak（橡树）等；在希伯来语中，第一个人类的名字 Adam（亚当）意味着 red（红色）和 alive（活的），而在如今的斯拉夫系的语言中，红色仍然意味着 living（生存）和 beautiful（美好）。

通过涵指（二级）延伸建模，在英语文化中 *blue* 就可以延伸包含一系列暗指 ［天空］（［*sky*］）涵义的抽象指涉体：

［*sadness*］（［忧伤］）

I'm feeling blue *today*.（今天我感到忧伤。）

［*murky*］（［晦暗污浊］）

The air was blue *with oaths*.（到处是不堪入耳的咒骂。）

［*unexpected*］（［出人意料］）

That came out of the blue.（事发突然。）

［忧伤］的涵指暗示着 ［天空］的缺席，导致了一种人们在阴郁天气下常有的"沮丧难过"的情绪；［晦暗污浊］的涵指可能是因为海水中也看得

到这种颜色，常显得晦暗污浊；［出人意料］的涵指是源自这样的事实：从空中掉落的某物固然是出人意料和突然的。

通过进一步延伸，从［忧伤］涵指就得出一种流行音乐即布鲁斯蓝调音乐（Blues）的名称由来。这种音乐的特点是小调和弦，典型的慢奏，以及忧郁的歌词。相较于标准的大调音阶，蓝调音乐所基于的音阶有着自由"弯曲"或压平的第三、第五和第七音（成为蓝调音），给听众带来一种忧伤的情绪。蓝调歌词多是关于人生的苦楚和爱情的变化无常。蓝调的建模源头可见下图 4-9：

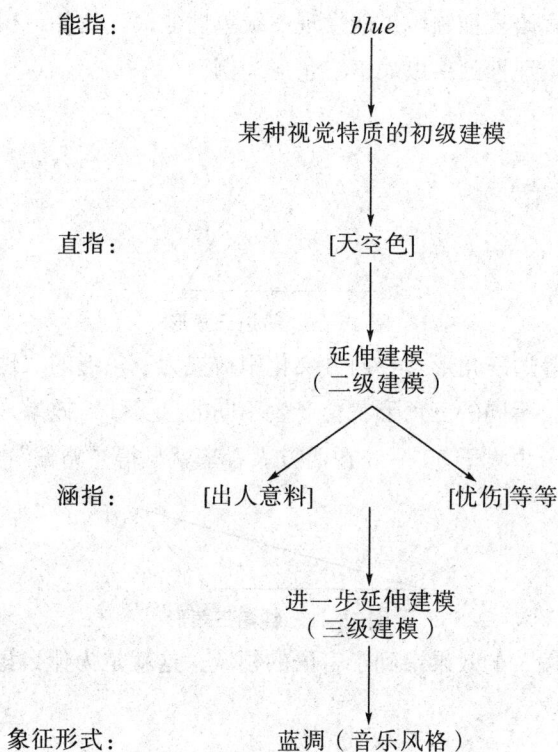

能指：　　　　　　　　　　　*blue*

某种视觉特质的初级建模

直指：　　　　　　　　　[天空色]

延伸建模
（二级建模）

涵指：　　　　[出人意料]　　　　　　　　　[忧伤]等等

进一步延伸建模
（三级建模）

象征形式：　　　　　　蓝调（音乐风格）

图 4-9　蓝调的建模史

这种类型的三级建模可见于大多数颜色术语的建模史。例如，红色的涵指是［血］，其意义可以进一步延伸来表示红十字（Red Cross）所带有的内涵。总的来说，任何颜色术语的建模史都表明，该术语的最初意义是与某种知觉推理相联系的。一旦这个术语进入了语言，它就被加以延伸，产生涵指。最后，这些涵指又能被进一步延伸，产生该术语的象征意义和应用。这个三阶段的建模过程，例见下图 4-10 的蓝调建模史：

初级建模 知觉推论产生 直指 蓝色=[天空]	⇒	二级建模 知觉推论延伸产 生涵指 蓝色=[忧伤]	⇒	三级建模 涵指进一步延伸产 生象征形式 蓝调=[音乐风格]

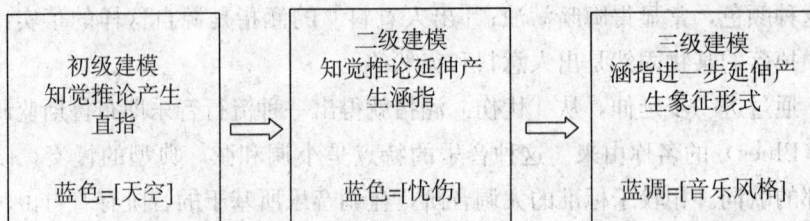

图 4—10　蓝调概念的延伸建模史

4.2.2　三级非言语性单性建模

当然，非言语表征领域也能发现三级单性建模。比如，视觉单性形式常常就被理解为象征性的。以如下三角形为例：

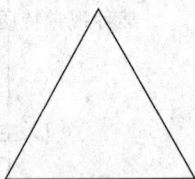

图 4—11　等边三角形

这是一个等边三角形，在西方文化中被视为三角形的"理想的"或"代表性的"形式。不同的三角形状会产生不同的"美学"效果。例如，钝角三角形——有一个角大于 $90°$ ——在西方人看来就显得"略偏"：

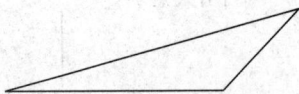

图 4—12　钝角三角形

这种"略偏"的效果渗到了言语的领域。这就是为什么我们会说以下这些话：

　　obtuse *student* （愚钝的学生）＝［*unintelligent*］（［愚笨］）

　　obtuse *pain* （钝痛）＝［*dull*］（［隐约］）

　　obtuse *idea* （牵强的观点）＝［*dull*］（［隐约］），［*uninteresting*］（［无趣］）

　　obtuse *style* （无味的风格）＝［*dull*］（［隐约］），［*uninteresting*］（［无趣］）

将图形视为理想与否明显是三级建模的结果。自古以来，许多哲学家、艺术家和数学家都对理想图形感到着迷。其中一种叫作黄金分割（golden section）。在这样的图形中，线段中的较长部分对整条线段的比例等于线段中的较短部分对较长部分的比例。比例值绝对值为 0.618 被广泛视为能够产生体现特别美的图形。

三级视觉象征在所有文化中都大量存在，对于特定社会中的人群来说它们有着巨大的意义。在全世界的文化中，旗帜、花朵、徽章、纹章符号、图腾符号、军事符号等都携带着重大的含义。比如，花朵就被贵族（饰于他们的盾形纹章之上）、国家、城市以及美加地区的各个独立州省所采用，作为官方的徽章。东亚所产的金菊花是日本和其皇族的象征。在法国，百合花曾在 1108 年被路易六世用作王族徽章。在英格兰，为了争夺王权，使用红玫瑰象征徽章的卡斯特家族和使用白玫瑰象征徽章的约克家族发动了"玫瑰战争"（Wars of the Roses，1455－1458）。

4.3 三级复合建模

三家复合模型实际上是带有高度象征性的文本。我们已经看到，科学文本基本上是三级复合形式。比如，数学等式就是由名为变量或不定量的象征符号所组成的，一般由字母或其他象征符号来表示：例如 $x^2 + y - 4 = 9$，$y = \sin x + x$，$3y = \log x$ 等等。要把握等式的指涉体的意义，必须要理解它们是如何对这些指涉体进行建模的。例如，经典的勾股定理等式 $A^2 + B^2 = C^2$ 是直角三角形的模型，带有 ABC 三条边，其中 C 边是斜边：

$$A^2 = B^2 + C^2$$

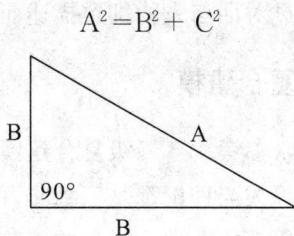

图 4-13 直角三角形

然而，正如我们在上文（4.1.1 象征性）所讨论的，这样的三级形式源自于延伸性的过程。许多早期文明认为勾股定理正确，并不是因为它能够被演绎逻辑法所证实，而是因为它与人们在实际情境下所观察到的事实一致。它作为一个定理而被形式化与证实，是在很久以后才发生的。

4.3.1　三级言语性复合建模

如前一章（参考3.3.1指示复合建模与延伸复合建模）所述，言语文本可以是真实的，也可以是虚构的。虚构文本（小说、电影等）提供了各种心理的、社会的或者形而上的意义。尽管我们在读小说或者看电影的时候知道它的情节、角色和背景是虚构的，我们仍然将其视为对现实生活中所发生的事情的反映。这是因为整个叙事都被理解为一个单独的象征（＝象征体系［symbolism］）。

散文体的虚构叙事创作于古代，有时我们会称之为小说（novel）。但直到中世纪的时候，小说才作为一种自足的叙事艺术而出现。实际上，许多学者将十一世纪日本贵族女作家紫式部（约978—约1026）创作的《源氏物语》视为第一部真正的小说，因为它描述了虚构人物皇子光源氏的情欲冒险及其后人的古板生活。在西方，虚构叙事可以说始于长诗故事、散文浪漫故事和中世纪的古法语故事诗，在吉奥万尼·薄伽丘（Giovanni Boccaccio，1313-1375）的《十日谈》达到一个顶峰。在16世纪，虚构叙事通过所谓的流浪汉体裁小说（picaresque）得到了发展，在该类小说中，主人公常常是一个经历了一系列奇遇的流浪汉。小说在18和19世纪成为主要的也是最受欢迎的叙事艺术形式，因为越来越多的作者将毕生的心力奉献给了小说创作，描述并常常讽刺当时人们的生活和伦理道德。整个19世纪以及20世纪的大多数时间里，小说成为一种对人性和人类社会进行建模的强大媒介。

虚构形式至今仍然被用于对人类行为进行建模。电影、电视节目等是小说形式的现代衍生物。这些虚构形式是要通过象征性的方式对人类行为进行建模。人类的心理动机通过对话与人物细致描述而间接地得到了体现。

4.3.2　三级非言语性复合建模

上文所述的勾股定理（参考4.3三级复合建模）是三级非言语复合形式的一个例子。所有的数学等式与理论都是三级非言语复合模型。我们再以三角比例为例。比如，在直角三角形中，锐角的正弦等于该角所对的三角边除以斜边。角的度数是在0°到90°之间变化，正弦的绝对值是在0到1之间变化。这个比例最早为人们所知，并非是通过理论证明的，而是作为三角形的一个特征被观察到的。实际上，是古巴比伦人创立了三角形中角的测量体系，记下了特定的类型。在公元前2世纪，希腊天文学家喜帕恰斯编制了一个三角表，用于解决三角形的问题。在差不多同时期，印度天文学家就已经在正弦函数的基础上发明了一个三角学系统。三角学最早应用于航海、土地测量和天文学的领域，主要的问题一般是要确定某个难以获得的距离，如地球和月球之间的距离，或者不能直接测量的距离，如某个大湖的跨距。

三级复合非言语建模并不局限于科学领域；它可见于人类社会生活的所有领域，从组成舞蹈风格的常规动作，到体现求偶行为特征的复杂仪式等等。然而，三级非言语建模并非人类所特有。它也能在动物符号世界看到，尽管很少。最著名的例子是蜜蜂的"摇摆"舞（参考 1.4.2 文本的种类）。奥地利动物学家卡尔·冯·弗里施（Karl von Frisch）在其发表于 1923 年的一篇经典论文中，描述了工蜂在发现食物源（如一片花地）之后如何在它的蜜囊存满花蜜，回到蜂巢，并表演一场充满活力而又高度规范化的舞蹈。我们之前看到（2.3.1 初级非言语性复合建模），如果新的食物源在附近，大约离蜂巢 90 米，蜜蜂就会表演一种圈形的舞蹈，先移动大约 2 厘米或更多，然后反方向绕圈。蜂巢里许多蜜蜂会紧密地跟随着这蜜蜂，模仿着它的动作。其他蜜蜂之后就离开了蜂巢并以扩大的圈形飞行，这些圈形也与原来那只舞蹈相似。这些蜜蜂一直飞行，直到它们最终找到食物源为止。其他蜜蜂的模仿性舞动形成了象似建模，但这个圆形舞蹈的本身明显是一个关于指涉体（[食物源]）的三级模型。如果 [食物源] 离得远，回来的那只蜜蜂会表演一种更为复杂的舞蹈，其特点是在圆形舞蹈直径上的一系列断续舞动及其腹部的用力"摇摆"。这种舞蹈的每个单独动作似乎都有含义：

· 蜜蜂在固定时段绕圈的次数告知其他蜜蜂要飞行多远。

· 圆圈直径上的直飞舞动表明 [食物源] 的方向。如果直飞是向上的，食物源便直接朝向太阳。

· 如果直飞是向下的，表明蜜蜂要背对太阳飞达食物源。

· 如果直飞突然转角飞向垂直，表明蜜蜂的飞行路线偏太阳右侧或左侧的角度必须与直飞偏离垂直的角度相同。

这种舞蹈语言的复杂性为研究其他物种的三级建模行为做了铺垫。现在人们知道，一些物种有着各类有助于社会互动的信号。因此，这些信号与促成和保持人类文化生活的三级象征符号之间有着象似种类的功能。

例如，新几内亚和澳大利亚地区的一种雀形目的鸟类园丁鸟，其求偶展示行为的特征就是象似性。这种鸟之所以得名园丁鸟，是因为雄鸟会为交配搭造凉棚，加以各种装饰，以吸引雌鸟。令人惊叹的是，园丁鸟的行为展示主要是围绕着无生命物体的使用。雄鸟在全年的绝大多数时间里远离雌鸟生活，但在繁殖季节，它们会聚集在一起为获得配偶而彼此竞争。每只雄鸟会在树林地面清理出一片区域，用于吸引异性。它会将贝壳、花朵、颜色明亮的浆果甚至人类制造的物体放置在这片区域。它还会建造出各种结构，例如绕着树干用树枝做的"五朔节花柱"，常常饰有苔藓和花朵；或者像印第安人圆锥帐篷那样的结构，入口很低，前面是一个明亮物体和花朵组成的"花园"。很明显，这些"象征性的手工艺品"目的是为了吸引雌性，与人类求偶行为中使用象征性的手工艺品（花朵、珠宝等）作为吸引策略的方式并无二致。相似的求偶展示行为可见于各种鸟类。

4.4 三级凝聚建模

三级凝聚建模包含了象征性。上文讨论的数学性智力表征活动之所以成为可能，是因为存在着以凝聚性的方式为表征数学关系提供了恰当象征资源（数字资源、几何资源等）的代码。三级代码也可以被视为体现日常生活互动特点的象征性社会行为的基础。例如，社会代码（服饰、性别、食品、空间、打扮等）提供了象征资源，传递有关自我的信息，规约人际活动。我们将在下文探讨智力代码和社会代码。

4.4.1 智力代码

智力代码是被设计来组织某个领域的知识的代码，其功能是作为理解世界的心理模版。智力代码的完美例子就是我们在上文所看到的基于三角边之间关系的三角学代码（参考 4.3.2 三级非言语性复合建模）。

六个三角函数是通过直角三角形中的特定锐角而确定的：

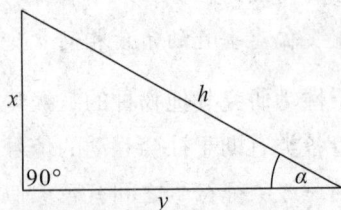

图 4-14 直角三角形用于确定锐角 a 的三角函数

正弦（sin）的定义是对边相对斜边的比例 x/h；余弦（cos）是邻边相对斜边的比例 y/h；正切（tan）是对边相对邻边的比例 x/y；余切（cot）

是邻边相对对边的比例 y/x；正割（sec）是斜边相对邻边的比例 h/y，而余割是斜边相对对边的比例 h/x。任何一个角的三角比例绝对值都可以通过画图、测量和计算比例而近似得到。

尽管这个代码与现实生活场景无甚关系，但值得注意的是它能够被用于解决工程学、航海、建筑等方面的实际问题。在某个场景的视觉复合模型上，将某个无法测量的距离表征为三角形的一条边，测量该模型三角的其他边或角，并将恰当的三角函数运用于该模型，通过这种方法就可以很容易地确定这段距离。

以如下问题为例：

灯塔上的管理员看到俯角 43°处有一艘船。如果该管理员的眼睛距离水平面有 39 米，那么这条船离灯塔基座有多远？

这个问题表明，三角学使得这个用其他办法难以解决的问题变得简单了：

•首先，我们画一个图式，粗线条地表征该场景的已知情况。当然，这是该场景的视觉复合模型。

•假设灯塔是直立的，我们可以将其画作一条直线，长度标为 39 米，在水平面之上（＝三角形的一条边）。

•因为我们不知道船离灯塔基座的距离，我们可以用字母 d 来为其标示（＝三角形的另一条边）。

•通过连接船在 d 距离处被看到的点和灯塔上管理员的眼睛（＝三角形的第三条边），我们因此就能完成该场景的三角模型。

•该模型如图 4−15 所示。

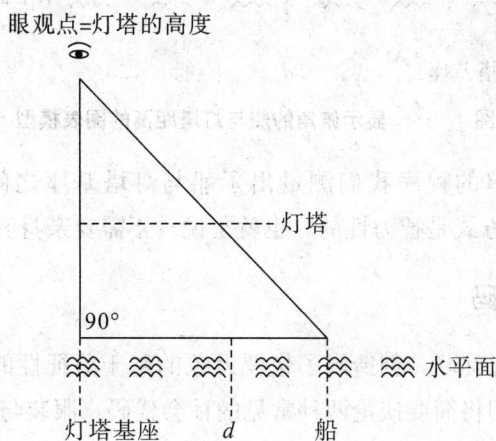

图 4−15　船与灯塔距离的图表模型

所测出的从水平线到船的俯角给定为 43°，我们可以在图表的适当点将其标出（见图 4-16）。因为水平线与水平面平行，也就是与线 d 平行，通过欧几里得几何定理，线 d 与斜边之间的角也是 43°。现在我们可以考虑三角的本身，不需要参考所要处理的现实问题，因为与处理任何象征式表征一样，我们可以从其本身来分析它的形式，并对其加以必要的操作。43°角的正切是 39/d（对面除以邻边）。我们现在就能设出以下等式，解出 d 的值，因为我们通过恰当的三角函数表得知 43°角的正切值是 0.932515：

$\tan 43° = 0.932515$

$39/d = \tan 43°$

$d = 0.932515$

$d = 41.8$

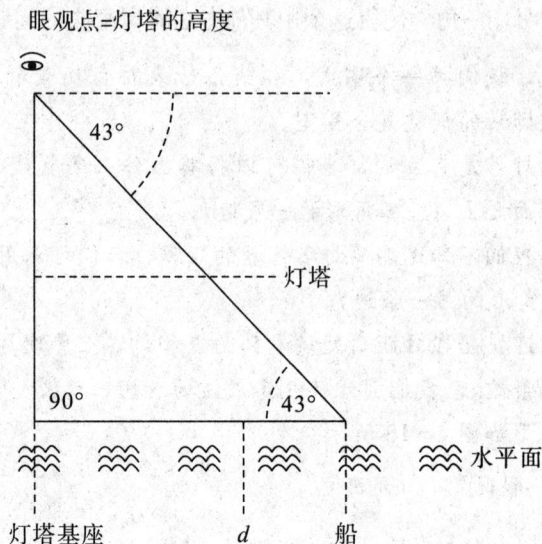

图 4-16　显示俯角的船与灯塔距离的图表模型

通过这个简单的程序我们测量出了船与灯塔基座之间的距离大约为 41.8 米，其测量方式是智力性的，也就是说，不需要亲身测量。

4.4.2　社会代码

社会代码彼此互联，创造出了包罗万象的基于象征性的人际规约系统。在这个部分，我们将简要谈论两种常见的社会代码：服装与食物。

在生物的层面，衣服确实有着重要功能——它们极大地提高了人类的生存力。在这个直指的层面上，衣服是人造的对保护性体毛和皮肤厚度的"补充"。这就是为什么在不同的气候地带会有相对不同的服装类型。但是在社会语境中，单独的服装象征性结合成了各种着装能指（dress signifiers，源自古法语 dresser，表示"安排，设置"），告知人们如何在社会中呈现自己。根据维度原则（参考 1.2.1 建模系统理论），衣服首先直指身体保护（亦即，它们扩展了身体保护的功能）；其次，它们在社会语境中带有特定的涵指意义；其三，与某些庆典和仪式上所穿的衣服相关联的象征体系正是以这些意义为基础而形成的。

着装甚至能用于说谎，例如，诈骗犯和犯罪分子能穿着精心搭配的套装以显得可靠，骗子能穿成警察的模样以获得受害者的信任，等等。为防止人们通过服装欺骗别人，有些社会甚至还专门立法，禁止虚假着装。比如在古代罗马，只有贵族才可以穿紫色的衣服；在中世纪的欧洲，农民必须留短发，因为长发是贵族的特权；在许多宗教主导的文化中，一般会施行区别性的男女着装代码；此类例子不胜枚举。

这种现象在其他物种里面也能发现。实际上，动物符号世界的脱毛现象就等同于人类的更换衣服。一种常常大量出现于湖区、溪水与河流的昆虫蜉蝣，通常会在水下生活一到三年，通过腮呼吸，食用微小植物。一段时间之后，蜉蝣会从幼虫外皮中孵出至水面，并飞到附近的植物上，蜕去带有绒毛的防水外皮。这个过程改变了它们的生命角色。现在它们已经完全成熟，雌雄成虫都不能进食，只会成群地飞聚在水面上方交配。交配之后，雄性会死去；雌性会多存活几个小时，将卵排在水中，生出下一代的幼虫。

草木的颜色实际上就是植物服装。在花朵中，它表现为不同的色素：色素体中所包含的脂溶性色素，和花瓣表皮细胞的液泡中所包含的水溶性色素。植物叶面表皮分布有成对的豆状细胞，称为保卫细胞，它们含有叶绿体，是充满绿色素即叶绿素的微小颗粒。这些使得植物叶能够进行光合作用，叶面可以吸收二氧化碳和阳光。叶绿素给了叶面绿色，别的色素的出现则导致了叶面的其他颜色，如红色与紫色。在地球的温带地区，有些植物的叶子会在秋天变换颜色，叶绿素的产出在那时会下降，而其他的色素则会显现。

在人类世界里，全世界的服装都会产生涵指意义（［性］［性别］［等级］［角色］等），也会产生宗教象征、军事象征和其他种类的社会象征体系（即象征意义）。这就是为什么服装是世界上带给人们社会凝聚力的各种典礼、仪式和传统的内在组成要素。例如，牧师、犹太祭司、萨满还有其他神职人员在一年中某些场合所穿着的各种服装，都是象征着共同的伦理道德价值。

与服装一样，食物远不仅仅是人类的营养物。首先，我们进食是为了生存。在直指的层面，食物是生存所需的营养。但在文化的层面，食物不仅是营养物，更是象征符号。人类学家克劳德·列维－斯特劳斯（1964）将食物象征体系的源头追溯至烹饪技术的出现。烹饪过的食物作为一种供养手段，已经转化为某种超越生存所需营养的事物。根据列维－斯特劳斯所述，伴随这个转化的有两个过程，炙烤与炖煮。二者是人类最早的重大技术进步。炙烤比炖煮更加原始，因为它意味着食物与火的直接接触。而炖煮则体现了一种高级形式的技术思维，因为这个烹饪过程是通过锅的使用而进行的。这个二元区分牵涉了一系列的象征差异。在世界上有些地方，这种区分被保存在了社会系统之中，以象征人际和等级的关系。比如，在印度的种姓制度中，较高阶级仅会接受来自较低阶级的生食，而较低阶级被允许接受来自任何阶级任何种类的熟食。

早期食物象征体系在现代的社会实践与传统中也仍然有所遗留。比如，世界上的宗教典礼就是围绕着食物象征体系而展开的。天主教弥撒的缘由就是要象征性地享用耶稣的圣体与圣血；在感恩节、复活级与圣诞节等节日期间，人们会准备并食用特定种类的食物；婚礼、犹太男子成人礼等场合上的宴席也是围绕着食物象征体系而展开；此类例子不胜枚举。这就是为什么在英语中我们会说 *bread of life*（生命之食），*earning your bread*（谋得生计），和 *sacrificial lambs*（献祭之羊）等。

食物代码也决定着可食用性。除了明显对人体有害的东西之外，所有被认为可食用或不可食用的动植物的种类，在很大程度上都是任意性的、文化性的决定。有关食物可食用性的认识，其基础存在于象征体系，而不是消化过程。我们固然不能通过吃树皮、草或秸秆来获得营养，但肯定能通过吃青蛙、蚂蚁、蚯蚓、蚕、蜥蜴和蜗牛来获得。当然，大多数来自英美文化的人想想吃这些高蛋白物都会作呕反感。但在有些文化中，这些东西不仅作为营养被人们食用，还被视为美味佳肴。在我们的文化中，兔子、猫、狗都被列为"家庭宠物"，因而就使得我们将烹饪过的兔肉、猫肉和狗肉视为"不可食用"。但是，我们却常常食用牛肉（牛排、牛肉馅饼等）、羊肉还有鸡肉，而且很少有负面的认识。相反，在印度，牛被列为"神圣"动物，因此也"不可食用"——顺道提及，这就是英语表达 *sacred cow*（不可批评的人或物）的来源。英美文化并不将狐狸或狗列为可食用的对象；而狐狸在俄国却是一道珍馐，狗在中国则是一味佳肴。

食物象征体系也决定着人们怎样准备食物，以及食用这些食物的时间和方式。许多基督徒会在开饭之前谢恩祈祷，犹太人在饮酒和吃面包之前会做特别祷告。在正餐场合，上菜的顺序，哪些菜肴能够同时上桌，桌上食物如何摆放，上菜的时候谁会优先得到服侍，谁需要表现尊重，谁负责说话，谁负责听，谁坐在什么地方，以及说哪些话题是恰当的等等，都深深地渗透在文化象征史和传统之中。饮食活动对于建立和维护社会关系与和谐极为关键，几乎没有哪个文化不会将屋舍的某个区域作为饮食和典礼之用。此外，所有的文化都有各种餐桌仪式与礼节，从文化成员从出生之日起就被反复灌输。如果一个人不知道某个文化的餐桌礼仪代码，那么，为了能够在该文化中不受非难地生活，这个人就需要学习这个代码。

4.5　三级连接建模

三级连接建模包含获取象征形式的关联。我们已经将这种象征形式称为元象征（*meta-symbol*，参考 1.6.2 连接形式的种类）。在这个部分，我们将简要地看看元象征的形成，以及常见话语的隐喻基础。

4.5.1　元象征

在西方文化中，玫瑰（rose）被视作爱情（love）的象征符号，因为与玫瑰相联系的区别性特征［甜蜜的味道］（［sweet smell］）［红色］（［red color］）和［植物］（［plant］）组成了对［爱情］进行概念化的源域：［爱情＝甜蜜的味道］（"她的吻是甜的"［Her kisses are *sweet*]），［爱情＝红色］（"她的红唇诱人"），［爱情＝植物］（"我们已深深相爱多年"［Our love has been *blossoming* for a number of years]）。这个时候我们就可以很容易地看到［玫瑰＝爱情］的元象征是如何产生的（见图 4-17）：

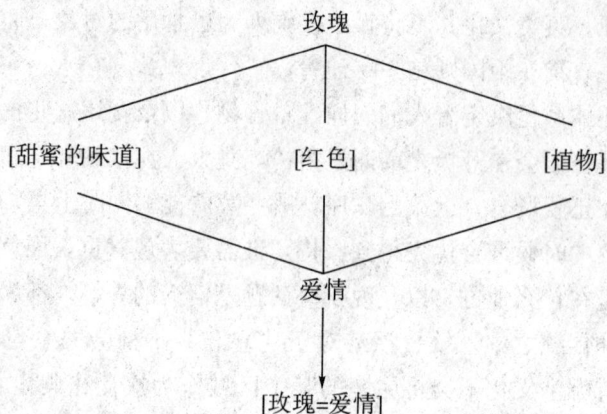

图 4-17　元象征［玫瑰＝爱情］的派生过程

　　这就是为什么玫瑰会在浪漫的场合被送给心爱之人，为什么它们能够作为叙事中的爱情标志，等等。［玫瑰＝爱情］的连接是一个元象征，它源自于这样的事实：［爱情］关联了描述玫瑰特征（［甜蜜的味道］，［红色］，［植物］）的源域。

　　以"个性"（*personality*）的概念为例。我们先看以下传递"人"（*person*）的概念的换喻元形式：

　　［body part ＝ the person］（［身体部位＝人］）

　　132．Get your *butt* over here!（你给我过来!）

　　133．He's the *head* of that organization.（他是该组织的首脑。）

　　134．We don't hire just *muscles*.（我们不聘用仅有力气但没头脑的人。）

　　［the face ＝ the person］（［脸＝人］）

　　135．He's just another handsome *face*.（他没啥，只是长得帅而已。）

　　136．Put on a happy *face*!（开心点!）

　　137．We must talk，*face* to *face*.（我们得当面谈谈。）

　　［clothing apparel ＝ the person］（［服装服饰］）

　　138．What *hat* are you wearing today?（今天你唱的是哪一出?）

　　139．We don't hire *blue jeans* around here.（我们这不聘穿休闲装的人。）

140. We need more stiff *collars* in this office. （我们办公室需要更多高领正装人士。）

[body style = the person]（［身体风格=人］）

141. He's just another *shaved head*. （他没啥，只是一个光头佬而已。）

142. Ignore her, she's *slow of foot*. （别管她，她就是慢性子。）

143. Ignore him, he's a *swaggerer*. （别理他，他就是傲慢。）

将这些元形式在常见话语和其他种类的表征活动中不断组合，就会累积产生一种关于个性的元象征，体现为［外貌=个性］（［physical appearance = personality］）。这个模型的出现明显是因为表现外貌的事物——［身体部位］［脸］［服装服饰］［身体风格］也组成了［个性］的源域：

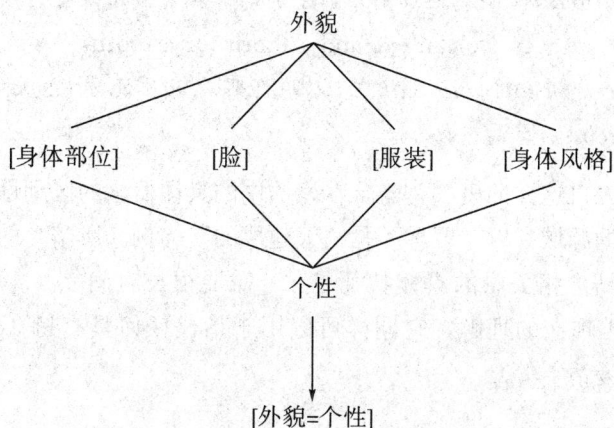

图4-18 元象征［外貌=个性］的派生过程

这就解释了很多现象，比如，为什么肖像是针对脸的，为什么身体形象在社会环境中展现恰当的人格角色很重要，为什么服装风格关系到个性与生活方式，等等。

元象征在整个意指顺序中都能看到，而且是追溯一个文化的过去的痕迹。在我们之前的一个时代，英语表达"He has fallen from grace"的意思会立刻被人们认出，它指的是《圣经》中亚当和夏娃的故事。今天我们仍然在用这个表达，但是极少会意识到它源自于《圣经》。将［人生］（［life］）描述为［旅程］（［journey］）的表达，如"我离自己的目标还有很长的一段距离"（I'm still a *long way* from my goal），"看不到尽头"（There is no *end in sight*），等等，都同样是起源于《圣经》中的元象征体系。恰如加拿大文学批评家诺斯罗普·弗莱（Northrop Frye，1981）所指出的，如果没有直接或间接地接触《圣经》中的元象征，那么就不能充分领悟这些表达，实际上也无法领悟大多数的西方文学或艺术。

与历史过去的元象征连接在谚语中也有明显体现：

144. You've got too many fires burning（= *advice to not do so many things at once*）（你同时做的事情太多/一心不可二用=建议不要同时做过多的事情）

145. Rome wasn't built in a day（= *advice to have patience*）（罗马不是一天建成的/冰冻三尺非一日之寒=建议要有耐心）

146. Don't count your chickens before they're hatched（= *advice to be cautious*）（小鸡还没孵出，先别计算鸡数=建议要谨慎）

147. An eye for an eye and a tooth for a tooth（=*equal treatment is required in love and war*）（以眼还眼，以牙还牙=爱情与战争要求同等对待）

这些都源自这样的事实：隐含在谚语中的具体概念的区别性特征也是某些抽象概念的源域。以"罗马不是一天建成的"为例。所暗含的与建立伟大城邦（如罗马）相关联的具体特征是：［需要很长时间］（［takes a long time］）。根据现在的理解，它同样可以用于指代任何具有持久价值的事物（［学习］［爱情］等）：

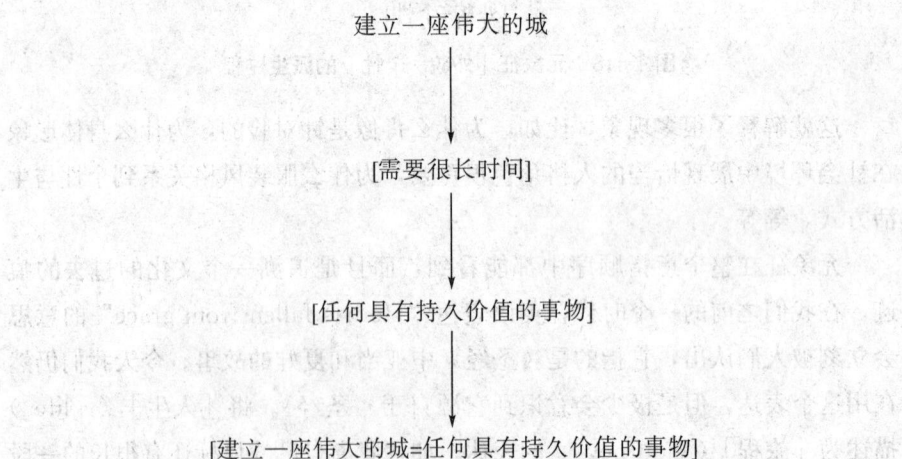

建立一座伟大的城

↓

[需要很长时间]

↓

[任何具有持久价值的事物]

↓

[建立一座伟大的城=任何具有持久价值的事物]

图4-19　元象征［建立一座伟大的城=任何具有持久价值的事物］的派生过程

每个文化都有相似的谚语、格言和警句。它们形成了人类学家称为"民间智慧"的了不起的伦理代码和实践知识代码。事实上，智慧（*wisdom*）的概念本身就意味着将谚语用于某个场景并发人深省的能力。

元象征的使用可延伸至科学推理的方面。科学常常涉及无法看见的事物，如原子、波、万有引力、磁场等。因此，科学家应用他们隐喻性的技术来对这些隐藏的事物进行所谓的查看。这就是为什么我们说波就像是池塘水纹一样起伏着（*undulate*）通过某个空间，原子从一个量子状态跳跃到（*leap*）另一个量子状态，电子围着原子核绕圈行进（*travel in circles*），等等。诗人与科学家一样，都使用元象征来推知事物之间的可能内在联系。这些是真理的切片，它们证明了人类能够将宇宙视为连贯有序的有机体。当一个元象征作为事实被接受的时候，它便进入了人类生活，在现实世界作为独立的概念性存在，因而能够指导人们如何改变世界。比如，几千年来，欧几里得几何学就为世人提供了一种视觉化的元象征结构——一个由点、线、圈等等之间关系所组成的世界。尼古拉斯·罗巴切夫斯基（Nicholas Lobachevski，1793-1856）认为欧几里得的平行线能够在某种语境下"相遇"，比如在球面的两级，而在这个时候，上述的结构就被更改了，以适应性的条件和观点。物理学家罗伯特·琼斯（Robert Jones，1982：4）恰当地指出，对于科学家，隐喻是"事物之间内在联系的一种再现"。

4.5.2　话语

话语是可塑三级建模系统。然而有意思的是，体现大多数话语的特点的"意义流动"是隐喻性的。其证据已经很确凿。比如，近期一项研究（Danesi，1999b）表明，话语中的意义流动主要受到元形式的组合链的影响（亦即，受到它们的源域和次源域的因素的影响）——这项发现告诉我们，话语首先是通过源域的"电路图"而展开的，可以说，对话者在其中进行着"心理穿行"。

以下是多伦多大学校园两位学生之间对话录音的简记（Danesi，1999b），它向我们展示了［人的个性＝动物的可见身体特征］（［human personality = perceived physical features of animals］）这个元形式（参考2.5 初级连接建模）如何塑造了二人对话回路的路径：

学生 1：You know, that prof is a real *snake*.（你知道吗，那个教授真是条蛇。）

学生 2：Yeah, I know, he's a real *slippery* guy.（是啊，我知道，他真够溜滑的。）

学生 1：He somehow always knows how to *slide* around a tough situation.（不知怎么，他总是知道如何溜绕过难点。）

学生 2：Yeah, tell me about it! Keep away from his courses; he *bites*!（是啊，还用说么！别上他的课，这家伙毒得很!）

这个元形式在对话中的所引发的回路可见下图 4—20：

[人的个性＝动物的可见身体特征]

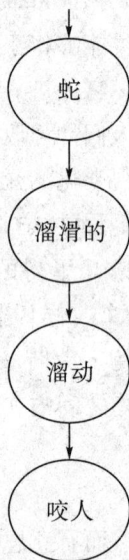

图 4-20　元形式 [人的个性＝动物的可见身体特征] 所引发的话语回路

有时，回路受到一系列元形式的塑造，它们在话语路径中相互关联。在一组关于"观点"（*ideas*）的对话中，一个对话者使用了以下序列的源域（Danesi，1999b）：［观点＝看］ → ［观点＝食物］ → ［观点＝时尚］ → ［观点＝人物］（ [ideas = seeing] → [ideas = food] → [ideas = fashion] → [ideas = persons]）：

我看不出有谁能接受他的观点，尤其是因为其中的大多数观点都已经过时，正在僵死（*I do not see how anyone can swallow his ideas, especially since most of them have gone out of fashion, and thus are dying.*）

这里的回路可见下图 4-21：

```
                [观点]
                  │
                  ▼
               ╭──────╮
               │ [看] │
               │我看不出│
               ╰──────╯
                  │
                  ▼
               ╭──────╮
               │[食物]│
               │吞咽接受│
               ╰──────╯
                  │
                  ▼
               ╭──────╮
               │[时尚]│
               │过时了│
               ╰──────╯
                  │
                  ▼
               ╭──────╮
               │[人物]│
               │ 僵死 │
               ╰──────╯
```

图 4-21　与 [观点] 相连的各种源域所引发的话语回路

与有机体一样，话语是一种具有高度适应性和语境灵敏度的工具，容易受到情况所需的细微涵指差异的影响。在传统的话语理论中，直指被认为是意义认知流动的主要塑造因素，而涵指仅仅是该认知流动内部的次级的、取决于语境的选择。但这种有关意义的"字典式"模型很少能为言语交流的真正本质提供深入的解释。在真实话语中，是连接建模的涵指（隐喻）维度指引着话语回路中的"穿行"。这就是为什么学习外语的人在一开始很少或者无法进入这种回路，因为语言教学一般是基于意义的直指模型。外语学习者很少能成为真实话语结构的参与者，直到习得了塑造话语回路的深层元形式结构之后才可以。米歇尔·福柯（Michel Foucault，1976）将这种回路的特点描述为包含了无数"互相交织的结构"，在这些结构中意义的边界从来就不是清晰明确的。每个能指都必然存在于指涉其他能指的系统之中，存在于一个分布着所指的网络之中。

第 5 章　诸系统分析

科学思维更为重要的作用是提出正确的问题，而不是给出正确的回答。

——克劳德·列维－斯特劳斯（1908－2009）

5. 本章绪论

本书的目的是要展示单性建模、复合建模、凝聚建模和连接建模所产生的多种意义的形式（*forms of meaning*）如何作为三个不同但又相互关联与重叠的建模系统的产物。有些形式是人类建模行为特有的，其他的则是所有符号领域（植物符号、动物符号以及人类符号）共有的。正如我们在一开始通过例子所展示的，诸系统分析（*Systems Analysis*）的精髓在于：体现不同物种特征的特定种类建模现象使得分析者能够获得它们所使用的具体建模系统的原理。诸系统分析的目的是为了提供一个框架，用于研究模型如何构建、它们的物种所特有的功能是什么、为什么它们会发生以及它们如何生成意义的形式。

在第一章中（参考 1.2.3 生物符号学），我们指出这类研究的出发点源于对身体所产生的自然形式——症候的研究。希波克拉底在《药学》（*The Science of Medicine*）中提出："视力看不到的东西，我们必须要用心理之眼来获取，而医生在无法看到也无法被告知疾病性质的时候，必须求助于根据呈现出来的症候所进行的推理"，因此诊断的本质是"推断症候是什么疾病的结果，过去所发生的事情，并预测疾病的未来走向"（Chadwick & Mann，1950：87－89）。在其之后不久，盖伦（约 130—约 200），尝试在任何可能的情况下为预测提供一种科学的基础，也就是将预测基于实际的观察。之所以能够这样做，是因为他从事过解剖和实验，而希波克拉底则是作为一个博物学家来研究疾病。盖伦"敢于以科学家的身份来改变自然"（Majno，1975：396），而且因此能够被视为临床符号学的细心创立者。他也很有可能是现代意义上的符号学第一人。

如本书第一章中所讨论的（参考 1.1 模型），症候是自然初级模型，由特定的身体过程所产生。但从医学的角度对它的解读是指示性的，因为它的形式被视为一种指向生理或身体形态某个区域或方面的能指。实际上，症候是身体迫切需要获得解释的指示性提示（Polunin，1977：91），此外，在人类世界，它们还被赋予了一种主观性的、基于文化的解读，影响着人们对它们的感受。以疼痛为例。古代医学家们也知道，疼痛的阈限受到非身体因素的影响，比如个体独特的过去经历以及其文化对于某种身体问题的认定方式。心理学家梅尔扎克（Melzack，1972：223）观察到：在北美文化中"分娩被广泛认为是一次疼痛的经历"；然而"在有些文化中，产妇在分娩时几乎无任何痛苦表现"。这并不意味着北美产妇的痛是装出来的，而是意味着分娩被理解为可能会危及产妇的生命，而年轻的女性需要在成长的过程中学会害怕它。

19 世纪杰出的德国解剖学家与生理学家弗里德里希 J. K. 亨勒（Friedrich J. K. Henle）指出，对疼痛的主观性反应的存在并没有身体方面的导因，而疼痛的感受也没有任何机体方面的基础。它源自于"记忆中心所存的印象，能够通过所激发的适当联想而被唤起"（Behan，1926：74），也就是说，疼痛是个人因素和社会因素的产物，并非是机体因素的结果。有些症候是个人性的经历，并没有确切可辨的存在场，仅仅处于人类常说的"自我"的一种孤立附属之中。这些症候常常会通过发声的方式显现，比如呻吟、声调，或者各种表达，可能会（也可能不会）伴有身体动作，从皱眉到扭动，强度高低不同。有一个极为棘手的问题，在这里仅能稍微提及，涉及关于自我的一些意义以及这些意义与症状学问题如何关联。其生物学定义取决于这样的一个事实：免疫系统并不明显地对应其自身抗原，有特定的基因标识调节着生成抗原特异细胞系和个体基因型细胞系的系统（Sebeok，1979：263—267）。

解读症候的技艺的重要性，远远超过了医生的日常诊治活动。希波克拉底曾经就已经预见，成功地解读症候，源自于它的心理力量，关键取决于解读者通过其技术给病人和他们共同的人物环境（诊室中聚集的观者，可能包含病人的亲友，以及医生的同事和下属）留下深刻印象的能力。根据新近的医学思想，当代对诊断的专注——我们所看到的医生所从事的对病人身体问题进行解释的工作——归根结底取决于医生自我赋予的作为当代社会价值观的权威展示者和解释者的角色。疾病的地位因此就被提升到了伦理道德的范畴。

在根本的意义上，对所有建模现象的研究是对身体、思维与文化之间的症候学的研究——就像古代医生们所主张的那样。诸系统分析正是基于这个传统。在第二章、第三章与第四章中，通过探讨三种建模系统，有选择地记录各个物种内部和跨物种的符号活动的各种体现，我们为诸系统分析打下了基础，从而建立一个概念、原理和过程的分类体系，用于理解建模如何展开。在本章，我们会对松散的理论和方法论线索进行串联。

5.1　诸系统分析的框架

诸系统分析的主要任务是：（1）确定在动物行为中模型的组成要素，（2）其所关涉的建模系统（初级建模系统、二级建模系统、三级建模系统），（3）其所体现的建模能力种类，以及（4）其功能为何。指导这些任务的是一些关键的理念。第一个理念是维度性，即存在着三种不同但又相关联的模型种类：（1）初级模型，它对指涉体的模拟物；（2）二级模型，它或是某个模拟物的延伸，或是一种指示性的形式；以及（3）三级模型，它是以象征性的方式所创造出来的某种形式。第二个理念是稳定性与可塑性的对立，即某个模型（自然的或人造的）可能是稳定的（例如文字文本），也可能是可塑的（例如口头对话）：稳定模型是固定的，相对长久或恒定；可塑模型是非永久的，而且适应着情境的动态变化。第三个理念，是假定模型所使用的形式可以是单性的、复合的、凝聚的或者连接的，为研究其所整编的指涉体或指涉域的性质提供线索。第四个理念是互联性，通过这种特性，所使用的建模系统会随着指涉体的性质、模型的功能和建模行为的发生情境而变化。第五个理念是在符号活动、建模与表征之间所做的区分：符号活动（*semiosis*）是产生形式（符号、文本等等）的神经生物能力，建模（*modeling*）是沟通符号活动能力与某指涉体的表征（*representation*，即创造形式的实际行为）的渠道。第六个理念是所有的模型都拥有者同样的结构特征（聚合性、组合性等等）。最后的一个理念是建模揭示了大脑如何将感官形式的认知转化为内在形式的思考和外在形式的表征：某个特定的外在模型（external *model*）因此被认为是概念在思维中所拥有的形式的一种"认知痕迹"；另外，因为概念取决于它们的建模方式，本书通篇所主张的一点就是：知识（*knowledge*）所采取的形式（*form*）取决于所使用的建模（*modeling*）种类。

5.1.1　生物符号学和社会生物学

在这个点上有个重要的区分，研究跨物种的建模与交流行为的生物符号学研究方法，被称为社会生物学（sociobiology）的研究方法，尽管后者与诸系统分析有着许多共同特征，但它有两个基础性的缺陷——无法区别基因的方面与符号活动的方面，而且无法看到内在模型与外在模型之间的相互关联。

为了研究和解释动物行为的进化基础和文化基础，社会生物学结合了社会科学与生物科学中的信息与方法。关于文化起源的社会生物学解释首先考虑的是生命的起源，即单细胞有机体出现了自我复制能力的时候。接下来的一个阶段是更加复杂的细胞的发展——它是包括人类机体组织在内的所有高级生命形式的基础。再后来的一个阶段，更大的多细胞有机体（扁形虫、甲壳纲动物等）出现，它们能够发展出更为复杂的器官，如眼睛和大脑。最后一个飞跃阶段包含了思考性的人类大脑的出现。社会生物学家试图通过一种基因—文化"协同进化"的过程来描述导致从主要受基因制定的行为到思考行为的这个飞跃产生的原因（可参考 Lumsden ＆Wilson，1983）。这个过程据说是在能人（Homo Habilis）学会如何用手制作工具之后引发的。他们体形不大，拥有着人的身体以及与智能猿类似的大脑，作为狩猎者和采集者生活在非洲的大草原地带。因为受到更大哺乳动物的威胁，而且迫切需要捕获猎物以图生存，他们不得不学会如何相互合作，逻辑思考，并以某种清晰有效的方式相互交流。这种情况据说导致了有关狩猎、食物分享、劳务分配、交配方面的社群规则体制的产生。他们的文化是人类最早的文化。其后的直立人（Homo Erectus）和智人（Homo Sapiens）阶段变得更加具有"革命性"，因为文化在人类演化突进的过程中明显承担了越来越多的部分。直立人生活在距今大约 180 万到 3 万年前之间。这个人种有着更大的脑容量，高达 1150 立方厘米，而且还有着比早期人种更圆的颅骨，使得他们能够做到祖先从来做不到的事情：制作工具、系统狩猎、建造营地、火的使用，等等。直立人所造的最有特色的工具是水滴型手斧。

随着故事的发展，直立人的物种从非洲迁徙到了亚洲和欧洲，并经过 20 万年的杂交和文化融合，渐渐进化为智人。在距今 20 万到 30 万年前，智人出现了。最终，在距今大约 10 万年前的时候，现代人（Homo Sapiens Sapiens）出现了。对于人类化石记录是否显示了从最早的智人到现代人的连续进化发展过程，科学家之间还有些异议。但不管异议的结果如何，有证据表明早期智人群体在很多方面都拥有高超的能力，包括应对冰河世纪欧洲时而严酷的气候，慎重地埋葬死者，通过言语交流等，而且他们也拥有着高度发达的工具制作技术。所有这些都表明文化在现代人类的进化过程中变成了一个主导力量。

在社会生物学的解释中，人类思维是由基因与文化的共生合作关系所产生的。随着文化变得越来越复杂，人类的思维也是如此，这渐渐使得人类能够做出赋予自身更大的生存繁衍能力的选择。基因进化渐渐地让步于文化进化。身体的生存机制最终被思维的机制所取代。

社会生物学家所要尝试解决的问题最终可以追溯到达尔文想要解决的问题。这些问题在 1975 年由美国生物学家 E. O. 威尔逊（E. O. Wilson）在一部著作中做了综合性的表述，这部著作已经成为社会生物学的奠基之作。大约在同时，英国生物学家理查德·道金斯（Richard Dawkins, 1976）站了出来，直接仿造基因（*gene*）一词提出了模因（*meme*）的概念，似乎为解释从基因进化到文化进化的改变提供了那"缺失的一环"。道金斯将模因定义为人们直接从他们的文化环境中所继承的信息（观点、法律、服装时尚、艺术作品等等）以及行为（婚礼仪式、爱情仪式、宗教礼节等等）的复制模式。像基因一样，模因并不包含处于接收端的人类有机体的任何意向性。作为文化的一部分，人类从出生就未经思考地吸收了模因，然后同样未经思考地将它们传递给下一代，使得它们能够适应性地提升，超越前面的世代。道金斯认为，模因是文化进步、强化和改善的原因，它们成了人类演化突进的最主要手段。

在根本上，道金斯的这个理论是具有欺骗性的。基因能够从有机体中被确定和分离，并被研究、改变、甚至是生理克隆。这是一个科学事实。相反，模因只不过是道金斯本人用于指代我们在本书中称为模型（*model*）的事物的术语。没有什么经验方法可以证实道金斯所定义的模因；它们只能被说得似乎存在一样。但是用模型的结构来研究思维的结构则是可能的，我们在本书通篇所做的正是如此。详细论述人们所提出的赞成和反对社会生物学研究范式的论证主张在这里是不可能的，只需要说社会生物学没能够区分基因的过程和符号活动的过程，而且没能够看到人们所拥有的概念与他们用于整编概念的模型之间的相互关联。

请回顾波普尔的文化理论（参考 4.1.2 文化）。在波普尔的方案中，世界 1 对应的是本能和感官印象的前意识世界。它在本质上属于带有符号意味的所谓"免疫的"或"生化的"自我；世界 2 对应的是"符号"自我（Sebeok，1979：263—267）；而世界 3 对应的是人类符号活动的表征终产物—象征、制度、文化行为等等。世界 1 的遗传代码与支配世界 2 与世界 3 意识状态的符号活动代码是可以质性区分的，但正如我们所看到的，在这三个世界之间存在着一种通过延伸建模而形成的互联性。实际上，自我的生物维度、符号活动维度与表征维度相互交织在了一个"建模共生关系"之中，不可能会有一种维度（如文化维度）替换另外的维度（如基因维度）。

前文提到，社会生物学理论与研究的关键人物是美国生物学家 E. O. 威尔逊（1929—），因追踪自然选择对生物群体尤其是昆虫族群的影响以及将自然选择的观点延伸到人类文化上而知名（可参考 Wilson，1975、1979、1984）。威尔逊认为，人类所表现出的心理能力和社会行为是有基因基础的，进化过程会偏向那些能够提高繁殖成功率和生存率的心理能力和社会行为。因此，诸如英雄主义、利他主义、攻击性以及雄性主导等等特点应该被理解为进化的结果，而不是历史的、社会的或者心理的过程。此外，他认为支撑语言、艺术、科学思考等行为的创造性能力源自于帮助人类解决生存问题和物种连续的同样的基因反应。他相当直接地提出："不管文化能带着我们走多远，基因始终控制着文化"（Wilson & Harris，1981：464）。

威尔逊认为文化是帮助人类生存适应同样基因反应的一种本能结果，如果这个观点有任何的实质性内容，那么人们便可以合理地提问：诸如绘画、谱曲、婚礼、葬礼等事务与生存和繁殖成功有什么关系？在前面的章节中我们已经看到，大自然赋予了动物为生存而使用并回应信号的能力。人类也能够发出许多种信号来回应某些刺激，但是人类符号活动的真正力量在于能够超越基于刺激的信号行为。这丝毫不意味着动物就不能够有效地交流，或者它们可能缺乏复杂的建模系统（可参考 Griffin，1981）。前面的章节我们已经给出了各种引人注意的例子。但是，没有证据表明动物能够如同人类一样拥有"符号自我"和"社会自我"的经历。现有的动物行为学证据表明这些都是人类所特有的。其中的经验教训是明显的：正如动物行为学家在 20 世纪中期所发现的，对于每个有机体，我们必须要从其特异的解剖结构、感知结构和智力结构的角度来加以研究。

当然，认为有意识的社会行为存在着生物学基础是部分正确的，但并非完全正确。认为智慧源自于自然选择不仅是遗忘了人类历史，也没有任何经验证据。认知的本能需要似乎只有一个目的——使得人类能够解决世界上相似的基本生存问题和道德问题。人类所创造的符号、文本、代码和元形式无论在一开始看起来有多么奇怪，它们都有着普遍的结构特性，使得任何地方的人们都能够解决相似的生活问题。

5.1.2 开展诸系统分析

上文的讨论是为了强调：尽管生物符号学与社会生物学看似有着相似的目标，但在它们力求研究的内容以及如何研究的方面，二者实际上很不一样。正如本书通篇所论述的，诸系统分析有着几个关键的指导原则和理念。为方便起见，此处略要提及。

建模原则（*modeling principle*）主张表征是一种实际存在的建模过程。作为一个自然的结果，表征原则（*representational principle*）提出人类能够使用的知识种类与它们被表征的方式是不可区分的。比如，某个科学理论所体现的形式会决定关于某个现象的所知内容。以几何学中的平行理论为例。欧几里得（约公元前 300 年）几何学的一个公设指出，通过给定的直线外的一点，仅可画一条与该直线平行的直线，即一条与该直线永远不会相交的直线，无论两条直线在两个方向上延伸多远。许多个世纪以来，数学家们都认为这个公设能够在剩下的公设基础上得到证明，但所有的努力尝试都没有结果。然而，这个公设有着"视觉上的道理"，因为欧几里得几何学是一个在平面上对几何现象进行建模的表征体系（*representational system*）；而在一个开放的平面上，确实可以"看到"平行线不相交，无论它们延伸多远。

在 19 世纪初叶，德国数学家卡尔·弗雷德里希·高斯（Carl Friedrich Gauss，1777-1855）、俄国数学家尼柯莱·伊万诺维奇·罗巴切夫斯基（Nikolai Ivanovich Lobachevski，1793-1856）与匈牙利数学家亚诺什·鲍耶（János Bolyai，1802-1860）各自展示了出现一个不同的表征体系的可能，在这个系统中，欧几里得的独特平行公设被替换为这样一个公设：通过不在给定的直线上的任何一点，都可以画出该直线的无数条平行线。后来在 1860 年左右，德国数学家格奥尔格·弗雷德里希·伯恩哈德·黎曼（Georg Friedrich Bernhard Riemann）表明了不出现平行线的几何体系也是同样可能的。这两种非欧几里得几何体系的结构细节是复杂的，但二者都可以通过简单模型的方式展示。鲍耶—罗巴切夫斯基体系常被称为双曲非欧几何，所描述的几何平面仅仅由圆形内部的点所组成，其中所有可能的直线都是这个圆的弦。在这个平面中，可以通过圆中的一点画出无数条平行线，因为它们被"包含"在圆的周线以内，因而不能相交。黎曼几何，或者说椭圆非欧几何，是球面几何，其中所有直线都是大圆。比如，在球体上，有可能画出无数条平行线。在较短的距离上，欧几里得几何与非欧几何基本等同。但是，在处理天文空间或者如相对论和波的传播理论这样的现代物理问题时，非欧几何为所观察的现象提供了比欧几里得几何更为精准的描述。

几何学历史的这个部分凸显了建模与认知在人类生活中的内在交织。欧几里得几何组成了一种有关特定物理世界中所发生的某些现象的"知识体系"，非欧几何组成了有关不同种类物理世界中所发生的某些现象的不同知识体系。总结而言，几何知识与其被表征的方式是无法分开的。

在诸系统分析中，物种所特有的认知形式可见于该物种的建模行为中。因此，理解一个物种如何认知某事物是要看它所拥有的建模系统。比如，初级建模是"通过模拟而认知"。它存在于渗透与模仿中。二级建模则是"通过延伸和指示而认知"。可以说，这意味着二级建模系统主要是在初级建模系统完成其事务之后再进行工作。形式的进一步延伸最终引向了高度抽象的、象征性的（三级）表征系统。初级建模系统是"默认的"系统，而二级建模系统与三级建模系统是延伸性的系统（见图 5-1）。

根据维度原则（*dimensionality principle*），初级建模系统、二级建模系统与三级建模系统在人类认知与知识制造中是互动的系统。也就是说，当一个系统不能用于某个情况的时候，另外一个系统可以代替。因此这个原则就提供了一个框架，显示了从语言到科学与数学的所有知识领域之间的相互关联与相互依赖。这个原则的一个方法论结果就是，诸系统分析会将符号、文本、代码与隐喻视为模型的种类（单性、复合、凝聚、连接），因而也是相互关联的，而不是将它们作为孤立的现象加以研究。这个方法论结果被称为互联原则（*interconnectedness principle*）。因此，建模系统理论就是要作为符号学的一个统一性的理论，和进行符号活动的跨物种研究的框架。最后，根据结构原则（*structuralist principle*），所有模型都体现出某些结构特性，即它们通过聚合性、组合性、共时性、历时性和意指的方式产生它们的形式和意义。聚合性（*Paradigmaticity*）是形式的区分特性。展现形式差异的特性可以通过比较某个特定形式与另外一个取自同系统的形式来获得解释。这种比较在理论上称为对立（*opposition*），能够展现形式的哪种最小特征是关键区分性的特征。组合性（*Syntagmaticity*）是形式的组合特性。简而言之，形式显然是属于某些系统的，因为它们的组成元素是以有规则的方式组合在一起的。共时性（*Synchronicity*）指的是模型在某个具体时间点获得特定的形式，而历时性（*diachronicity*）指的是形式会随着时间而变化。最后，意指（*signification*）表示的是形式与其指涉体（或指涉域）之间存在的关系。比如，在初级模型的情况下，这个关系就是产生直指的模拟关系；在二级模型的情况下，它便是产生涵指的延伸关系，或者是指示关系；而在三级模型的情况下，它就是进一步延伸的关系，产生抽象的、象征的形式。

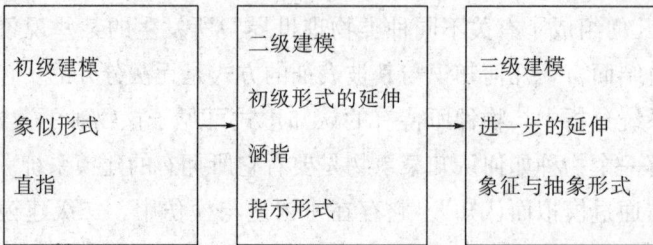

图 5—1　建模延伸性

诸系统分析所针对的现象总结如下表 5—1：

表 5—1　诸系统分析所针对的现象

现象	表现
单性建模	单独符号（信号，症候，象似符号，指示符号，象征符号，名称）
复合建模	言语文本与非言语文本
凝聚建模	言语代码与非言语代码
连接建模	元形式，元元形式，元象征
初级建模	模拟，知觉推理，象似性
二级建模	初级模型的延伸，指示性
三级建模	进一步延伸，象征性
表征	任何外化的形式
维度性	形式与其延伸物之间互相依赖的规律
延伸性	产生涵指与象征
互联性	初级、二级与三级形式是相互关联的，即一者预设其他二者。
聚合性	保持形式不同的特征
组合性	形式的组合结构
意指	直指，涵指，象征

诸系统分析现在可以被定型为一个方法论的任务序列，如下图 5-2 的顺序所示。这些人物基本上包含：

- 确定形式在特定实例或应用中所体现的模型种类（单性、复合、凝聚、连接）；
- 确定它通过其实例或应用所展示的建模系统；
- 确定该实例或应用所涉及的表征过程（表征性、维度性等）；
- 确定它在实例或应用中所体现的结构特性（聚合性、组合性等）

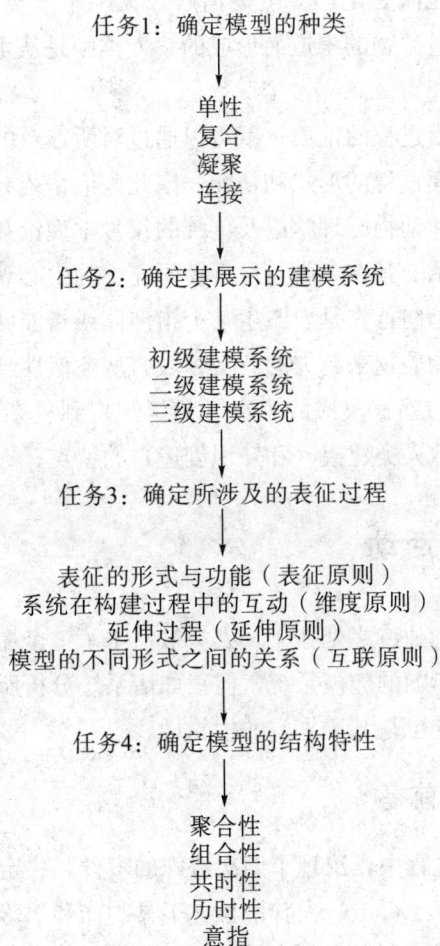

任务1：确定模型的种类

↓

单性
复合
凝聚
连接

↓

任务2：确定其展示的建模系统

↓

初级建模系统
二级建模系统
三级建模系统

↓

任务3：确定所涉及的表征过程

↓

表征的形式与功能（表征原则）
系统在构建过程中的互动（维度原则）
延伸过程（延伸原则）
模型的不同形式之间的关系（互联原则）

↓

任务4：确定模型的结构特性

↓

聚合性
组合性
共时性
历时性
意指

图 5-2　诸系统分析所涉及的方法论任务

上图体现了诸系统分析是如何以综合性的方式将符号学分析的各个方面系统地纳入了考虑范围。正如我们在本书中所看到的，有机体拥有着物种所特有的建模能力，使得它们能够对它们的外在体验和需要做出相似的反应。言语性建模是人类所独有的，因此需要特殊种类的分析过程。自然界的所有其他建模系统都是非言语性的。语言是言语性的，但不一定是发声的（比如，它也可以通过字母、手势等方式进行表达）；而口语则既是发声的，也是言语性的。交流系统在有机体中的形成是通过在社会环境中接触适当的输入，随着时间的变化而变化，甚至是消解。在除了人类以外的所有物种之中，系统首先是通过生物的渠道而形成的，人类则是从生物性和文化两个源头获得他们的交流能力。

一旦确定了建模过程的性质，就可以通过对所涉及的符号活动行为的观察来推导或推测建模过程的形式和功能。因此，诸系统分析跨物种的研究焦点对于动物行为学和动物心理学以及传统的符号学理论和符号科学的各个分支都有着明显的启示。其在人类符号活动研究中的中心观点以及方法论偏向是，人类表征中的趋向首先是要产生某个指涉体或指涉域的感知模型，然后通过延伸过程使它涵盖越来越大的意义领域。从象似性到涵指性和象征性的"流动"，即从具体的感官模式的表征（和认知）到复杂的抽象模式的表征（和认知），是大多数人类建模（和知识创造）的特点。

5.2　人类符号活动

人类符号活动的独特之处在于，人类被赋予了三个在模型和知识创造过程中相互依赖相互影响的建模系统。但正如诸系统分析所揭示的，人类符号活动的这个独特之处也是基于人类的生物性。

5.2.1　进化上的前提

在人类进化的过程中，出现了四次特殊的事件，决定了这个三层建模系统的出现，分别为双足行走、大脑增长、工具制作和部落制。进化出来的区分人与其灵长类亲属——大猩猩、黑猩猩和红毛猩猩——的最早的人类特点是适应了完全直立的姿势和双足跨步行走。几乎其他所有的哺乳类动物都是靠四肢站立、行走和/或奔跑。那些双足站立的动物也有着与人类迥然不同的姿势和特征——袋鼠是两组跳跃的；有些猴子仅可偶尔双足行走，尤其是在携带食物的时候；黑猩猩会简单的双足行走，但它们通常使用的移动方法是指节行走，站在它们的后腿上，但向前俯弯，将它们的手在指节处而不是手掌或手指处压放。因此，即使双足行走可见于其他灵长类动物，也是与人类的行走不同：所有其他形式的双足行走都包含了或直或弓的脊柱、膝部弯曲、脚掌撑起，以及在移动过程中会用手来支撑部分体重。人类独特的 S 形脊柱将身体的重心放在了由双腿提供支撑的区域，从而保证了直立姿势中的稳定性和平衡。

发现于非洲的化石证明，人类甚至在脑容量大增加之前就已经直立行走和双足跨步。完全的双足行走解放了人类的双手，让它们成为了用于准确操作和抓握的极为敏感的前肢。这个进步中最重要的结构细节是变长了的拇指，它第一次可以自由地转动，因而也可以与其他手指完全相对。毫无疑问，这种发展使得工具制作和工具使用成为可能。此外，许多语言学家提出，直立姿势导致了后来用于说话的生理机制的进化，因为它导致了用于控制呼吸的喉部的下移和定位。一言以蔽之，双足行走、工具制作、大脑增长和语言在人类进化过程中很有可能是相互交织的。

尽管其他物种，包括有些非灵长类，能够使用工具，但只有在人类中完全的双足行走充分地解放了双手，使得它们能够成为极为敏感和准确的操作器与抓握器，从而使得该物种能够熟练地制作工具和使用工具。最早的石制工具距今大约有 250 万年之久。东非各地发现了 150 万年前的历史遗迹，这些地方不仅有许多石制工具，还有动物的骨骼，上面带着大概只有人类切割动作才会留下的划痕。可以肯定一件事——从周围找来原材料，用它们制作各式各样的工具来满足可能出现的几乎任何需要，这种能力只有在人类之中才可以看到。

从他们的进化早期开始，人类就制作工具用于对世界进行建模、理解和改造。这就解释了为什么现代人类会将物体——珠宝、衣服、家具、装饰、工具、玩具等——视为有价值的手工艺品。一件手工艺品（artifact）实际上是带着一种特定的文化功能的构思而"被制作的某物"。从根本上来说，人类的文化就是由这种智慧动物所制作的手工艺品的博物馆。

技术（Technology）是用于描述人类为了加强对物质环境的理解和控制而制造物体的过程的一般性术语。这个术语源自古希腊词语 tekhne（指的是"艺术"或"技艺"）和 logia（意为"研究领域"）。许多科学史研究者认为技术不仅成了高级工业文明的本质前提，而且技术变化在近几个世纪获得了其自身的发展势头。现在看来，技术创新的出现速度呈几何级的增长，不受地理限制或社会体系的影响。这些创新将会改变传统的意指顺序，常常会引致意想不到的社会结果。

与大多数其他物种一样，人类总是群居的。群体生活通过提供针对敌人和急剧环境变化的防卫、庇护和其他保障，增强了人类的生存能力。而在进化史中的某个点上——大约十万年前——双足行走的人类在工具制作、交流和象征思维的方面已经非常熟练，他们可以意识到基于意指顺序的群体生活的优势。考古证据表明，到了距今约三万至四万年前，人类群体的社群风俗、语言以及通过意指顺序传递技术知识等特点愈发明显。人类学家将这些形式的群体生活称为"部落式"（*tribal*）的生活。

即使是在现代，部落（*tribe*）仍然是人类本能关联的集体生活类型。在复杂的城市社会，各种文化、亚文化、反文化和平行文化不断地相互竞争，共有区域如此巨大，已经成为思维的一种抽象物或虚构物，个体与存在于大社会环境中的部落式群体化或组织相关联的趋向常常以可预见的方式表现出来。与对大社会或国家的忠诚相比，人们仍然认为他们的小群体从属身份具有更直接的生存意义。正如马歇尔·麦克卢汉毕生所强调的，这种对部落制（*tribalism*）的倾向在当今的人类社会持续存在，也可能是许多城市生存个体在冷漠的大社会体系中的忧惧感和疏离感的源头。

总之，双足行走、工具制作和部落制（均依赖脑容量的显著增加）都是人类符号活动三层建模系统在进化上的前提。将人类制造的形式凝聚到一个包罗万象的意义体系，即文化，具有不同于其他物种的心理独特性和社会独特性。

5.2.2　知觉推理

从诸系统分析的角度来研究人类符号活动的起点是在所有人类表征活动的起源中寻找我们所说的知觉推理（*sense-inference*）。根据知觉推理假设（*Sense-Inference Hypothesis*，或 SIH，参考 2.1.1 自然模拟与有意模拟），所有在婴儿期和儿童期的模型制作的尝试最初都是基于感官知觉的体验领域。前文提到，这个初步的认知阶段可以被称为认识阶段（*cognizing stage*），而认知的知觉单元被转化为表征形式的阶段可以被称为再认阶段（*recognizing* stage）。因此，知觉推理假设暗示了象似的表征模式是再认（*recognition*）过程在早期形式的表征中成为可能的初级手段。通过言语和非言语渠道所构建和表达的模拟的、复制的或模仿的形式组成了儿童借以尝试把握外部世界和他们内在意识的初级模型。

但是知觉推理并不仅限于儿童时期。它会在日常生活中随着需要而持续运作。假设某人遇到了一个未知事物，由于缺乏任何现存的用于指代该物的形式，这个人就会去探究它的知觉特性：即它看起来像什么，感觉起来如何，等等。如果认为该物体具有某种价值或者用途，那么这个人就会给它加个名称。这样做的方式很少是任意性的。这个人通常会尝试捕捉该物体的某种知觉特性，并将其加入名称之中。我们假设该物体在触觉上有着很明显的平滑感（*smoothness*），那么这个人可能会想出一个既有头韵又能类比的名称（相对于 *smooth* 这个英文单词）。一个可能选项是 *smoor*。随着时间的推移，这个词对其他人也变得明显有用，赋予该词以涵指性和象征性意义的延伸过程就发生了：例如，可以用 smoor 来指代社会生活中的某种 *smoorness*，或作为人类个性的元象征：[people = smoors]。

注意到上述建模过程的以下结构性的方面很重要：

• 这个词对那些用它的人来说是可接受的，因为它在聚合性与组合性的方面符合语法规则；相反，形式制作者就不大可能会想用 spmoor 这样的词，因为这会违反英语单词的结构特性。

• 这个词的最初直指 [smoothness] 通过二级和三级建模过程被延伸为涵指和象征。

• 作为一个单性形式，它能够被合并到复合、凝聚和连接建模系统中，对复杂的指涉体进行编码。

用诸系统分析来解释人类知识，清楚地表明了如果新的表征任务（认识活动）最初是以象似性的方式被表征的，那么它们更有可能被理解。以物理学中三个著名的原子理论为例，它们实际上是通过本章论述的一些概念相互关联的（见图 5-3）：（1）卢瑟福模型（*Rutherford Model*），将原子空间描绘为一个小太阳系；（2）波尔模型（*Bohr Model*），在卢瑟福模型的基础上增加了"量子化"轨道；（3）薛定谔模型（*Schrödinger Model*），提出电子占据空间区域的观点。

S轨道：无角动量的电子像这样占据着空间区域。阴影部分体现了在此空间距离发现电子的可能性

原子核 —— 卢瑟福模型
将原子描绘为一个微型太阳系，电子像行星一样围绕着原子核移动

电子 ——

电子 ——
波尔模型
原子核 ——
将轨道"量子化"，以解释原子的稳定性
轨道 ——

薛定谔模型
抛弃了精准轨道的观点，代之以空间区域（轨道）描述，最有可能在这些区域发现电子

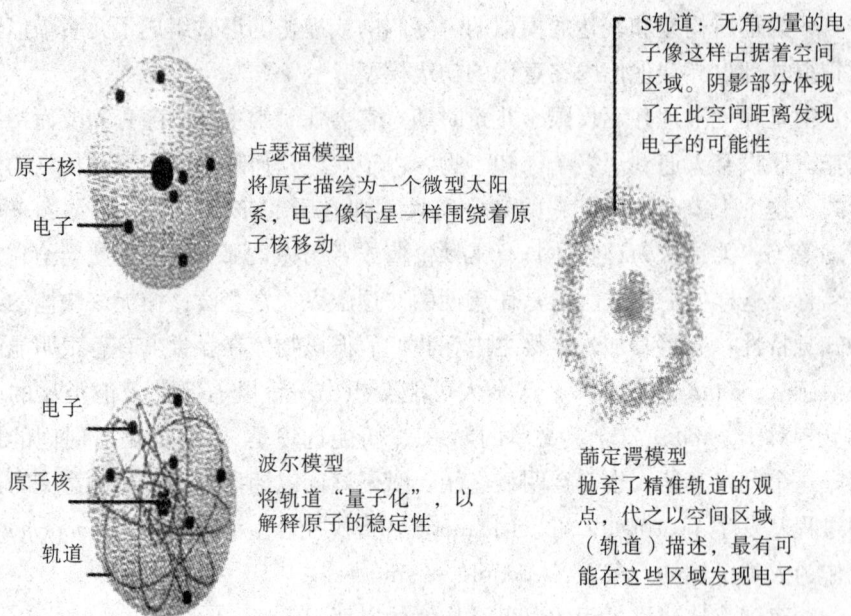

图 5-3　原子结构的不同模型

　　每个模型的构造方式并不是任意的：它们都尝试根据特定的种类的实验数据来展示原子结构。在三种情况下，指涉域都是相同的，即［原子结构］；但每个图解实际上为相同指涉域提供了不同的"心理视图"——这个指涉域无法直接用肉眼看到。波尔模型实际上是卢瑟福模型的一个延伸，而薛定谔模型则是二者的延伸。在卢瑟福所构想的模型中，电子围绕着一个紧密压缩带正电的原子核移动，这个模型成功地解释了分散的实验的结果，但不能解释原子放射（为什么原子仅仅释放某些波长的光线）。波尔以卢瑟福的模型为起点，但进一步提出了电子值能在某些量子化的轨道运动。他的模型因此能够解释氢的某些放射特性，但不能解释其他的元素。薛定谔的模型对电子的描述并不是通过它们所采取的路径而是最有可能发现它们的区域，该模型能够解释所有元素的某些放射特性。

5.3　动物符号活动

　　本书通篇表明，诸系统分析的研究范围包含了植物符号建模现象与动物符号建模现象的比较分析。对动物行为进行分类的尝试可追溯到公元前400年，但是，是亚里士多德创造了第一个动物分类体系，他根据动物的繁殖和

栖息的模式对它们进行了分组。

　　希腊医生盖伦是生理学史上较具影响力的人物之一，他对家畜、猴子和其他哺乳动物进行了解剖，并精确地描述了许多特征，但是有些特征被错误地应用于人类的身体。他的错误见解，尤其是关系到血液流动的谬见，数百年来一直几乎无人注意。到了中世纪，对于动物的研究混合了有关动物的迷信思想。实际上，只有到了 12 世纪的时候，在德国学者圣阿尔贝图斯·马格纳斯（St. Albertus Magnus，约 1200−1280）使亚里士多德的观点重又复苏的时候，动物研究才开始以一门科学的身份而重现。其后，莱昂纳多·达·芬奇（Leonardo da Vinci，1452−1519）对人类和其他动物的身体结构的解剖比较通过比利时医生安德雷斯·维萨里（Andreas Vesalius，1514−1564）得到了传播，使得他创立了比较解剖学的原则。

　　动植物分类法在 17 世纪和 18 世纪主导了动物研究。瑞典植物学家卡罗卢斯·林奈乌斯（Carolus Linnaeus，1707−1778）提出了一个至今仍然被人们使用的命名法体系，并创立了生物分类学这个学科。那个时代其他的重要生物分类学家有法国生物学家布丰（Comte Georges Ledere de Buffon，1707−1788）和居维叶（Georges Cuvier，1769−1832）。1839 年，德国人施莱登（Matthias Schleiden，1804−1881）与施万（Theodor Schwann，1810−1882）证明了细胞是所有生物的共同结构单位，这个概念为法国人克劳德·贝尔纳（Claude Bernard，1813−1878）的动物生理学研究提供了科学基础。

　　18 世纪与 19 世纪的旅行考察为动物科学家研究世界上的植物与动物生命提供了机遇。最为著名的一次旅行考察是 19 世纪 30 年代的贝格尔号航行，在此期间查尔斯·达尔文（Charles Darwin，1809−1882）对南美洲和澳大利亚的植物与动物生命进行了分类，并提出了他的自然选择进化理论。其后不久，奥地利修道士格雷戈·门德尔（Gregor Mendel，1822−1884）提出了微粒遗传因素的概念——后来被称为基因（genes）。在 20 世纪，动物分类变得相当复杂，范围得到了扩大，包含了源自遗传学、生态学（关于动物与它们的环境之间互动的研究）和生物化学的概念。

　　动物符号学所关注的是根据建模系统对动物生命所做出的不同分类。通过考察特定动物或动物群体的分类、分布、生命周期以及进化史，动物符号学所研究的是某个物种的形态学（动物结构）、组织学（身体组织系统）和细胞学（细胞与它们的组成）等身体现象与该物种的建模表现之间如何关联。在进行动物符号的系统分析所必备的各种背景信息之中，以下方面尤为重要：

- 物种描述；
- 该物种的发展史；
- 该物种的地域分布；
- 物种体现在伪装、求偶、交配等方面的交流行为数据的收集。

5.3.1 比较性视角

诸系统分析在本质上是比较性的。动物有着差别巨大的身体结构。这些差异组成了建模系统的差异的来源。为了解释建模行为，诸系统分析就必须研究和比较尽可能多的有机物的解剖结构、生物化学、基因体系、行为体系以及化石历史。超过 150 万个不同的生物群组已被确认，并至少部分地被加以了描述，还有更多的有待研究。冯·乌克斯库尔（1909）敏锐地注意到，生物学与符号学这两门学科有着相当程度的重叠；前者更多地关注于揭示动物身体结构上的进化关系，后者关注于解剖结构与形态结构如何制约建模活动。

三位获得诺贝尔奖的动物行为创立者——奥地利的康拉德·洛伦兹（Konrad Lorenz，1903－1989）、荷兰的尼古拉斯·廷伯根（Nikolaas Tinbergen，1907－1988）与德国的卡尔·冯·弗里施（Karl von Frisch，1886－1982）揭示了动物跨物种的四种基本行为方式。自不待言，这些在诸系统分析的动物符号应用方面是重要的：

符号刺激（释放刺激）

这些是使动物能够在初次碰到重要指涉体时能够对它们加以识别的信号。例如，银鸥的幼雏从一开始就必须要知道它们应该发出求食的鸣叫并啄动以获得食物。幼雏对于父母的识别完全基于父母的喙的垂直线以及水平活动的红点的符号刺激。用一个木制的鸟喙也能达到同样的效果。动物世界中最为普遍的符号刺激应用存在于交流、狩猎和躲避猎食者时。例如，大多数捕蛇鸟类的幼雏可以本能地识别并避免致命的珊瑚眼镜蛇，小鸡和小鸭天生就能够识别并躲避鹰的影子，猎食蜜蜂的胡蜂可以通过一系列的释放刺激来识别蜜蜂，此类例子不胜枚举。

运动神经程序

这些是完整自足的神经回路，能够指导多种不同肌肉协调运动以完成某项任务。刺鱼的摆动、胡蜂的蜇刺、海鸥幼雏的啄动都是运动神经程序化的体现。在人类中，行走、游泳、骑自行车、系鞋带等开始都是费力的活动，需要全神贯注。但一段时间之后，这些活动会变得自动，就像内在的神经程序一样，能够无意识地进行，不需要一般的反馈。这种只存在于早期学习阶段对反馈的需要是普遍的。例如，燕雀与人类在开始发声的时候都必须能够听见自己的声音。

内驱力

这是告知动物何时迁徙、何时（以及如何）求偶、何时给后代喂食等的内在冲动。例如，鹅只有在从孵蛋前一星期直到幼鹅孵出一星期的这段时间内才会翻蛋。在其他时间，鹅蛋对于它们来说没有意义。在鸟类中，春季迁徙准备、领地防卫和求偶行为都是受到了日光时长的激发。它改变着血液中的荷尔蒙水平，从而导致行为上的变化。

程序化学习

这是物种学习那些只与其生存需要相关的事情的能力。程序化学习著名的例子是印刻作用（*imprinting*）。某些物种的后代必须从出生就能够跟随父母。每个幼小的动物必须快速地学会在父母与其他成年动物之间做出区分。据发现，印刻作用：（1）出现在某个特定时间，或关键时期；（2）出现在特定的环境，通常决定于某种符号刺激的出现；（3）出现方式使得动物仅仅记得特定的信号而忽略其他信号；（4）出现在奖励缺失的情况下。在一个充满各种刺激的世界中，印刻作用使得动物能够知道什么要学习以及什么要忽略。

关于这四个对比领域的系统化分析，通常可表明哪些建模现象实际上可相互比较，哪些是物种所特有。我以至今仍被视为人类独有特征的拜物（*fetish*，亦指物神、恋物）现象为例。

英语单词 *fetish* 直接源自表示"咒符、魔法"的葡萄牙语中的名词 *feitiço*（在西班牙语中是 *hechizo*，二者均源于拉丁语中的 *facticius*，即"人为的"，具体意为"人造的、精巧设计的"）。这个术语最初用于指代几内亚海岸和临近地区的居民用作护身符的任何一种物体。据说，15 世纪的时候，葡萄牙水手看到西海岸非洲居民对他们身体上佩戴在这类物体的尊敬，就创造了这个词（Herskovits 1947：368）。英语中最早的引用出现于 1613 年珀切斯（Purchas）的《朝圣》（*Pilgrimage*，VI，xv，651）："Hereon were set many strawen Rings called *fatissos* or *Gods*"（此处摆放着许多名

为 *fatissos* 或神的草环）。

18、19 世纪的历史学家仿效布罗斯（Brosses，1760）的做法，开始广义地使用 fetish 一词，用来指代某个因被认为具有内在神力而被崇拜的无生命物体。1869 年，麦克莱农（McLennan）将图腾崇拜（*totemism*）确立为人类学的概念，并提出了一个臭名昭著的公式：图腾崇拜等于拜物加上异族通婚与母系血统（Lévi-Strauss，1962：18）。

在许多宗教中，神性主要是在物体中寻找，这些物体被视为能够捕捉自然的力量——包括无生命的东西，如木块、圣人遗物、塑像、十字架；饮食，如面包和葡萄酒或者洗礼水；活物，如部落群体的图腾动物，圣牛，圣树；过程，如圣舞的动作；等等。在原始形式的宗教中，当物体本身就被视为神的时候，该物体就被定为一个物神，通常被认为具有治愈疾病、影响社会关系甚至引发性欲的力量。

很明显，正是后者导致了该术语最终成为临床用语，用来描述某种物体出现时所产生的性欲增强现象。司法精神病学家理查德·冯·克拉夫特－埃宾（Richard von Krafft-Ebing，1840－1902）的《性精神变态》（*Psychopathia sexualis* 1886）一书最早系统地收集了有关"病理性"恋物现象的数据。这本书认为性是邪恶的、恶心的，对西方世界有着巨大的、显著长远的影响。克拉夫特－埃宾在性犯罪和性变异或性偏离的方面著述颇丰，他认为这些现象是源自基因的缺陷。实际上，很可能正是克拉夫特－埃宾首次提到了 *fetishism* 作为一种"变态"的概念，并将其视为某种需要通过社会约束来加以控制的事物。根据他的描述，恋物是一种非人类物体——是身体的一部分或者接触身体的某物，如衣服能够作为引发性兴奋和性高潮的刺激。他认为除了以生育为目的的婚内性行为之外，所有交媾行为和所有交媾替代物都是应受到谴责的变态行为。

弗里德曼、卡普兰与萨多克于 1972 年出版的教科书《精神病学》也同样明确地从性的角度对恋物行为进行了定义："通过用无生命物体如鞋子、内衣或其他衣物替代人类性爱对象而获得性兴奋和性满足的过程。"从此以后，将病人对某个无生命物体着迷的行为称作"过度"或"病理"的内容，在医疗文献中变得极为常见。

临床医师也广泛地认为，恋物行为在男性中要比女性中更加普遍。这个假设由弗洛伊德提出（参考 Vigener，1989），并由金赛（Kinsey，1953：679）及其合作者所强化，他们认为恋物行为"几乎完全是一种男性现象"。

弗洛伊德也认为恋物行为是完美的男性变态行为。绍尔（Schor，1985：303）将其总结为："在心理分析的修辞角度来看，女性恋物行为是一种矛盾修辞法"。

性学中对于 fetish 的最广泛的近期研究见于约翰·曼尼的《爱图》（John Money，*Lovemaps*，1986：261）。在该研究中，他提出了一个传统型的定义："被赋予魔力或超自然力的物体或咒符，对于特定个人具有特殊性欲——色情力的物体或身体部位"。然而，曼尼（1986：265）也指出，"并没有专业术语可用于描述恋物（如制服）必然属于自我的性心理移位偏差条件"。在视觉物体之外，曼尼（1986：65）还将可触知物体分为触觉的或嗅觉的，可被直接感知或想象。尽管曼尼没有特别强调，但他承认了女性对恋物的使用比以往文献中所明确记录的要普遍得多。

儿童，不论男孩女孩，常常都会依赖某个物体。这个物体可能与父母有临近相关性，或者是与其婴儿期的物质环境有关。一些精神病学家（Freedman et al. 1972：637）指出，这"是一种安全行为，应该与恋物行为相区分，在后者中，正常的性对象被另外一个对象所替代"，他们强调，"这种情况在儿童期并未被发现"。然而，这个判断可能是因为精神病学中的一个偏见，即为了将恋物定义如此，它必然会导致性满足，因而使用物体产生恋物效应是相对较晚地出现于青少年时期（Sperling 1963；Roiphe 1973；Bemporad et al. 1976）。

尽管精神病学家将恋物行为视为人类独有的特征，诸系统分析较广的研究视野表明了该观点并没有根据。恋物是一种作为释放刺激而获得效应的形式。根据格斯里关于社会器官与行为的精彩解剖记录，释放刺激（*releaser*）符号"以超大的社会器官的形式出现，即通过增加信号幅度来提高信号强度"。因此，在某些物种之中，角就是作为地位的恋物性评估工具；这就解释了为什么它们"在较为年长的雄性动物中会变得十分巨大，或发展出特别的变异，比如在角尖之间会长满，形成掌状角，从而提高远视效果"。

人类对于肛门与性器官有着非常多的禁忌，但它们尤其能够成为恋物性的形式，原因有几个：一部分是因为哺乳类动物一般都有着发达的嗅觉，会利用粪便和尿液作为它们的一种信号行为；另一部分是因为不同的哺乳动物排尿方式中所存在的性暗示。

释放刺激的现象在动物行为研究中已被多次展示，尤其是廷伯根与珀尔戴克（Tinbergen & Perdeck，1950）的典范之作。简而言之，这两位研究者发现他们可以设计一种释放刺激，包含了一个人造模型，其中的某些符号侧面相对于自然物体有所扩大。提供这种刺激的是一根尖端带有三个白圈的红色长编针。在激发银鸥幼雏的啄动反应方面，这个物体比成年银鸥的自然的头和喙更有效果。

动物行为学家雷豪森（Leyhausen，1967）在描述家猫的时候指出，"替代物"能够称为超常物体，比如猫在用纸团玩着激烈的抓捕游戏自娱自乐的时候，对其真正"恰当"的猎物老鼠在眼皮子底下来回跑动都不以为意。实际上，恋物性的依属现象在有脊椎动物中极为常见——在哺乳类动物和鸟类中尤其如此。

诸系统分析表明，fetish 的定义需要精神病学中的重大修改。从这个角度来看，性学研究文献中的所谓恋物性依属可以被视为一种不良印刻作用。正如莫里斯（1969：169）所写的："我们绝大多数人都与某个异性形成了根本的配对结合，而不是与绒毛手套或者皮靴形成配对⋯⋯但是恋物者对其异乎寻常的性对象形成了紧密的印刻，对于这种奇怪的依属关系会保持沉默⋯⋯恋物者⋯⋯因为其自身极为特别的性印刻作用而变得孤立。"

人类的拜物行为是一种符号活动现象，它凸显了符号活动如何与生物过程、心理过程和文化过程相关联。在根本的意义上，文化是人们制作的拜物性手工艺品的贮藏室。该系统获得意义的过程可以被称为物化过程（*objectification*）。这个术语是为了表现物体通过意指顺序而相互关联的事实。巴特（1970：23）指出，正如词语出现于"已写事物的无限海洋"一样，人们所制作的物体同样也可以说成是出现于"已制事物的无限海洋"。物体是物种的延伸，也相应地影响了其未来的进化。自双足行走的起源开始，我们制造了工具，但结果是我们必须要接受一个事实，那就是我们的工具也塑造了我们自己。因此，在根本的意义上，所有的工具都是不同程度上的拜物。

5.3.2 跨物种交流

有关给动物传授人类表征系统是否可行以及无人类干涉的跨物种交流是否可行的问题，处于诸系统分析的研究范围之外。然而，考虑到目前正在进行的教灵长类动物学习各种人类语言的实验，此类问题在这里也并不能完全忽略不提。因此，我们将在这里简要地看看这个最后的问题。

尽管我们不能像与人类交流那样来与其他物种进行交流，但在某个层面上我确实与有些物种"产生了接触"。毫无疑问，家猫和人类在日常生活中就能够进行一种基本形式的交流。由于分享着共同的生活空间，并且在情感交换方面存在着相互的依赖，人类与猫确实能够相互传递情感状态。这两个物种之间的交流是通过信号交换，所使用的交流模式并非基于物种所特有的形式。音调、姿势、肢体运动是双方都演化出来的"跨物种交流代码"的能指。这个代码对人类与猫科交流系统中共有的基本知觉模式和传递媒介进行了筛选，从双方共有的经验中以"适应性"的方式而出现。

人类交流系统能够通过不止多种传递模式（*mode*）和媒介（*medium*）而运作，这就使得人类交流系统与众不同，因而也不大可能与其他物种形成传递。在本书中我们看到，人类交流使用了所有的交流知觉模式（视觉、触觉等），以及纯粹言语性的模式。后者为人类所特有。人类交流所经由展开的传播媒介的种类选择也是高度多样化的。人类交流所通过的媒介有三种：

- 自然媒介，如声音（口语）、面孔（表情）以及身体（手势、姿势等）；
- 人工媒介，如书籍、绘画、雕塑、信件等；
- 机器媒介，如电话、广播、电视机、电脑、录像等。

例如，言语信息如果是通过发声器官而表达的话，就可以被编码以用于自然传递；或者也可以用人工的方式来编码，通过文字的媒介被写在纸上；还可以转换为广播或者电视信号，以用于机器（电磁）传播。不用说，人工与机器是人类交流所特有的媒介。在人类所发明的媒介种类与人类的进化之间似乎还有着一种因果关系。楔形文字的发明改变了古巴比伦，象形文字书写改变了古埃及，而字母文字也改变了古希腊，如此等等。纸张与印刷术给欧洲带来了新的思考方式，为欧洲文艺复兴和宗教改革铺平了道路。当然，电子形式的交流（广播、电视、电子邮件等）对现代社会所产生的影响，与文字发明对古代文化的影响以及印刷术对中世纪人们的影响相比，即使不比它们大，也与它们一样。

交流是共同行动的必要性自然发展的结果。信号交换有助于动物的觅食、迁徙或者繁殖。一般动物用于交流的信号种类较为有限，而人类却已经发展出了复杂的交流模式与媒介，不仅能够用于生存保障，也能用于表达观点和情感、故事讲述、回忆往昔以及与他人进行意义互换。这些种类的交流功能在其他物种之中尚属未知。在所有其他物种当中，交流有着一个较为直接的功能：为确保生存而交换关于环境的信息。这解释了很多现象的原因，例如蜜蜂为什么会用特定类型的飞舞来告诉蜂巢中其他蜜蜂在哪里找到食物，昆虫为什么常常会用信息素来吸引配偶，大象为什么会发出低频的声音以获取远方象群的注意，黑猩猩为什么会用面部表情和肢体语言来表达主导性或与其他黑猩猩的情感，鲸类与海豚为什么会通过发出咔嗒声、尖声或鸣叫来交换关于进食和迁徙的信息，并互相定位。

5.4 结论

皮尔斯中肯地指出："每个思想都是一个符号"（Peirce I：538）。但他也写道："思想不仅存在于有机世界，它也在有机世界中发展"（Peirce V：551）。这个论断概括了为何建模不仅是人类世界的特点，也是整个有机世界的特点，它在这个世界中得以发展。所有动物的主体世界与内在世界以及二者之间的反馈联系，都是由体现一个物种特点的具体生物性所创造和维持的。模型是一种符号活动产物，它的使用带着物种所特有的生物特征。

这不仅适用于蜜蜂的符号活动（Peirce V：551），在更广的层面，也同样适用于牛顿和爱因斯坦的宇宙大模型。爱因斯坦从非言语符号中构建出了他的模型，并经过漫长艰苦的努力将他的创造转换为约定俗成的文字符号，从而能够将其传播给他人。在给哈达玛德的一封信中，爱因斯坦写道："词语或者语言，书面的或口头的，在我的思维机制里好像不扮演任何角色。作为思维元素的心理体是某些能够'自动'再生和组合的符号以及有些清晰的影像"（Hadamard，1945：142－143）。

我们在本书中写到，动物所产制的相对简单、非言语性的模型是自然的形式，必须足够符合"现实"，以保证物种成员在它们的生态环境中的生存和"心智健全"。人类的建模本能极为普遍和强大，它在某些个体的成年生活中确实常常会变得非常复杂精妙，爱因斯坦就是证明；同样，莫扎特和毕加索也是，他们能够对脑中错综复杂的听觉指涉体或视觉指涉体进行建模，以期在纸上或画布上将它们加以转录。据我们所知，语言、元形式、元象征是人类符号活动所特有的。它们使得人类既可以表征直接现实，也可以架构无限数量的可能世界。人类的建模能力引致了伯纳所说的"真正的文化"（Bonner，1980：186）的产生，与"非人类文化"相比，它所需要的是"一个表征语言所有微妙之处的系统"。正是在这个我们所说的第三层级之上，非言语符号和言语符号汇集在了大自然至今所演化出的最具创造力的建模系统之中。

本书的主要目的，是为了展示诸系统分析可用于提供一个整合性的框架，将那些有关符号活动现象的看似混杂不同的研究发现相互关联。诸系统分析所发展出的框架迫使我们将自己视为其他生命形式在自然规律的伙伴，尽管我们独特种类的建模行为使得我们主要是通过其所允许的象征形式而生存。卡西尔在下文中有力地指出（1944：25）：

> 人类再也不是生存于一个纯粹的物质宇宙，而是生存于一个象征宇宙。语言、神话、艺术和宗教都是这个宇宙的组成部分。它们是各种不同的线索，织成了象征的网，即人类经验的纷繁网络……人类再也不能直接面对现实；他们好像不能面对面地看到现实。随着人类象征活动的推进，物质现实似乎就会成比例地后退。在某种意义上，人类一直是在与自身进行对话，而不是与事物的本身打交道。他将自己深深地包裹在语言形式、艺术影像、神话象征或宗教仪式之中，以至于只有通过这种人为媒介的介入作用才能看到或知道事物。

人类总是展现出他们从卡西尔所说的"纷繁网络"挣脱出来的能力，通过指出这点，本书就此作结。人类总是在每个人类个体身上，都持续并列存在着基于个体和基于文化的建模。确实，文化不能消除人类主体对新的意义形式的需要和追寻。制作新的符号来表征变化的现实、新的观点、新的思考方式的能力是人类符号活动的精髓所在。这种内在的创新倾向解释了文化符号为何总是不断地被更改，以适应新的要求、新的观点、新的发现和新的挑战。

人类建模行为常常包含着看不到的事物。连接建模是人类独有的建模行为，可以说，它使得人类能够看到这个隐藏的世界。诗人与科学家一样，都用着象似的建模系统来推知事物之间可能的内在连接。当他们的模型被作为事实而接受的时候，它们便进入了人类的生活，在现实世界中获得独立的认知存在，从而能够为改变世界而提供指导。

正如我们在本书前言中所提出的，模型制作是体现于人类智力与社会生活所有方面的典型特征。从玩具和小模型，到有关宇宙的科学理论，模型是如此的常见，以至于我们很少会注意到它们对于人类生活的重要性以及它们存在于人类的原因。模型制作是一种真正惊人的生物进化的成果，没有了它，我们简直不可能进行日常生活，或对知识进行编码。我们再次提出，存在于人类的建模本能，对于人类精神和社会生活的意义等同于身体本能对于人类生物生命的意义。伟大的美国精神病学家托马斯·萨斯（Thomas Szasz，1920—2012）恰当地指出："在动物的王国，其规则是吃或被吃；而在人类的王国，其规则是定义或被定义"。

本书术语表

A

abduction 逆推、溯因推理	基于某个既存概念，形成与其有可感知共同点的 新概念的过程
abstract concept 抽象概念	外在指涉体不能被直接展示或者观察的心理形式
actant 行动元	出现于所有故事中的叙事单元（英雄、对手）
adaptor 调整手势	表明或满足了某种情感状态或需要，例如，困惑 的时候挠头，担忧的时候抹前额
affect displays 情感表现	传递情感意义的手部动作与面部表情
alliteration 头韵	首位辅音或词语特征的重复
alphabet 字母表	提供指代单独发音（或发音组合）的单独符号的 视觉代码
analogy 类比	形式的同等特征，一种形式据此能够被另外一种 可比较的形式所替代
annotation 特指意义	主体和/或社会意义在某个形式中的加入或转入 （如符号、文本等等）
annotatum 特指	某形式所引发的特定个人意义

anthroposemiosis
人类符号活动

人类的符号活动

anthroposemiotics
人类符号学

关于人类符号活动、建模与表征的研究

artifact
手工艺品

由人类工艺所产制或塑造的物体，尤指工具、武器或具有考古和历史意味的装饰品

artifactual media
人工媒介

诸如书籍、绘画、雕塑和信件等人类制作的用于传递信息的媒介

artificial model
人造模型

由人类人工制造即有意制造的模型

B

basic concepts
基本概念

具有分类功能的概念

binary iconic feature
二分象似特征

指涉体中所得出的直觉特性（如［向上的动作］）

binary opposition
二分对立

两个形式之间的最小差异

biosemiotics
生物符号学

研究所有生命形式中的符号活动、建模与表征的符号学分支

bipedalism
双足行走

用两足直立行走

C

channel
渠道

信号或信息所经由传递的物质手段

character
字

字母表符号

code 代码	可用于以特定方式指代各种现象的意指元素的系统
coevolution 协同进化	基因与文化共同进化的社会生物学理论
cognitive style 认知风格	加工信息和知识的特定方式
cognizing stage 认识阶段	以知觉的方式对指涉体加以建模的阶段
cohesive modeling 凝聚建模	包含了具有共同特征的指涉体的建模策略
communication 交流	与其他有机体共同参与特定种类信号的接收与处理的能力
composite modeling 复合建模	以复合性方式对复杂或复合指涉体或指涉域进行编码的建模策略
concept 概念	心理形式
conceptual metaphor 概念隐喻	对某个特定抽象物进行定义的一般隐喻构式（如：爱是一种甜蜜）
concrete concept 具体概念	外在指涉体明显且可以直接观察的心理形式
connective form 连接形式	不同种类指涉体（或指涉域）相连所产生的形式
connotation 涵指意义	将形式延伸到暗含该形式特征的某个意义领域
connotative extensional modeling 涵指延伸建模	将初级形式的意义加以延伸从而包含涵指意义的过程

connotatum
涵指
形式的延伸意义

context
语境
形式使用、出现或形式所指代的物质、心理和社会情境

conventional sign
约定俗成的符号
与指涉体的任何可感知特征没有明显联系的符号

cultural modeling
文化建模
用一个目标域连接各种不同的源域，产生一个兼容并包的或者具有文化特定性的目标域模型

culture
文化
由意指顺序（符号、代码、文本、连接形式）所衔接起来的日常生活系统

cuneiform writing
楔形文字
古代苏美尔、阿卡德、亚述、巴比伦和波斯所使用的由小楔形元素组成的文字系统

D

decoding
解码
使用代码来破译形式

deduction
演绎
将某个心理形式应用于特定指涉体的过程

deixis
指示
通过指出或以某种方式特指而指涉某物的过程

denotation
直指意义
某个形式所捕捉到的初始意义或内涵意义

denotatum
直指
符号的初始所指

diachronicity
历时性
形式在时间上的变化

dimensionality principle 维度原则	初级建模系统、二级建模系统与三级建模系统是人类认知活动中的互动系统，即当某个系统不能被用于某个情境的时候，另外两个系统可以替代使用
distinctive feature 区别性特征	组成形式的最小元素，可单独或与其他区别性特征相结合在其意义与其他形式之间做出区分
drive 内驱力	告知动物何时迁徙、何时（以及如何）求偶、何时给后代喂食等等的内在冲动

E

emblems 象征手势	直接转化词语或短语的手势，例如，"好的"（Okay）符号，"到这来"（Come here）符号
encoding 编码	应用代码来制作形式
ethology 动物行为学	对自然栖息地中动物的研究
extensional modeling 延伸建模	对初级模型加以形态延伸和涵指延伸，以获得进一步的表征用途
extensionality principle 延伸原则	较高级（抽象）模型是较简单（较具体）模型的衍生物
extensionality 延伸性	将形式的物质品质或者意义加以延伸的过程
externalized form 外化形式	用于指代某物而制作的形式

F

fetish 拜物、物神、恋物	被认为具有魔力或神力或能引发性兴奋的物体
fiction 虚构	内容由想象产生而并不一定基于现实的文本

firstness
第一性
通过直觉来认知物体的最早策略

focal color
焦点色
普遍存在的或者关系到颜色普遍排序的颜色范畴

form
形式
某物的心理影像或外在表征

G

gesticulant
身体语言
伴随口语的手势

gesture
手势
用手、臂和头（程度较低）来制作各种身体形式

H

hieroglyphic writing
埃及象形文字
古埃及文字系统，利用象形符号指代意义、声音
或音义组合

holophrase
单音词
婴儿所发出的单字音

hypoicon
次象似符号
由文化规约所决定的象似符号，其指涉体也能被
其他文化的成员所理解

I

icon
象似符号
以某种方式模拟指涉体的单性形式

iconicity
象似性
用象似形式表征指涉体的过程

image schema
意象图式
有关地点、运动、形状等的心理印象

index
指示符号
与指涉体建立了邻近关系（指明指涉体或展示指
涉体与其他事物的关系等）的单性形式

indexicality 指示性	用指示符号表征指涉体的过程
indicational （indexical）modeling 指示性建模	通过与其他指涉体或出现情境的时空关系来对指涉体进行的表征
induction 归纳	从特定实例得出某个概念的过程
inflection 词尾变化	词语所经历的体现了它们与其他词语的关系的变异或变化
Innenwelt 内在世界	物种内在经验的世界
intellective code 智力代码	用于组织关于某个领域的知识的三级代码
intercodality 互码性	代码之间的互联
interconnectedness principle 互联原则	形式以各种方式相互连接
internal model 内在模型	心理形式，心理影像
intertextuality 互文性	出现于某文本而指向其他文本中指涉体的指涉体

L

language 语言	言语性符号活动与表征
layering 层叠	元形式之间的连接

M

map 地图	常绘于平面上的地球区域的表征
meaning 意义	由特定表征形式所引发的具体概念
mechanical media 机器媒介	以技术的方式创造出来的传递媒介（电话、广播、电视、电脑、录像等）
medium 媒介	传递信息的技术或物质手段
meme 模因	信息的复制类型（曲调、观点、时尚等）
mental form 心理形式	想象的形式
mental image 心理影像	某物的心理轮廓（一个形状，一个声音，等等）
meta-metaform 元元形式	不同元形式相互关联所产生的抽象概念
meta-symbol 元象征	某个抽象概念与描述某个具体概念的源域相关联所产生的象征符号
metaform 元形式	抽象概念（［想］）与具体源域（［看］）相连接所产生的概念（［想=看］）
metaphor 隐喻	元形式的实例
metonymy 换喻	用某个实体指代与其相关的另一个实体

mimesis 模仿	以模拟性的方式进行的有意的模型制作
mode 模式	对形式进行编码的方式（视觉、听觉等）
model 模型	想象的或（通过某物理性媒介）外在制作的用于代表物体、事件、情感等的形式
modeling 建模	产制用于代表被认为具有某种意义、目的或有用功能的物体、事件、情感、行为、场景和观点的形式的内在能力
modeling principle 建模原则	主张表征是一种实际存在的建模过程的原则
modeling systems theory 建模系统理论	假定存在着物种所特有的建模系统理论，能够使物种产制以其自身方式理解世界所需要的形式
morphological extensionality 形态延伸	通过能指物质形式的某种改变而对其加以延伸的过程
motor program 运动神经程序	能够指导多种不同肌肉协调运动以完成某项任务的完整自足的神经回路
myth 神话	为了解释某物起源的任何故事或叙事
mythology 神话学	关于神话的研究

N

name 名称	确定人类或者通过涵指延伸的方式确定动物、物体（比如商品）或事件（比如飓风）的身份的形式
narrative 叙事	讲述或书写出来的东西，如叙述、故事等

narrator　　　　　　叙事内容的讲述者
叙事者

natural form　　　　大自然产生的形式（例如症候）
自然形式

natural media　　　　如声音（口语）、面孔（表情）以及身体（手势、
自然媒介　　　　　　姿势等）等自然交流媒介

novel　　　　　　　　具有一定长度以及常常通过人物活动、话语和思
小说　　　　　　　　想而展开的情节的散文体叙事

O

onomastics　　　　　有关名称的研究
专名学

onomatopoeia　　　　声音象似性（滴答、嘣，等等）
拟音词

ontological　　　　　产生具有［实体］、［物质］、［容器］、［障碍物］
image schema　　　　等结构特性或具有［植物］、［运动］等物理过程
本体论型意象图式　　特点和形式特点的元形式所依赖的意象图式

opposition　　　　　通过形式能指的最小变化来区分形式的过程
对立

orientational　　　　产生具有［上］、［下］、［后］、［前］、［近］、［远］
image schema　　　　等带有可感知的导向型结构的元形式所依赖的意
导向型意象图式　　　象图式

osmosis　　　　　　　对应某种刺激或需要的自发性模拟形式的产生
渗透

P

paradigmaticity　　　形式的区别性特性
聚合性

personal deixis
人称指示
情境参与者之间所存在的关系的指代过程

phoneme
音位
语言使用者借以区分词语意义的最小声音单位

phylogenesis
系统发生
人类所有符号活动能力（象似性、象征体系、语言等）的发展

phytosemiosis
植物符号活动
植物中的符号活动

phytosemiotics
植物符号学
关于植物中符号活动的研究

pictographic writing
象形文字
以图形书写的文字

pictograph
象形符号
关于指涉体的图形式表征

pliable model
可塑模型
非永久的、适应着情境动态变化的模型

primary
cohesive modeling
初级凝聚建模
包含带有各种模拟性表征用途的象似性能指的建模代码

primary
composite modeling
初级复合建模
各种象似性能指经过组合而对复杂（非单性）指涉体进行编码所依赖的建模

primary
connective modeling
初级连接建模
用具体源域对抽象指涉体进行建模

primary model
初级模型
指涉体的模拟

primary modeling system 初级建模系统	对事物可感知特性进行建模的本能
primary singularized model 初级单性建模	单性模拟性形式（象似符号）
programmed learning 程序化学习	物种学习那些只与其生存需要相关的事情的能力

R

recognizing stage 再认阶段	通过形式而回忆起某指涉体的认知状态
referent 指涉体	形式所表征的物体、事件、情感、观点等
referential domain 指涉域	形式所表征的一类物体、事件、情感、观点等
regulator 调节手势	调节说话人言语的身体语言，例如，表示"接着说"（Keep going）、"慢点"（Slow down）等内容的手部动作
representation 表征	将形式赋予某指称体的过程
representational principle 表征原则	知识与其被表征的方式无法分开

S

secondary composite modeling 二级复合建模	在形式或意义上对模型加以延伸的过程

secondary connective modeling 二级连接建模	在已存在的元形式之间建立连接的过程
secondary model 二级模型	对模拟或指示形式的外形或意义所进行的延伸
secondary modeling system 二级建模系统	形式的指示或延伸所依赖的系统
secondary singularized model 二级单性模型	源于指示或延伸的模型
secondness 第二性	通过指示或言语指称来指代对象的能力
semiosis 符号活动	一个物种以其独有的方式产生与理解其处理、整编感知输入所需的特定模型的能力
semiotics 符号学	关于符号的科学
sense ratio 知觉比例	形式编码解码过程中发生知觉激活的水平前提
Sense-Inference Hypothesis 知觉推理假设	认为所有的建模行为首先都受到知觉过程的引导的观点
sensory modeling 知觉建模	通过各种知觉创造心理模型
sign 符号	指代其他事物的某事物（单性形式）
sign stimulus（releaser） 符号刺激（释放刺激）	使动物能够在初次碰到重要指涉体时能够对它们加以识别的信号

signal 信号	能自然引发或以约定俗成（人为）的方式引发接收者某种反应的符号
signification 意指	存在于形式及其指涉体之间的关系
signified 所指	被指代的符号部分（指涉体）
signifier 能指	进行指代的符号部分（形式）
signifying order 意指顺序	符号、文本、代码和连接形式的互联系统
simulacrum 模拟	模拟的形式
singularized form 单性形式	用于指代单个指涉体或指涉域而被创造出来的形式
social code 社会代码	约束人类互动的三级代码
sociobiology 社会生物学	从与社会和文化进化相互依赖的关系角度对所有物种的生物进化所进行的研究
source domain 源域	用于传递抽象概念意义的具体形式
spatial deixis 空间指示	指代指涉体空间位置的过程
speech 口语	表述出的语言
stable model 稳定模型	固定的、相对持久或不可变的模型

structural image schema 结构型意象图式	结合了本体特性和导向特性的意象图式
structuralism 结构主义	将符号视为人类心灵中智力结构和情感结构的反映形式的符号学研究方法
structuralist principle 结构原则	所有形式都显示同样类型的结构特性
structure 结构	模型的任何可重复或可预见的方面
subordinate concept 从属概念	满足特别用途所需要的概念
superordinate concept 上位概念	拥有高度一般性指涉体功能的概念
symbol 象征符号	以任意性或约定俗成的方式指代其指涉体的单性形式
symbolicity 象征性	用象征形式表征指涉体的过程
symbolism 象征体系	总体的象征意义
symptom 症候	警示有机体其身体中所出现的状态变更的自然符号
synchronicity 共时性	形式是为了某种特定用途或功能而在某个特定时间点被构建
syndrome 症候群	带有固定直指的各种症候的集合
syntagmaticity 组合性	形式的组合特征

syntax 句法学	语言中的组合性结构
systems analysis 诸系统分析	跨物种的建模系统研究

T

target domain 目标域	元形式所关于的东西（隐喻化的抽象概念）
technology 技术	人类为了加强对物质环境的理解和控制而制造物体的过程
temporal deixis 时间指示	指代存在于事物与事件中的时间关系的过程
tertiary cohesive modeling 三级凝聚建模	用象征形式对指涉体进行建模
tertiary composite modeling 三级复合建模	用象征形式对复合指涉体进行建模
tertiary connective modeling 三级连接建模	元形式与产生元象征的具体概念之间的连接
tertiary model 三级模型	以象征性方式制作的形式
tertiary modeling system 三级建模系统	支撑高度抽象、基于象征的建模的建模系统
tertiary singularized model 三级单性模型	单独象征符号

text 文本	指代复杂（非单性）指涉体的组合物
thirdness 第三性	抽象形式的认知
transmission 传递	信息的发出与接收

U

umwelt 主体世界	物种能够加以建模的领域（物种能够接触到的外在经验世界）

Z

zoosemiosis 动物符号活动	动物中的符号活动
zoosemiotics 动物符号学	对动物符号活动的研究

本书参考文献

Antenos—Conforti，Enza，Edward Barbeau，&Marcel Danesi

　　1997*Problem—Solving in Mathematics：A Semiotic Perspective with Educational Implications*．Toronto，

　　　　Welland，and Lewsiton：Soleil Publishers（Monograph Series of the Toronto Semiotic Circle，volume 20）．

Appelbaum，David

　　1990*Voice*．Albany：State University of New York Press．

Ardrey，Robert

　　1966*The Territorial Imperative*．New York：Atheneum．

Argyle，Michael

　　1988*Bodily Communication*．New York：Methuen．

Aristotle

　　1952*Poetics*．In：*The Works of Aristotle*，vol．11，W．D．Ross（ed．）．Oxford：Clarendon Press．

　　　　Ar 建模系统理论 rong，R．L．

　　1965 John Locke's doctrine of signs：A new metaphysics．*Journal of the History of Ideas* 26：369—382．

Arnheim，Rudolf

　　1969*Visual Thinking*．Berkeley：University of California Press．

Asch，Solomon

　　1950 On the use of metaphor in the description of persons．In：H．Werner（ed．），*On Expressive Language*，

　　　　86—94．Worcester：Clark University Press．

　　1958 The metaphor：A psychological inquiry．In：R．Tagiuri and L．Petrullo（eds．），*Person Perception and Interpersonal Behavior*，

28—42. Stanford: Stanford University Press.

Axtell, Roger E.

1991*Gestures*. New York: John Wiley.

Ayer, A. J.

1968*The Origins of Pragmatism: Studies in the Philosophy of Charles Sanders Peirce and William James*. London: Macmillan.

Baer, E.

1982 The medical symptom: Phylogeny and ontogeny. *American Journal of Semiotics* 1: 17—34.

Baigne, Brian S. (ed.)

1996*Picturing Knowledge: Historical and Philosophical Problems Concerning the Use of Art in Science*. Toronto: University of Toronto Press.

Bal, Mieke

1985*Narratology: Introduction to the Theory of the Narrative*. Toronto: University of Toronto Press.

Bally, Charles

1939 Qu'est — ce qu'un signe? *Journal de Psychologie Normale et Pathologique* 112: 161—174.

Bar—Hillel, Y.

1954 Indexical expressions. *Mind* 63: 359—379.

1970*Aspects of Language*. Jerusalem: The Magnes Press.

Barlow, Horace, Colin Blakemore, and Miranda Weston—Smith (eds.)

1990*Images and Understanding*. Cambridge: Cambridge University Press.

Barthes, Roland

1957*Mythologies*. Paris: Seuil.

1964*Éléments de sémiologie*. Paris: Seuil.

1972 Sémiologie et médicine. In: R. Bastide (ed.), *Les sciences de folie*, 37—46. Paris: Mouton.

Barwise, J. &J. Perry

1983*Situations and Attitudes*. Cambridge, Mass. : MIT Press.

Bateson，Gregory

　　1968*Animal Communication*：*Techniques of Study and Results of Research*．Bloomington：Indiana University Press．

Beaudrillard，Jean

　　1981*For a Critique of the Political Economy of the Sign*．St．Louis：Telos Press．

Becker，N．&E．Schorsch

　　1975 Geldfetischismus．In：E．Schorsch and G．Schmidt（eds.），*Ergebnisse zur Sexualforschung*，238 — 256．Cologne：Wissenschafts－Verlag．

Behan，R．J．

　　1926*Pain*：*Its Origin*，*Conduction*，*Perception*，*and Diagnostic Significance*．New York：Appleton．

Bemporad，J．，D．Dunton，&F．H．Spady

　　1976 Treatment of a child foot fetishist．*American Journal of Psychotherapy* 30：303－316．

Benveniste，Emile

　　1971*Problems in General Linguistics*．Coral Gables：University of Miami Press．

Berg，H．C．

　　1976 Does the flagellar rotary motor step? *Cell Motility* 3：47－56．

Berger，John

　　1972 Ways*of Seeing*．Harmondsworth：Penguin．

Bergin，Thomas G．&Max H．Fisch

　　1984*The New Science of Giambattista Vico*．Ithaca：Cornell University Press．

Berlin，Brent&Paul Kay

　　1969 *Basic Color Terms*．Berkeley：University of California Press．

Bernardelli，Andrea（ed.）

　　1997*The Concept of Intertextuality Thirty Years On*：1967 — 1997．Special Issue of *Versus*，77/78．

Milano：Bompiani．

Bickerton，Derek

　　1981*The Roots of Language*. Ann Arbor：Karoma Publishers.

　　1990*Language and Species*. Chicago：University of Chicago Press.

Bilz，R.

　　1940*Pars pro toto*. Leipzig：Georg Thieme.

Birdwhistell，R.

　　1970*Kinesics and Context*：*Essays on Body Motion Communication*. Harmondsworth：Penguin.

Black，Max

　　1962*Models and Metaphors*. Ithaca：Cornell University Press.

Bloomfield，Leonard

　　1933*Language*. New York：Holt.

　　1939 Linguistic aspects of science. *International Encyclopedia of Unified Science 1*：215—278.

Bonner，John T.

　　1980*The Evolution of Culture in Animals*. Princeton：Princeton University Press.

Bornet，J.

　　1892*Early Greek Philosophy*. London：MacMillan.

Bouissac，Paul et al.（eds.）

　　1986*Iconicity*：*Essays on the Nature of Culture*. Tübingen：Stauffenberg.

Boysson—Bardies，B. de and M. M. Vihman

　　1991 Adaptation to language：Evidence from babbling and first words in four languages. *Language* 67：297—319.

Braten，S.

　　1988 Dialogic mind：The infant and the adult in protoconversation. In：M. E. Carvallo（ed.），*Nature*，*Cognition*，*and System I*，187—205. Dordrecht：Kluwer.

Bremer，J. and H. Roodenburg（eds.）

　　1991*A Cultural History of Gesture*. Ithaca：Cornell University Press.

Britton，John

1970*Language and Learning*. Harmondsworth：Penguin.

Bronowski，Jacob

1967 Human and animal language. In：*To Honor Roman Jakobson*，374—394. The Hague：Mouton.

Brosses，C. de

1760*La culte des dieux fétiches*. Paris.

Brown，Roger W.

1958a How shall a thing be called? *Psychological Review* 65：14—21.

1958b*Words and Things*. New York：Free Press.

1970*Psycholinguistics*. New York：Free Press.

1986*Social Psychology*. New York：Free Press.

Brown，R. W.，R. A. Leiter，&D. C. Hildum

1957 Metaphors from music criticism. *Journal of Abnormal and Social Psychology* 54：347—352.

Bruner，Jerome

1983*Children's Talk：Learning to Use Language*. New York：W. W. Norton.

Bühler，Karl

1908 On thought connection. In：D. Rapaport（ed.），*Organization and Pathology of Thought*，81—92. New York：Columbia University Press.

1934*Sprachtheorie：Die Darstellungsfunktion der Sprache*. Jena：Fischer.

Bullowa，M.（ed.）

1979*Before Speech：The Beginning of Interpersonal Communication*. Cambridge：Cambridge University Press.

Burkhardt，D. et al.

1967*Signals in the Animal World*. New York：McGraw—Hill.

Bursill—Hall，G. L.

1963 Some remarks on deixis. *Canadian Journal of Linguistics* 8：82—96.

Butler，C.

1970 Chemical communication in insects: Behavioral and ecological aspects. *Communication by Chemical Signals* 1: 35－78.

Buyssens, E.

1943 *Les langages et le discours*. Brussels: Office de Publicité.

Carnap, Rudolf

1942 *Introduction to Semantics*. Cambridge, Mass.: Harvard University Press.

1956 *Meaning and Necessity: A Study in Semantics and Modal Logic*. Chicago: University of Chicago Press.

Carpenter, C. R.

1969 Approaches to studies of the naturalistic communicative behavior in nonhuman primates. In: T. A. Sebeok et al. (eds.), *Approaches to Animal Communication*, 40－70. The Hague: Mouton.

Cassirer, Ernst

1944 *An Essay on Man: An Introduction to a Philosophy of Human Culture*. New Haven: Yale University Press.

1946 *Language and Myth*. New York: Dover.

1957 *The Philosophy of Symbolic Forms*. New Haven: Yale University Press.

Celon, E. &S. Marcus

1973 Le diagnostic comme langage. *Cahiers de Linguistique* 10: 163－173.

Chadwick, J. &W. N. Mann

1950 *The Medical Works of Hippocrates*. Oxford: Blackwell.

Chamberlain, E. N. and C. Ogilvie

1974 *Symptoms and Signs in Clinical Medicine*. Bristol: Wright.

Chao, Y. R.

1962 Models in linguistics and models in general. In: E. Nagel, P. Suppes, and A. Tarski (eds.), *Logic, Methodology, and the Philosophy of Science*, 558－566. Stanford: Stanford University Press.

1968 *Language and Symbolic Systems*. Cambridge: Cambridge University Press.

Cheraskin, E. & W. Rinsdorf

1973 *Predictive Medicine: A Study in Strategy*. Mountainview, Ca.: Pacific Press.

Cherry, Colin

1966 *On Human Communication*. Cambridge, Mass.: MIT Press.

Cherwitz, Richard & James Hikins

1986 *Communication and Knowledge: An Investigation in Rhetorical Epistemology*. Columbia: University of South Carolina Press.

Chomsky, Noam

1957 *Syntactic Structures*. The Hague: Mouton.

1976 On the nature of language. In: H. B. Steklis, S. R. Harnad, and J. Lancaster (eds.), *Origins and Evolution of Language and Speech*, 46 − 57. New York: New York Academy of Sciences.

1980 *Rules and Representations*. New York: Columbia University Press.

1986 *Knowledge of Language: Its Nature, Origin, and Use*. New York: Praeger.

1990 Language and mind. In: D. H. Mellor (ed.), *Ways of Communicating*, 56 − 80. Cambridge: Cambridge University Press.

Clarke, D. S.

1987 *Principles of Semiotic*. London: Routledge and Kegan.

Colby, K. M. and M. T. McGuire

1981 Signs and symptoms. *The Sciences* 21: 21−23.

Colton, Helen

1983 *The Gift of Touch*. New York: Putnam.

Copeland, J. E. (ed.)

1984 *New Directions in Linguistics and Semiotics*. Houston: Rice University Studies.

Coseriu, E.

  1967 L'arbitraire du signe: zur Spätgeschichte eines aristotelischen Begriffes. *Archiv für das Studium der Neueren Sprachen und Literaturen* 204: 81−112.

Count, E. W.

  1969 Animal communication in man−science. In: Thomas A. Sebeok et al. (eds.), *Approaches to Animal Communication*, 71−130. The Hague: Mouton.

Cox, Maureen

  1992 *Children's Drawings*. Harmondsworth: Penguin.

Craig, Colette (ed.)

  1986 *Noun Classes and Categorization*. A 建模系统理论 erdam: John Benjamins.

Croft, W.

  1991 *Syntactic Categories and Grammatical Relations*. Chicago: University of Chicago Press.

Crookshank, F. G.

  1925 The importance of a theory of signs and a critique of language in the study of medicine. In: *The Meaning of Meaning*, supplement II. London: Kegan Paul.

Crystal, David

  1987 *The Cambridge Encyclopedia of Language*. Cambridge: Cambridge University Press.

Culler, Jonathan

  1983 *Roland Barthes*. New York: Oxford University Press.

Danesi, Marcel

  1990 Thinking is seeing: Visual metaphors and the nature of abstract thought. *Semiotica* 80: 221−237.

  1993 *Vico, Metaphor, and the Origin of Language*. Bloomington: Indiana University Press.

  1995 *Giambattista Vico and the Cognitive Science Enterprise*. New York: Peter Lang.

1998 The dimensionality principle and semiotic analysis. *Sign Systems Studies* 26：42—60.

1999a The dimensionality of metaphor. *Sign Systems Studies* 27：54—69.

1999b The interconnectedness principle and the analysis of discourse. *Applied Semiotics* 6/7：393—399.

Danesi，Marcel&Donato Santeramo

1995 *Deictic Verbal Constructions*. Urbino：Centro Internazionale di Semiotica e di Linguistica.

Dante Alighieri

1957 *De vulgari eloquentiae*，A. Marigo （ed.）. Firenze：Le Monnier.

Darwin，Charles

1859 *The Origin of Species*. New York：Collier.

1871 *The Descent of Man*. New York：Modem Library.

1872 *The Expression of the Emotions in Man and Animals*. London：John Murray.

Davis，Paul J. and Reuben Hersh

1986 *Descartes' Dream*：*The World according to Mathematics*. Boston：Houghton Mifflin.

Dawkins，Richard

1976 *The Selfish Gene*. Oxford：Oxford University Press.

1987 *The Blind Watchmaker*. Harlow：Longmans.

1995 *River Out of Eden*：*A Darwinian View of Life*. New York：Basic.

De Lacy，P. H. &E. A. De Lacy

1941 *Philodemeus on Methods of Inference*. Philadelphia：American Philological Association.

De Laguna，G. A.

1927 *Speech*：*Its Function and Development*. Bloomington：Indiana University Press.

Deacon，Terrence W.

1997 *The Symbolic Species: The Co-Evolution of Language and the Brain*. New York: Norton.

Deane, Paul

1992 *Grammar in Mind and Brain: Explorations in Cognitive Syntax*. Berlin: Mouton de Gruyter.

Deely, John

1980 *The Signifying Animal: The Grammar of Language and Experience*. Bloomington: Indiana University Press.

1982 *Introducing Semiotics*. Bloomington: Indiana University Press.

1985 Semiotic and the liberal arts. *The New Scholasticism* 59: 296-322.

1990 *Basics of Semiotics*. Bloomington: Indiana University Press. Dennett, Daniel C.

1991 *Consciousness Explained*. Boston: Little, Brown.

Descartes, René

1637 *Essaies philosophiques*. Leyden: L'imprimerie de Ian Maire.

Douglas, Mary

1992 *Objects and Objections*. Toronto: Monographs of the Toronto Semiotic Circle.

Dubois, P.

1988 *L'acte photographique*. Brussels: Labor.

Dundes, Alan

1972 Seeing is believing. *Natural History* 81: 9-12.

Dunning, W. V.

1991 *Changing Images of Pictorial Space: A History of Visual Illusion in Painting*. Syracuse: Syracuse University Press.

Eccles, John, C.

1979 *The Human Mystery*. New York: Springer.

1992 *The Human Psyche*. London: Routledge.

Eco, Umberto

1972a *Einführung in die Semiotik*. München: Fink.

1972b Introduction to a semiotics of iconic signs. *VS: Quaderni di*

Studi Semiotici 2：1—15.

1976 *A Theory of Semiotics*. Bloomington：Indiana University Press.

1977 The influence of Roman Jakobson on the development of semiotics. In：D. Ar 建模系统理论 rong and C. H.

van Schoonefeld （eds.）, *Roman Jakobson：Echoes of His Scholarship*, 39—58. Lisse：The Peter de Ridder Press.

1980 The sign revisited. *Philosophy and Social Criticism* 7：261 —297.

1984 *Semiotics and the Philosophy of Language*. Bloomington：Indiana University Press.

Eco，Umberto & Thomas A. Sebeok （eds.）

1983 *The Sign of Three：Dupin, Holmes, Peirce*. Bloomington：Indiana University Press.

Efron，D.

1972 *Gesture, Race, and Culture*. The Hague：Mouton.

Ekman，Paul

1985 *Telling Lies*. New York：Norton.

Ekman，Paul & Walter Friesen

1969 The repertoire of nonverbal behavior：Categories, origins, usage, and coding. *Semiotica* 1：49—98.

1975 *Unmasking the Face*. Englewood Cliffs：Prentice—Hall.

Elstein，A. S. et al.

1978 *Medical Problem Solving：An Analysis of Clinical Reasoning*. Cambridge，Mass.：Harvard University Press.

Emerson，A. E.

1938 Termite nests：A study of the phylogeny of behavior. *Ecological Monographs* 8：247—284.

Engen，T.

1982 *The Perception of Odours*. New York：Academic.

Engler，R.

1962 Théorie et critique d'un principe saussurien：l'arbitraire du signe. *CFS* 19：5—66.

Enninger, Werner

1992 Clothing. In: R. Bauman (ed.), *Folklore*, *Cultural Performances*, *and* *Popular* *Entertainments*, 123 — 145. Oxford: Oxford University Press.

Ennion, E. R. &Nikolaas Tinbergen

1967 *Tracks*. Oxford: Oxford University Press.

Erckenbrecht, U.

1976 *Das Geheimnis des Fetischismus. Grundmotive der Marxschen Erkenntniskritik*. Frankfurt am Main: Europäische Verlagsanstalt.

Fabrega, H.

1974 *Disease and Social Behavior: An Interdisciplinary Perspective*. Cambridge, Mass. : MIT Press.

Fauconnier, Gilles

1985 *Mental Spaces*. Cambridge: Cambridge University Press.

1997 *Mappings in Thought and Language*. Cambridge: Cambridge University Press.

Fauconnier, Gilles&Eve Sweetser (eds.)

1996 *Spaces*, *Worlds*, *and* *Grammar*. Chicago: University of Chicago Press.

Feher, M. , R. Naddaf, &N. Tazi (eds.)

1989 *Fragments for a History of the Human Body*. New York: Zone.

Fillmore, Charles J.

1972 A grammarian Looks at sociolinguistics. *Georgetown University Monograph Series in Languages and Linguistics* 25: 273—287.

1973 May We Come In? *Semiotica* 9: 97—116.

1997 *Lectures on Deixis*. Stanford: CSLI Publications.

Fisch, Max H.

1978 Peirce's general theory of signs. In: Thomas A. Sebeok (ed.), *Sight*, *Sound*, *and* *Sense*, 31 — 70. Bloomington: Indiana University Press.

1980 Foreword. In： Thomas A. Sebeok and Jean Umiker — Sebeok （eds.）, *You Know My Method*, 7−13. Bloomington： Gaslight Publications.

Fisher, Helen E.

1992 *Anatomy of Love*. New York： Norton.

Fiske, John C.

1979 *Introduction to Communication Studies*. London： Methuen.

Foucault, Michel

1976 *The History of Sexuality*, vol. 1. London： Allen Lane.

Fox, J. J.

1975 On binary categories and primary symbols： Some Rotinese perspectives. In： R. Willis （ed.）, *The Interpretation of Symbolism*, 99−132. New York： John Wiley and Sons.

Freedman, A. M., H. I. Kaplan, &B. J. Sadock

1972 *Modern Synopsis of Comprehensive Textbook of Psychiatry*. Baltimore： Williams&Wilkins.

Frege, Gottlob

1892 Über Sinn und Bedeutung. *Zeitschrift für Philologie und philologische Kritik* 100： 25−50.

Frei, H.

1944 Systèmes de déictiques. *AI* 4： 111−129.

1950 Zéro, vide et intermittent. *Zeitschriftßr Phonologie* 4： 161 −191.

French, A. P. &P. J. Kennedy（eds.）

1985 *Niels Bohr： A Centenary Volume*. Cambridge, Mass.： Harvard University Press.

Freud, Sigmund

1927 Fetishism. In： *The Standard of Edition of the Complete Psychological Works* 21： 149−157.

Friedmann, H.

1955 The honey − guides. *U. S. National Museum Bulletin* 208. Washington, D. C.： Smithsonian.

Frisch, Karl von

    1962 Dialects in the language of bees. *Scientific American* 207: 79—87.

    1967 *The Dance Language and Orientation of Bees*. Cambridge, Mass. : Harvard University Press.

Frisch, Karl von&Otto von Frisch

    1974*Animal Architecture*. New York: Harcourt.

Frutiger, A.

    1989*Signs and Symbols*. New York: Van Nostrand.

Frye, Northrop

    1981 *The Great Code: The Bible and Literature*. Toronto and New York: Academic Press.

Furnham, A.

    1988 Write and wrong: The validity of graphological analysis. *The Skeptical Inquirer* 13: 64—69.

Gale, Richard M.

    1967 Indexical signs, egocentric particulars, and token — reflexive words. *The Encyclopedia of Philosophy*4: 151—155.

Gardiner, A. H.

    1932 *The Theory of Speech and Language*. Oxford: Clarendon Press.

Gardner, B. T. &R. A. Gardner

    1975 Evidence for sentence constituents in the early utterances of child and chimpanzee. *Journal of Experimental Psychology*104: 244—262.

Gardner, Martin

    1968 *Logic Machines, Diagrams, and Boolean Algebra*. New York: Dover.

Gardner, R. A. &B. T. Gardner

    1969 Teaching sign language to a chimpanzee. *Science* 165: 664—672.

Garnier, P.

    1896*Fétischistes: Pervertis et invertis sexuels*. Paris.

Garver, N.

1986 Review of Shapiro 1983. *Transactions of the Charles S. Peirce Society* 22: 68—74.

Gebhard, P. H.

1969 Fetishism and sadomaschosim. *Science and Psychoanalysis* 15: 71—80.

Genette, G.

1988 *Narrative Discourse Revisited*. Ithaca: Cornell University Press.

Geras, N.

1971 Essence and appearance: aspects of fetishism in Marx's *Capital*. *New Left Review* 65: 69—85.

Gessinger, J. &W. von Rahden (eds.)

1988 *Theorien vom Ursprung der Sprache*. Berlin: Walter de Gruyter.

Gibbs, Raymond W.

1994 *The Poetics of Mind: Figurative Thought, Language, and Understanding*. Cambridge: Cambridge University Press.

Ginzburg, C.

1983 Morelli, Freud and Sherlock Holmes. In: Umberto Eco and Thomas A. Sebeok (eds.), *The Sign of Three*, 81 — 118. Bloomington: Indiana University Press.

Gipper, H.

1963 *Bausteine zur Sprachinhaltforschung: Neuere Sprachbetrachtung im Austausch mit Geistes — und Naturwissenschaft*. Düsseldorf: Pädagogischer Verlag Schwann.

Goatley, Andrew

1997 *The Language of Metaphors*. London: Routledge.

Godei, R.

1953 La question des signes zéro. *Cahiers Ferdinand de Saussure* 11: 31—41.

Goffman, Erving

1959 *The Presentation of Self in Everyday Life*. New York: Anchor.

1963 *Stigma*: *Notes on the Management of Spoiled Identity*. Englewood Cliffs: Prentice-Hall.

Gombrich, E. H.

1951 Meditations on a hobby horse or the roots of artistic form. In: L. L. Whyte (ed.), *Aspects of Form*, 209 – 228. Bloomington: Indiana University Press.

Goode, J.

1992 Food. In: R. Bauman (ed.), *Folklore*, *Cultural Performances*, *and Popular Entertainments*, 233 – 245. Oxford: Oxford University Press.

Goody, J.

1982 *Cooking*, *Cuisine and Class*. Cambridge: Cambridge University Press.

Goossens, L. et al.

1995 *By Word of Mouth*: *Metaphor*, *Metonymy and Linguistic Action in a Cognitive Perspective*. Berlin: Mouton de Gruyter.

Gould, Stephen J. &E. S. Vrba

1982 Exaptation: A missing term in the science of form. *Paleobiology* 8: 4-15.

Greenberg, Joseph H.

1987 *Language in the Americas*. Stanford: Stanford University Press.

Greenbie, B.

1981 *Spaces*: *Dimensions of the Human Landscape*. New Haven: Yale University Press.

Greimas, Algirdas J.

1987 *On Meaning*: *Selected Essays in Semiotic Theory*, trans, by P. Perron and F. Collins. Minneapolis: University of Minnesota Press.

Greimas, Algirdas J. and J. Courtés

1979 *Semiotics and Language*. Bloomington: Indiana University Press.

Griffin, Donald R.

1981 *The Question of Animal Consciousness*. New York：Rockefeller University Press.

1992*Animal Minds*. Chicago：University of Chicago Press.

Guthrie，R. Dale

1976 *Body Hot Spots*：*The Anatomy of Human Social Organs and Behavior*. New York：Van Nostrand Reinhold.

Haas，W.

1957 Zero in linguistic description. *Studies in Linguistic Analysis*，Philological Society of London，35—53. Oxford：Blackwell.

Hadamard，J.

1945 *An Essay on the Psychology of Invention in the Mathematical Field*. Princeton：Princeton University Press.

Haldane，J. B. S.

1955 Animal communication and the origin of human language. *Science Progress* 43：385—401.

Hall，Edward T.

1966*The Hidden Dimension*. New York：Doubleday.

1973*The Silent Language*. New York：Anchor.

Hall，K. R. L. &De Vore，I.

1965 Baboon social behavior. In：I. Devore （ed.），*Primate Behavior*，53—110. New York：Holt，Rinehart and Winston.

Halliday，M. A. K.

1975 *Learning How to Mean*：*Explorations in the Development of Language*. London：Arnold.

1985*Introduction to Functional Grammar*. London：Arnold.

Haraway，D.

1989 *Primate Visions*：*Gender*，*Race and Nature in the World of Modern Science*. London：Routledge.

Hardin，C. L. and L. Maffi (eds.).

1997 *Color Categories in Thought and Language*. Cambridge：Cambridge University Press.

Harnad，S. R.，H. B. Steklis，&J. Lancaster (eds.)

1976 *Origins and Evolution of Language and Speech*. New York: New York Academy of Sciences.

Harré, Rom

1981*Great Scientific Experiments*. Oxford: Phaidon Press.

Hausman, Carl R.

1989 *Metaphor and Art*. Cambridge: Cambridge University Press.

Hawkes, T.

1977 *Structuralism and Semiotics*. Berkeley: University of California Press.

Hearne, V.

1986 *Adam's Task: Calling Animals by Name*. New York: Knopf.

Hediger, H.

1967 Verstehens— und Verständigungsmöglichkeiten zwischen Mensch und Tier. *Schweizerische Zeitschrift für Psychologie und ihre Anwendungen* 26: 234—255.

1968 *The Psychology and Behaviour of Animals in Zoos and Circuses*. New York: Dover.

Heidel, W. A.

1941 *Hippocratic Medicine: Its Spirit and Method*. New York: Columbia University Press.

Heine, B.

1997 *Cognitive Foundations of Grammar*. Oxford: University Press.

Heisenberg, Werner

1949 *The Physical Principles of the Quantum Theory*. New York: Dover.

Herskovits, M.

1948*Man and His Works*. New York: Alfred A. Knopf.

Hesse, M.

1967 Models and analogy in science. *The Encyclopedia of Philosophy* 5: 354—359.

Hewes, G. W.

1973 Primate communication and the gestural origin of language.

Current Anthropology 14: 5—24.

1974 *Language Origins: A Bibliography*. The Hague: Mouton.

Hinton, H. E.

1973 Natural deception. In: R. L. Gregory and E. H. Gombrich (eds.), *Illusion in Nature and Art*, 97 — 159. London: Duckworth.

Hinton, L., J. Nichols, &J. J. Ohala (eds.)

1994 *Sound Symbolism*. Cambridge: Cambridge University Press.

Hjelmslev, Louis

1963 *Prolegomena to a Theory of Language*. Madison: University of Wisconsin Press.

Hobbes, Thomas

1656 *Elements of Philosophy*. London: Moles worth.

Hockett, Charles F.

1960 The origin of speech. *Scientific American* 203: 88—96.

Hoffmeyer, Jesper

1996 *Signs of Meaning in the Universe*. Bloomington: Indiana University Press.

Hollander, Anne

1978 *Seeing through Clothes*. Harmondsworth: Penguin.

Hollander, J.

1959 The metrical emblem. *Kenyon Review* 21: 279—296.

Honeck, R. P. &Robert R. Hoffman (eds.)

1980 *Cognition and Figurative Language*. Hillsdale, N. J.: Lawrence Erlbaum.

Howes, David

1999 The facts of sense: A semiotics of perception and sensory anthropology. *International Journal of Applied Semiotics* 1: 141—158.

Hudson, Liam

1972 *The Cult of the Fact*. New York: Harper&Row.

Humboldt, Wilhelm von

1836 [1988] *On Language: The Diversity of Human Language — Structure and Its Influence on the Mental Development of Mankind*, P. Heath (trans. Cambridge: Cambridge University Press.

Humphries, W. C.

1968 *Anomalies and Scientific Theories*. San Francisco: Freeman.

Husserl, Edmund

1970 *Philosophie der Arithmetik*, L. Eley (ed.). The Hague: Nijhoff.

Huxley, Julian

1966 A discussion of ritualization of behaviour in animals and men. *Philosophical Transactions of the Royal Society of London* 251: 247—526.

Hymes, Dell

1971 *On Communicative Competence*. Philadelphia: University of Pennsylvania Press.

Indurkhya, B.

1992 *Metaphor and Cognition*. Dordrecht: Kluwer.

Ingram, D.

1978 Typology and universale of personal pronouns. In: J. H. Greenberg (ed.), *Universals of Human Language*, 213—247. Stanford: Stanford University Press.

Inhelder, B. & Jean Piaget

1958 *The Growth of Logical Thinking from Childhood through Adolescence*. New York: Basic.

Jackendoff, Ray

1994 *Patterns in Mind: Language and Human Nature*. New York: Basic.

Jacob, F.

1974 *The Logic of Living Systems: A History of Heredity*. London: Allen Lane.

1982 *The Possible and the Actual*. Seattle: University of Washington

Press.

Jakobson, Roman

1960 Linguistics and poetics. In: Thomas A. Sebeok (ed.), *Style and Language*, 34—45. Cambridge, Mass.: MIT Press.

1963 *Essais de linguistique générale*. Paris: Editions de Minuit.

1965 Quest for the essence of language. *Diogenes* 51: 21—37.

1966 Signe zero. In: E. Hamp et al. (eds.), *Readings in Linguistics II*, 109—115. Chicago: University of Chicago Press.

1970 Language in relation to other communication systems. In: C. Olivetti (ed.), *Linguaggi nella società e nella tecnica*, 3—16. Milano: Edizioni di Comunità.

1971 *Selected Writings II: Word and Language*. The Hague: Mouton.

1974 *Main Trends in the Science of Language*. New York: Harper&Row.

1980 *The Framework of Language*. Ann Arbor: Michigan Studies in the Humanities.

Jarvella R. H. &W. Klein (eds.)

1982 *Speech, Place and Action: Studies in Deictic and Related Topics*. New York: John Wiley and Sons.

J as trow, J.

1930A *History of Psychology in Autobiography* 1: 135—162.

Jaynes, Julian

1976 *The Origin of Consciousness in the Breakdown of the Bicameral Mind*. Toronto: University of Toronto Press.

Jerne, N. K.

1985 The generative grammar of the immune system. *Science* 229: 1057—9.

Jespersen, Otto

1964 *Language, Its Nature, Development, and Origin*. New York: Norton.

Johnson, Mark

1987 *The Body in the Mind: The Bodily Basis of Meaning, Imagination and Reason*. Chicago: University of Chicago Press.

Johnson—Laird, P. N.

1983 *Mental Models*. Cambridge, Mass. : Harvard University Press.

Jones, R.

1982 *Physics as Metaphor*. New York: New American Library.

Jung, Carl

1956 *Analytical Psychology*. New York: Meridian.

Kahn, T. C.

1969 Symbols and man's nature. *The International Journal of Symbolology* 1: 5—6.

Kant, Immanuel

1790 *Critique of Judgment*. New York: Hafner Press.

Kantor, J. R.

1936 *An Objective Psychology of Grammar*. Bloomington: Indiana University Press.

Kecskemeti, P.

1952 *Meaning, Communication, and Value*. Chicago: University of Chicago Press.

Kendon, A.

1991 Some considerations for a theory of language origins. *Man* 26: 199—221.

Kevles, D. J.

1985 *In the Name of Eugenics: Genetics and the Uses of Human Heredity*. New York: Knopf.

Kinsey, A. C. , W. B. Pomeroy, C. E. Marshall, &P. H. Gebhard

1953 *Sexual Behavior in the Human Female*. Philadelphia: Saunders.

Kinzle, D.

1982 *Fashion and Fetishism: A Social History of the Corset, Tight—Lacing and Other Forms of Body—Sculpture in the West* Totowa: Rowman and Littlefield.

Kleinpaul, R.

1972 [1888] *Sprache ohne Worte：Idee einer allgemeinen Wissenschaft der Sprache*. The Hague：Mouton.

Kloft，W.

1959 Versuch einer Analyse der Trophobiotischen Beziehungen von Ameisen zu Aphiden，*Biologisches Zentralblatt* 78：863—870.

Koch，W. A.

1986 *Philosophie der Philologie und Semiotik*. Bochum：Brockmeyer.

Koch，W. A. （ed.）

1989 *Geneses of Language*. Bochum：Brockmeyer.

Köhler，Wolfgang

1925 *The Mentality of Apes*. London：Routledge and Kegan Paul.

Konner，Melvin

1987 On human nature：Love among the robots. *The Sciences* 27：14—23.

1991 Human nature and culture：Biology and the residue of uniqueness. In：J. J. Sheehan and M. Sosna （eds.），*The Boundaries of Humanity*，103 — 124. Berkeley：University of California Press.

Kosslyn，Stephen M.

1983 *Ghosts in the Mind's Machine：Creating and Using Images in the Brain*. New York：W. W. Norton.

Kövecses，Z.

1986 *Metaphors of Anger，Pride，and Love：A Lexical Approach to the Structure of Concepts*.

A 建模系统理论 erdam：Benjamins.

1988 *The Language of Love：The Semantics of Passion in Conversational English*. London：Associated University Presses.

1990 *Emotion Concepts*. New York：Springer.

Krafft—Ebing，Richard von

1886 *Psychopathia sexualis*. Stuttgart.

Krampen，Martin

1981 Phytosemiotics. *Semiotica* 36：187—209.

1991 *Children's Drawings*. New York: Plenum.

Kuhn, C. G.

1821—33 *Claudii Galeni opera omnia*. Leipzig: Cnobloch.

Kuhn, Thomas S.

1970 *The Structure of Scientific Revolutions*. Chicago: University of Chicago Press.

Labov, William&D. Fanshel

1977 *Therapeutic Discourse*. New York: Academic.

Laitman, J. T

1983 The evolution of the hominid upper respiratory system and implications for the origins of speech. In: E. de Grolier (ed.), *Glossogenetics: The Origin and Evolution of Language*, 63—90. Utrecht: Harwood.

1990 Tracing the origins of human speech. In: P. Whitten and D. E. K. Hunter (eds.), *Anthropology: Contemporary Perspectives*, 124—130. Glenview, III: Scott, Foresman and Company.

Lakoff, George

1987 *Women, Fire and Dangerous Things: What Categories Reveal about the Mind*. Chicago: University of Chicago Press.

Lakoff, George&Mark Johnson

1980 *Metaphors We Live By*. Chicago: Chicago University Press.

1999 *Philosophy in the Flesh: The Embodied Mind and Its Challenge to Western Thought*. New York: Basic.

Lakoff, George&Mark Turner

1989 *More than Cool Reason: A Field Guide to Poetic Metaphor*. Chicago: University of Chicago Press.

Lambert, J. H.

1764 *Semiotik oder Lehre von der Bezeichnung der Gedanken und Dinge*. Leipzig: Johann Wendler.

Landar, H.

1966 *Language and Culture*. Oxford: Oxford University Press.

Landsberg, Marge E. (ed.)

  1988 *The Genesis of Language*：*A Different Judgement of Evidence*. Berlin：Mouton de Gruyter.

Langacker，Ronald W.

  1987 *Foundations of Cognitive Grammar*. Stanford：Stanford University Press.

  1990 *Concept*，*Image*，*and Symbol*. Berlin：Mouton de Gruyter.

Langer，Susanne K.

  1948 *Philosophy in a New Key*. Cambridge：Harvard University Press.

  1957 *Problems of Art*. New York：Scribner's.

Larker，M.（ed.）

  1968 *Bibliographie zur Symbolik*，*Ikonographie und Mythologie*. Baden—Baden：Heitz.

Latham，R. G.

  1848 *The Works of Thomas Sydenham*，*M. D*. London：Sydenham Society.

Lausberg，Heinrich

  1960 *Handbuch der Literarischen Theorie*. Munich：Max Hueber.

Lawick—Goodall，Jane

  1968 The behaviour of free—living chimpanzees in the Gombe Stream Reserve. *Animal Behaviour Monographs* 1：Part 3.

Lawrence，C.

  1982 Illnesses and their meanings. *Times Literary Supplement*，p. 148.

Leach，Edmund

  1976 *Culture and Communication*. Cambridge：Cambridge University Press.

Leech，George

  1981 *Semantics*：*The Study of Meaning*. Harmondsworth：Penguin.

Leitch，T. M.

  1986 *What Stories Are*：*Narrative Theory and Interpretation*. University Park：Pennsylvania State University Press.

Lekomcev, J. K.

　1977 Foundations of general semiotics. In: D. P. Lucid (ed.), *Soviet Semiotics*, 39 — 44. Baltimore: The Johns Hopkins University Press.

Lenneberg, Eric

　1967 *The Biological Foundations of Language*. New York: John Wiley.

Levelt, W. J. M.

　1989 *Speaking: From Intention to Articulation*. Cambridge: MIT Press.

Lévi—Strauss, Claude

　1958 *Anthropologie structurale*. Paris: Librairie Pion.

　1962 *Le totémisme aujourd'hui*. Paris: Presses Universitaires de France.

　1964 *The Raw and the Cooked*. London: Cape.

Levin, Samuel

　1977 *The Semantics of Metaphor*. Baltimore: Johns Hopkins Press.

　1988 *Metaphoric Worlds*. New Haven: Yale University Press.

Lewis, C. I.

　1946 *An Analysis of Knowledge and Valuation*. LaSalle: Open Court.

Leyhausen, P.

　1967 Biologie von Ausdruck und Eindruck. *Psychologische Forschung* 31: 177—227.

Lieberman, Phillip

　1972 *The Speech of Primates*. The Hague: Mouton.

　1975 *On the Origins of Language*. New York: MacMillan.

　1984 *The Biology and Evolution of Language*. Cambridge, Mass.: Harvard University Press.

　1991 *Uniquely Human: The Evolution of Speech, Thought, and Selfless Behavior*. Cambridge, Mass.: Harvard University Press.

Liebman，R．，S．Minuchin，&L．Baker

    1974a An integrated program for anorexia nervosa. *American Journal of Psychiatry* 131：432—435.

    1974b The role of family in the treatment of anorexia nervosa. *Journal of the Academy of Child Psychology* 3：264—274.

Linden，E．

    1986 *Silent Partners：The Legacy of the Ape Language Experiments*. New York：Signet.

Liszka，James J．

    1989 *The Semiotic Study of Myth：A Critical Study of the Symbol*. Bloomington：Indiana University Press.

Lloyd，J．E．

    1966 *Studies on the Flash Communication System in Photinus Fireflies*. Ann Arbor：Museum of Zoology, University of Michigan.

Locke，John

    1690 [1975] *An Essay Concerning Human Understanding*，P. H. Nidditch (ed.). Oxford：Clarendon Press.

Lorenz，Konrad

    1952 *King Solomon's Ring*. New York：Crowell.

    1971 *Studies in Animal and Human Behaviour*. Cambridge, Mass.：Harvard University Press.

Lotman，Juri

    1977 Primary and secondary communication modeling systems. In：D. P. Lucid (ed.), *Soviet Semiotics*, 95 — 98. Baltimore：The Johns Hopkins University Press. 95—98.

    1984 O Semiosfere. *Trudy po znalcovym sistemam* 17：5—623.

    1994 Thesis towards a semiotics of Russian culture. *Elementa* 1 (3)：219—227.

Lotman，Juri&B. A. Uspenskij (eds.)

    1973 *Ricerche semiotiche*. Torino：Einaudi.

Lotman，Juri&B. A. Uspenskij

1978 On the semiotic mechanism of culture. *New Literary History* 9:
211—232.

Lott, D. F. &R. Sommer

1967 Seating arrangements and status. *Journal of Personality and Social Psychology* 7: 90—94.

Lucid, D. P. (ed.)

1977 *Soviet Semiotics: An Anthology*. Baltimore: The Johns Hopkins Press.

Lucy, John A.

1992 *Language Diversity and Thought: A Reformulation of the Linguistic Relativity Hypothesis*. Cambridge: Cambridge University Press.

Lumsden, C. J. and E. O. Wilson

1983 *Promethean Fire: Reflections on the Origin of Mind*. Cambridge, Mass.: Harvard University Press.

Luria, A. R.

1970 *Traumatic Aphasia*. New York: Humanities Press.

Lyons, John

1977 *Semantics*. Cambridge: Cambridge University Press.

MacCormac, Earl R.

1976 *Metaphor and Myth in Science and Religion*. Durham, N. C.: Duke University Press.

1985 *A cognitive theory of metaphor*. Cambridge, Mass.: MΓΓ Press.

Mackay, A. L.

1984 The code breakers. *The Sciences* 24: 13—14.

Majno, G.

1975 *The Healing Hand*. Cambridge, Mass.: Harvard University Press.

Mallory, J. P.

1989 *In Search of the Indo — Europeans: Language, Archaeology and Myth*. London: Thames and Hudson.

Maison, L.

    1973 Un entretien avec Claude Lévi—Strauss. *Le Monde* 20: 3—5.

Maritain, Jacques

    1943 *Sign and Symbol: Redeeming the Time*. London: Geoffrey Bles.

    1957 Language and the theory of sign. In: R. Nanda Anshen (ed.), *Language: An Enquiry into Its Meaning and Function*, 86—101. New York: Harper&Brothers.

Markus, R. A.

    1957 St. Augustine on signs. *Phronesis* 2: 60—83.

May, Rollin

    1991 *The Cry for Myth*. New York: Norton.

McBryde, C. M. &R. S. Backlow

    1970 *Signs and Symptoms: Applied Pathologic Physiology and Clinical Interpretation*. Philadelphia: Lippincott.

McKean, K.

    1982 Diagnosis by computer. *Discovery* 3: 62—65.

McLennan, J. F.

    1869 The worship of animals and plants. *Fortnightly Review* 12: 407—427, 562—582.

McLuhan, Marshall

    1962 *The Gutenberg Galaxy*. Toronto: University of Toronto Press.

    1964 *Understanding Media*. London: Routledge&Kegan Paul.

McNeill, David

    1987 *Psycholinguistics: A New Approach*. New York: Harper&Row.

    1992 *Hand and Mind: What Gestures Reveal about Thought*. Chicago: University of Chicago Press.

Meiland, J. W.

    1970 *The Nature of Intention*. London: Methuen.

Melzack, Robert

    1972 The perception of pain. In: R. F. Thompson (*ed.*), *Physiological Psychology*, 223—231. San Francisco: Freeman.

1988 Pain. In: J. Kuper (ed.), *A Lexicon of Psychology, Psychiatry and Psychoanalysis*, 288—291. London: Routledge.

Metz, Christian

1974 *Film Language: A Semiotics of the Cinema*. Oxford: Oxford University Press.

1985 Photography and fetish. *October* 34: 81—90.

Miller, George A. &.P. M. Gildea

1991 How children learn words. In: W. S — Y Wang (ed.), *The Emergence of Language: Development and Evolution*, 150 — 158. New York: W. H. Freeman.

Miller, J.

1978 *The Body in Question*. New York: Random House.

Mitchell, M.

1993 *Analogy — Making as Perception: A Computer Model*. Cambridge, Mass. : MIT Press.

Moenssens, A. A.

1971 *Fingerprint Techniques*. Philadelphia: Chilton.

Money, John

1986 *Lovemaps: Clinical Concepts of Sexual/Erotic Health and Pathology, Paraphilia, and Gender Identity from Conception to Maturity*. Baltimore: Johns Hopkins.

Morgan, C. L.

1895 *Introduction to Comparative Psychology*. London: Scott.

Morris, Charles W.

1946 *Signs, Language and Behavior*. New York: Prentice—Hall.

1938 *Foundations of the Theory of Signs*. Chicago: University of Chicago Press.

1946 *Signs, Language and Behavior*. Englewood Cliffs, N. J. : Prentice—Hall.

1971 *Writings on the General Theory of Signs*. The Hague: Mouton.

Morris, Desmond

1969 *The Human Zoo*. New York: McGraw—Hill.

1994 *The Human Animal*. London: BBC Books.

Morris, Desmond et al.

1979 *Gestures: Their Origins and Distributions*. London: Cape.

Mortenson, J.

1987 *Whale Song and Wasp Maps: The Mystery of Animal Thinking*. New York: Dutton.

Mounin, Georges

1981 Sémiologie médicale et sémiologie linguistique. *Confrontations Psychiatriques* 19: 43—58.

1970 *Introduction à la semiologie*. Paris: Les Editions de Minuit.

Müller, F. M.

1861 *Lectures on the Science of Language*. London: Longmans.

Munn, N. D.

1973 *Walbiri Iconography: Graphic Representation and Cultural Symbolism in a Central Australian Society*. Ithaca, NY: Cornell University Press.

Nelson, Katharine

1996 *Language in Cognitive Development: The Emergence of the Mediated Mind*. Cambridge: Cambridge University Press.

Nespoulous, J. L., P. Perron, &A. R. Lecours (eds.)

1986 *The Biological Foundations of Gestures: Motor and Semiotic Aspects*. Hillsdale, N. J.: Lawrence Erlbaum.

Neuburger, M.

1906 *Geschichte der Medizin*. Stuttgart: Enke.

Noiré, L.

1917 *The Origin and Philosophy of Language*. Chicago: Open Court.

Nöth, Winfred

1990 *Handbook of Semiotics*. Bloomington: Indiana University Press.

Ogden, C. K. &Richards, I. A.

1923 *The Meaning of Meaning*. New York: Harcourt, Brace.

Ong, Walter J.

　　　1977 *Interfaces of the Word: Studies in the Evolution of Consciousness and Culture*. Ithaca: Cornell University Press.

Opie, I. &.P. Opie

　　　1959 *The Lore and Language of Schoolchildren*. Frogmore: Paladin.

Ortony, Andrew (ed.)

　　　1979 *Metaphor and Thought*. Cambridge: Cambridge University Press.

Osgood, Charles E. &.Thomas A. Sebeok (eds.)

　　　1954 *Psycholinguistics: A Survey of Theory and Research Problems*. Bloomington: Indiana University Press.

Osgood, Charles E. &.G. J. Suci

　　　1953 Factor analysis of meaning. *Journal of Experimental Psychology* 49: 325−328.

Osgood, Charles E., G. J. Suci, &.P. H. Tannenbaum

　　　1957 *The Measurement of Meaning*. Urbana: University of Illinois Press.

Osolsobé, I.

　　　1979 On ostensive communication. *Studia Semiotyczne* 9: 63−75.

Ostwald, P. F.

　　　1968 Symptoms, diagnosis and concepts of disease: Some comments on the semiotics of patient − physician communication. *SocSeill*: 95−106.

Paget, Richard

　　　1930 *Human Speech*. London: Kegan Paul.

Paine, R. &.W. Sherman

　　　1970 Arterial Hypertension. In: C. M. Macbryde and R. S. Backlow (eds.), *Signs and Symptoms*, 45−56. Philadelphia: Lippincott.

Park, David

　　　1997 *The Fire within the Eye: A Historical Essay on the Nature and Meaning of Light*. Princeton: Princeton University Press.

Patterson, F. G.

1978 The gestures of a gorilla: Language acquisition in another pongid. *Brain and Language* 5: 72—97.

Patterson, F. G. &E. Linden

1981 *The Education of Koko*. New York: Holt, Rinehart and Winston.

Pavlov, Ivan

1902*The Work of Digestive Glands*. London: Griffin.

Pazukhin, R.

1972 The concept of signal. *Lingua Posn* 16: 25—43.

Pedersen, H.

1931 *The Discovery of Language*. Bloomington: Indiana University Press.

Peirce, Charles S.

1868 Some consequences of four incapabilities. *Journal of Speculative Philosophy* 2: 140—151. 1931—1958*Collected Papers of Charles Sanders Peirce*, Vols. I — VIII, C. Hartshorne and P. Weiss (eds.).

Cambridge, Mass. : Harvard University Press.

Phillips, E. D.

1973*Greek Medicine*. London: Thames and Hudson.

Piaget, Jean

1969 *The Child's Conception of the World*. Totowa, N. J.: Littlefield, Adams&Co.

Piaget, Jean&J. Inhelder

1969*The Psychology of the Child*. New York: Basic Books.

Pike, Kenneth

1967 *Language in Relation to a Unified Theory of the Structure of Human Behavior*. The Hague: Mouton.

Pitts, W. &W. S. McCulloch

1947 How we know universals: The perception of auditory and visual forms. *Bulletin of Mathematical Biophysics* 9: 127—149.

Pohl, J.

1968 *Symboles et langages*. Paris: Sodi.

Pollio, H. , J. Barlow, H. Fine, and M. Pollio

1977 *The Poetics of Growth : Figurative Language in Psychology, Psychotherapy, and Education.* Hillsdale, N. J. : Lawrence Erlbaum Associates.

Polunin, I.

1977 The body as an indicator of health and disease. In: J. Blacking (ed.), *The Anthropology of the Body*, 34 – 56. London: Academic.

Popper, Karl

1972 *Objective Knowledge: An Evolutionary Approach.* Oxford: Clarendon.

1976 *The Unending Quest.* Glasgow: Harper Collins.

Popper, Karl & John Eccles

1977 *The Self and the Brain.* Berlin: Springer.

Premack, A.

1976 *Why Chimps Can Read.* New York: Harper and Row.

Premack, D. & A. J. Premack

1983 *The Mind of an Ape.* New York: Norton.

Preziosi, Donald

1979 *The Semiotics of the Built Environment : An Introduction to Architectonic Analysis.* Bloomington: Indiana University Press.

1989 *Rethinking Art History : Meditations on a Coy Science.* New Haven: Yale University Press.

Prieto, L. J.

1975 *Etudes de linguistique et de semiologie générales.* Geneva: Librairie Droz.

Prince, G.

1982 *Narratology : The Form and Functioning of Narrative.* Berlin: Mouton.

Prodi, G.

1981 Sintomo/diagnosi. *Ricerca – Socializzazione* 12: 972–992.

Propp, Vladimir J.

　　1928 *Morphology of the Folktale*. Austin: University of Texas Press.

Putnam, H.

　　1973 Meaning and Reference. *The Journal of Philosophy* 70: 699—711.

Raffler—Engel, Walburga von, Jan Wind, &A. Jonker (eds.)

　　1989 *Studies in Language Origins*. A 建模系统理论 erdam: John Benjamins.

Ransdell, J.

　　1986 Index. In: Thomas A. Sebeok (ed.), *Encyclopedic Dictionary of Semiotics* 1: 340—341.

Rector, Monica&Trinta, A. R.

　　1985 *Comunicação não verbal: A gestualidade Brazileira*. Petropolis: Editor Vozes.

Reichenbach, Hans

　　1948*Elements of Symbolic Logic*. New York: Macmillan.

Révész, G.

　　1956 *The Origins and Prehistory of Language*. New York: Philosophical Library.

Revzina, O. G.

　　1972 The Fourth Summer School on Secondary Modeling Systems. *Semiotica* 6: 222—243.

Richards, I. A.

　　1936 *The Philosophy of Rhetoric*. Oxford: Oxford University Press.

　　1969 Tipi e campioni. *Strumenti Critici* 3: 187—193.

Roberts, D.

　　1973 *The Existential Graphs of Charles S. Peirce*. The Hague: Mouton.

Rohter, L.

　　1932 Macabre relic is laid to rest by Mexicans. *New York Times*, December 10, p. 9.

Roiphe, H.

1973 The infantile fetish. *Psychoanalytic Study of the Child* 28: 147−166.

Rosch, Elinor

1973a On the internal structure of perceptual and semantic categories. In: T. E. Moore (ed.), *Cognitive Development and Acquisition of Language*, 111−144. New York: Academic.

1973b Natural categories. *Cognitive Psychology* 4: 328−350.

Rousseau, Jean Jacques

1966 *Essay on the Origin of Language*, J. H. Moran and A. Gode (trans.). Chicago: University of Chicago Press.

Rowell, T.

1972 *The Social Behaviour of Monkeys*. Harmonds worth: Penguin.

Royce, Ann P.

1977 *The Anthropology of Dance*. Bloomington: Indiana University Press.

ly, S.

1986 Semiotics in the USSR. In: Thomas A. Sebeok and Jean Umiker−Sebeok (eds.), *The Semiotic Sphere*, 34 − 67. New York: Plenum.

Ruesch, J.

1972 *Semiotic Approaches to Human Relations*. The Hague: Mouton.

Rumbaugh, Duane M.

1977 *Language Learning by Chimpanzee: The Lana Project*. New York: Academic.

Russell, Bertrand

1940 *An Inquiry into Meaning and Truth*, London: Allen and Unwin.

Ruwet, N.

1991 *Syntax and Human Experience*. Chicago: University of Chicago Press.

Saint−Martin, Fernande

1990 *Semiotics of Visual Language*. Bloomington: Indiana University

Press.

Sakitt, B.

1975 Locus of short—term visual storage. *Science* 190: 1318—1319.

Sanders, G.

1970 Peirce's sixty—six signs? *Transactions of the Charles S. Peirce Society* 6: 3—16.

Sapir, Edward

1921*Language*. New York: Harcourt, Brace, and World.

1929 The status of linguistics as a science. *Language* 5: 207—214.

1931 Communication. *Encyclopedia of the Social Sciences* 4: 78—481.

Sarton, G.

1954 *Galen of Pergamon*. Lawrence: University of Kansas Press.

Saussure, Ferdinand de

1916*Cours de linguistique générale*. Paris: Payot.

Savage—Rumbaugh, E. S. , D. M. Rumbaugh, and S. L. Boysen

1978 Symbolic communication between two chimpanzees. *Science* 201: 641—644.

Savan, David

1983 Toward a refutation of semiotic idealism. *Semiotic Inquiry* 3: 1—8.

Sayers, D. L.

1932 *Have His Carcase*. New York: Harcourt, Brace and Company.

Schindler, W.

1953 A case of crutch fetishism as the result of a literal Oedipus complex. *International Journal of Sexology* 6: 131—135.

Schleidt, M.

1980 Personal odor and nonverbal communication. *Ethology and Sociobiology* 1: 225—231.

Schmandt—Besserat, D.

1978 The earliest precursor of writing. *Scientific American* 238: 50—59.

1989 Two precursors of writing: Plain and complex tokens. In: W. M. Senner (ed.), *The Origins of Writing*, 27—40. Lincoln: University of Nebraska Press.

1992 *Before Writing*, 2 vols. Austin: University of Texas Press.

Schneirla, T. C.

1965 Aspects of stimulation and organization in approach/withdrawal processes underlying vertebrate behavioral development. *Advances in the Study of Behavior* 1: 1—74.

Schogt, Henry

1988 *Linguistics, Literary Analysis, and Literary Translation*. Toronto: University of Toronto Press.

Scholes, Robert

1982 *Semiotics and Interpretation*. New Haven: Yale University Press.

Schor, N.

1985 Female fetishism: The case of George Sand. *Poetics Today* 6: 301—310.

Searle, John R.

1984 *Minds, Brain, and Science*. Cambridge, Mass.: Harvard University Press.

Sebeok, Thomas A.

1963 Communication among social bees; porpoises and sonar, man and dolphin. *Language* 39: 448—466.

1968 *Animal Communication: Techniques of Study and Results of Research*. Bloomington: Indiana University Press.

1972a *Perspectives in Zoosemiotics*. The Hague: Mouton.

1972b Problems in the classification of signs. In: *Studies for Einar Haugen*, 511—521. The Hague: Mouton.

1973a Semiotics: A survey of the state of the art. In: Thomas A. Sebeok (ed.), *Current Trends in Linguistics* 12, 161—213. The Hague: Mouton.

1973b Semiotica e affini. *VS: Quaderni di Studi Semiotici* 3: 1—11.

1976 *Contributions to the Doctrine of Signs*. Lisse：The Netherlands.

1979 *The Sign and Its Masters*. Austin：University of Texas Press.

1981a *The Play of Musement*. Bloomington：Indiana University Press.

1981b Karl Bühler. In：Martin Krampen et al. （eds.）, *Die Welt als Zeichen：Klassiker der modernen Semiotik*, 34 － 46. Berlin：Severin und Siedler.

1985 *Contributions to the Doctrine of Signs*. Lanham：University Press of America.

1985 Pandora's box：How and why to communicate 10,000 years into the future. In：M. Blonsky（ed.）, *On Signs*, 448 － 466. Baltimore：Johns Hopkins University Press.

1989 Fetish. *American Journal of Semiotics* 6：51－65.

1990 *Essays in Zoosemiotics*. Toronto：Toronto Semiotic Circle.

1991a *A Sign is Just a Sign*. Bloomington：Indiana University Press.

1991b *Semiotics in the United States*. Bloomington：Indiana University Press.

1994 *Signs：An Introduction to Semiotics*. Toronto：University of Toronto Press.

Sebeok，Thomas A. &Jean Umiker－Sebeok（eds.）

1992 *Biosemiotics*. Berlin：Mouton de Gruyter.

Shands，H. C.

1970 *Semiotic Approaches to Psychiatry*. The Hague：Mouton.

Shannon，Claude E.

1948 A mathematical theory of communication. *Bell Systems Technical Journal* 27：379－423.

Shannon，Claude E. &Warren Weaver

1949 *The Mathematical Theory of Communication*. Urbana：University of Illinois Press.

Shapiro，Michael

1983 *The Sense of Grammar：Language as Semeiotic*. Bloomington：Indiana University Press.

Sherzer，J.

　　1973 Verbal and nonverbal deixis: The pointed lip gesture among the San Bias Cuna. *Language in Society*2: 117−131.

Shevoroshkin，V.（ed.）

　　1989 *Reconstructing Languages and Cultures*. Bochum: Brockmeyer.

Short，T. L.

　　1982 Life among the legisigns. *Transactions of the Charles S. Peirce Society* 18: 285−310.

Siegel，R. E.

　　1973 *Galen on Psychology，Psychopathology，and Function and Diseases of the Nervous System*. Basel: Karger.

Silverman，Kaja

　　1983 *The Subject of Semiotics*. Oxford: Oxford University Press.

Skinner，B. F.

　　1938 *The Behavior of Organisms*. New York: Appleton−Century−Crofts.

Skousen，R.

　　1989 *Analogical Modeling of Language*. Dordrecht: Kluwer.

Smith，C. G.

　　1985 *Ancestral Voices: Language and the Evolution of Human Consciousness*. Englewood Cliffs，N. J. : Prentice−Hall.

Smith，W. John

　　1965 Message，meaning，and context in ethology. *The American Naturalist* 99: 405−409.

　　1969a Displays and messages in intraspecific communication. *Semiotica* 1: 357−369.

　　1969b Messages of vertebrate communication. *Science* 165: 145−150.

　　1977 *The Behavior of Communicating: An Ethological Approach*. Cambridge，Mass. : Harvard University Press.

Sonnesson，G.

　　1989 *Pictorial Concepts: Inquiries into the Semiotic Heritage and Its Relevance for the Analysis of the Visual World*. Lund: Lund

University Press.

Sontag, Susan

　　1978 *Illness as Metaphor*. New York: Farrar, Straus&Giroux.

　　1989 *AIDS and Its Metaphors*. New York: Farrar, Straus&Giroux.

　　　　　Sørensen, H. S.

　　1963 *The Meaning of Proper Names*. Copenhagen: Gad.

Sperling, M.

　　1963 Fetishism in children. *Psychoanalytic Quarterly* 32: 374−392.

Spang−Hanssen, Henning

　　1954 Recent theories on the nature of the language sign. *TCLC* , whole volume 9.

Staal, J. F.

　　1971 What was left of pragmatism in Jerusalem. *Language Sciences* 14: 29−32.

Staehlin, W.

　　1914 Zür die Psychologie und Statistik der Metapher. *Archiv für Gesamte Psychologie* 31, 299−425.

Stahl, S.

　　1989 *Literary Folkloristics and the Personal Narrative*. Bloomington: Indiana University Press.

Staiano, K. V.

　　1979 A semiotic definition of illness. *Semiotica* 28: 107−125.

　　1982 Medical semiotics: Redefining an ancient craft. *Semiotica* 38: 319−346.

Stamp Dawkins, M.

　　1993 *The Search for Animal Consciousness*. Oxford: Freeman.

Stanosz, B.

　　1970 Formal theories of extension and intension of expressions. *Semiotica* 2: 102−114.

Stewart, I.

　　1975 The seven elementary catastrophes. *New Scientist* 68: 447−454.

Stratton, J.

1987 *The Virgin Text: Fiction, Sexuality, and Ideology.* Norman: University of Oklahoma Press.

Stross, Brian

1976 *The Origin and Evolution of Language.* Dubuque, Iowa: W. C. Brown.

Sturtevant, E. H.

1947 *An Introduction to Linguistic Science.* New Haven: Yale University Press.

Swadesh, Morris

1951 Diffusional cumulation and archaic residue as historical explanations. *Southwestern Journal of Anthropology* 7: 1—21.

1959 Linguistics as an instrument of prehistory. *Southwestern Journal of Anthropology* 15: 20—35.

1971 *The Origins and Diversification of Language.* Chicago: Aldine—Atherton.

Sweetser, Eve

1990 *From Etymology to Pragmatics: The Mind — as — Body Metaphor in Semantic Structure and Semantic Change.* Cambridge: Cambridge University Press.

Taylor, John R.

1995 *Linguistic Categorization: Prototypes in Linguistic Theory.* Oxford: Oxford University Press.

Telegdi, Z.

1976 Zur Herausbildung des Begriffs "sprachliches Zeichen" und zur stoischen Sprachlehre. *Acta Linguistica Scientiarum Hungaricae* 26: 267—305.

Tembrock, G.

1971 *Biokommunikation: Informationsbetragung im biologischen Bereich.* Berlin: Akademie—Verlag.

Temkin, O.

1973 *Galenism.* Ithaca: Cornell University Press.

Terrace, H. S.

1979 *Nim*. New York：Knopf.

Thibaud, Paul

　1975 *La logique de Charles Sanders Peirce：De l'algèbre aux graphes*. Aix—en—Provence：Université de Provence.

Thom, René

　1973 De l'icône au symbole：Esquisse d'une théorie du symbolisme. *Cahiers Internationaux de Symbolisme* 22—23：85—106.

　1974 La linguistique, discipline morphologique exemplaire. *Critique* 30：235—245.

　1975 *Structural Stability and Morphogenesis：An Outline of a General Theory of Models*. Reading：W.

A. Benjamin.

　1980 L'espace et les signes. *Semiotica* 38：205—215.

Thorndyke, E. L.

　1898 *Animal Intelligence*. New York：Macmillan.

Thorpe, W. H.

　1961 *Bird—song*. Cambridge：Cambridge University Press.

　1967 Vocal imitation and antiphonal song and its implications. In：D. W. Snow（ed.）. *Proceedings of the XIV International Ornithological Congress*, 245—263. Oxford：Blackwell.

Tinbergen, Nikolaas

　1963 On aims and methods of ethology. *Zeitschrift für Tierpsychologie* 20：410—433.

Tinbergen, Nikolaas&A. C. Perdeck

　1950 On the stimulus situation releasing the begging response in the newly hatched herring gull chick.

Behaviour 3：1—39.

Todorov, Tvetzan

　1973 Semiotics. *Screen* 14：15—23.

Toller, S. van&G. H. Donn（eds.）

　1989 *Perfumery：The Psychology and Biology of Fragrance*. New York：Routledge, Chapman and Hall.

Toolan，M. J

    1988 *Narrative*： *A Critical Linguistic Introduction*. London：
        Routledge.

Trabant，Jürgen

    1981 *Die Welt als Zeichen. Klassiker der modernen Semiotik*. Berlin：
        Severin and Siedler.

Trevarthen，Colin

    1989 Signs before speech. In：Thomas A. Sebeok and Jean Umiker−
        Sebeok（eds.），*The Semiotic Web* 1988，689 − 755. Berlin：
        Mouton de Gruyter.

Tsuda，A.

    1984 *Sales Talk in Japan and the United States. An Ethnographie
        Analysis of Contrastive Speech Event* Washington D. C. ：
        Georgetown University Press.

Tubbs，Stewart L. &Silvia Moss

    1991*Human Communication*. New Yorl：McGraw−Hill.

Tufte，E. R.

    1997 *Visual Explanations*：*Images and Quantities，Evidence and
        Narrative*. Cheshire：Graphics Press.

Tulving，E.

    1972 Episodic and semantic memory. In：E. Tulving and W.
        Donaldson（eds.），*Organization of Memory*，23 − 46. New
        York：Academic.

Uexküll，Jakob von

    1909*Umwelt und Innenwelt der Tiere*. Berlin：Springer.

    1928*Theoretische Biologie*. Frankfurt：Suhrkamp.

    1982a The theory of meaning. *Semiotica* 42：1−87.

Uexküll，Thure von

    1982b Semiotics and medicine. *Semiotica* 38：205−215.

    1989 Jakob von Uexküll's Umwelt − theory. In：Thomas A. Sebeok
        and Jean Umiker−Sebeok（eds.），*The Semiotic Web* 1988，129−
        158. Berlin：Mouton de Gruyter.

Uexkiill，Thure von et al.

　　1979 *Lehrbuch　　　der　　　Psychosomatischen　　　Medizin*.
　　　　München：Urban&Schwarzenberg.

Uexküll，Theure von（ed.）

　　1981 *Kompositionslehre　der　Natur*：*Biologie　als　undogmatische
　　　　Naturwissenschaft by Jakob von Uexkiill*. Frankfurt am Main：
　　　　Verlag Ullstein Propyläen.

Ullmann，S.

　　1951*Principles of Semantics*. Glasgow：Jackson，Son&Co.

Uspenskij，Boris A.

　　1991 *Semiotik der Geschichte*. Wein：Österreichische Akademie der
　　　　Wissenschaften.

Valesio，Paolo

　　1969 Icons and patterns in the structure of language. *ACII* 10：
　　　　383—387.

Van Wing，R. P. J.

　　1938 *Etudes bakongo II，Religion et magie*. Brussels：G. van
　　　　Campenhout.

Varela，F. J.，E. Thompson，E.，&E. Rosch

　　1991 *The Embodied Mind*：*Cognitive Science and Human Experience*.
　　　　Cambridge，Mass.：MIT Press.

Viberg，Ann

　　1983 The verbs of perception：A typological study. *Linguistics* 21：
　　　　123—162.

Vigener，G.

　　1989 Dieser Schuch ist kein Schuch—Zur Semiotik des Fetischs. In：J.
　　　　Bernard，T. Klugsberger，and G.
　　　　　　Wiltham（eds.），*Semiotik der Geschlechter. Akten des 6.
　　　　　　Symposiums der österreichischen Gesellschaft ßr Semiotik，
　　　　　　Salzburg* 1987，341—352. Stuttgart：Heinz.

Vygotsky，Lev S.

　　1931 *Storia dello sviluppo delle funzioni psichiche superiori*.

Firenze: Giunti—Barbèra.

1962 *Thought and Language*. Cambridge, Mass. : MΓΓ Press.

1978 *Mind in Society*. Cambridge, Mass. : Harvard University Press.

Wallis, M.

1973 On iconic signs. In: J. Rey—Debove (ed.), *Recherches sur les systems signifiants*, 481—498. The Hague: Mouton.

Walther, E.

1984 Die Beziehung zwischen Semiotik und Linguistik. *Semiotica* 52: 111—117.

Ward, L. &.Walburga von Raffler—Engel

1980 The impact of nonverbal behavior on foreign language teaching. In: Walburga von Raffler—Engel (ed.), *Aspects of Nonverbal Communication*, 287—304. Lisse: Swets and Zeitlinger.

Watson, James&.Anne Hill

1993 *A Dictionary of Communication and Media Studies*. London: Edward Arnold.

Watson, John B.

1929 *Psychology from the Standpoint of a Behaviorist*. Philadelphia: Lippincott.

Watzlawick, Paul

1978 *The language of change*. New York: W. W. Norton.

Waugh, Linda R.

1982 Marked and unmarked: A choice between unequals in semi otic structure. *Semiotica* 38: 299—318.

Way, E. C.

1991 *Knowledge Representation and Metaphor*. Dordrecht: Kluwer.

Weckler, W.

1973 *The Sexual Code*. New York: Anchor.

Weimann, W.

1962 Über Tätowierungsfetischismus. *Archiv für Kriminologie* 130: 106—109.

Weinreich, Ulrich

1968 Semantics and semiotics. *International Encyclopedia of the Social Sciences* 14：164—69.

Weiss, P. &A. Burks

1945 Peirce's sixty—six signs. *Journal of Philosophy* 42：383—388.

Wells, Gordon

1986 *The Meaning Makers*：*Children Learning Language and Using Language to Learn*. Portsmouth：Heinemann.

Wells, Rulon

1954 Meaning and use. *Word* 10：235—250.

1967 Distinctively human semiotic. *Social Science Information* 6：103—124.

Welte, W.

1974*Moderne Linguistik*. Munich：Max Hueber.

Werner, H. &B. Kaplan

1963 *Symbol Formation*：*An Organismic — Developmental Approach to the Psychology of Language and the Expression of Thought*. New York：John Wiley.

Wertheimer, M.

1923 Untersuchungen zur Lehre von der Gestalt，II. *Psychologische Forschungen* 4：301—350.

Wescott, Roger W.

1971 Linguistic iconism. *Language* 47：416—428.

1978 Visualizing vision. In：B. Randhawa and W. Coffman（eds.），*Visual Learning*，*Thinking*，*and Communication*，21—37. New York：Academic Press.

Wescott, Roger W.（ed.）

1974 *Language Origins*. Silver Springs，Maryland：Linstok Press.

Wheeler, J. A.

1988 World as system self—synthesized by quantum networking. *IBM Journal of Research and Development* 32：1—15.

Wheelwright, P.

1954 *The Burning Fountain*：*A Study in the Language of Symbolism*.

Bloomington: Indiana University Press.

White, L. A.

1940 The symbol: The origin and basis of human behavior.
Philosophy of Science 7: 451−463.

Whorf, Benjamin Lee

1956 *Language, Thought, and Reality*, J. B. Carroll (ed.).
Cambridge, Mass.: MIT Press.

Wickler, W.

1968 *Mimicry in Plants and Animals*. New York: McGraw Hill.

Wiener, Norbert

1949 *Cybernetics, or Control and Communication in the Animal and
the Machine*. Cambridge, Mass.: MIT Press.

Wierzbicka, Ann

1996 *Semantics: Primes and Universals*. Oxford: Oxford University
Press.

Wilder, H. H. &B. Wentworth

1918 *Personal Identification*. Boston: Badger.

Wills, D. D.

1990 Indexifiers in Wolof. *Semiotica* 78: 193−218.

Wilson, C.

1989 *The Misfits: A Study of Sexual Outsiders*. London: Carroll
and Graf.

Wilson, Edward Osborne

1971 The prospects for a unified sociobiology. *American Scientist* 59:
400−403.

1975 *Sociobiology: The New Synthesis*. Cambridge, Mass.:
Harvard University Press.

1979 *On Human Nature*. New York: Bantam.

1984 *Biophilia*. Cambridge, Mass.: Harvard University Press.

Wilson, Edward Osborne&M. Harris

1981 Heredity versus culture: A debate. In: J. Guillemin (ed.),
Anthropological Realities: Reading in the Science of Culture,

459—467. New Brunswick, N. J.: Transaction Books.

Wimsatt, W. R.

1954 *The Verbal Icon: Studies in the Meaning of Poetry*. New York: University of Kentucky Press.

Wintsch, S.

1979 The vocabulary of gestures: Nonverbal communication in foreign languages. *Research & Creative Activity* 3: 6—11.

Yerkes, Robert

1916 *The Mental Life of Monkeys and Apes*. New Haven: Yale University Press.

Zavitzianos, G.

1971 Fetishism and exhibitionism in the female and their relationship to psychopathy and kleptomania. *International Journal of Psycho — Analysis* 52: 297—305.

Zeman, J. J.

1964 *The Graphical Logic of C. S. Peirce*. Dissertation, University of Chicago.